盛世罗马帝国社会风气研究

——以琉善之眼观帝国之魂

倪滕达 著

中国社会科学出版社

图书在版编目(CIP)数据

盛世罗马帝国社会风气研究:以琉善之眼观帝国之魂/倪滕达著. —北京:
中国社会科学出版社,2017.3
ISBN 978 - 7 - 5203 - 0033 - 9

Ⅰ.①盛⋯ Ⅱ.①倪⋯ Ⅲ.①罗马帝国—社会发展史—研究 Ⅳ.①K126

中国版本图书馆 CIP 数据核字(2017)第 050345 号

出 版 人 赵剑英
责任编辑 张 湉
责任校对 闫 萃
责任印制 李寡寡

出　　版 中国社会科学出版社
社　　址 北京鼓楼西大街甲 158 号
邮　　编 100720
网　　址 http://www.csspw.cn
发 行 部 010 - 84083685
门 市 部 010 - 84029450
经　　销 新华书店及其他书店

印　　刷 北京明恒达印务有限公司
装　　订 廊坊市广阳区广增装订厂
版　　次 2017 年 3 月第 1 版
印　　次 2017 年 3 月第 1 次印刷

开　　本 710×1000　1/16
印　　张 14
字　　数 215 千字
定　　价 59.00 元

目　录

序　言

琏善（Lucian）生活在罗马历史上最强大的安敦尼王朝（公元96—192年）时期。[①] 公元 2 世纪的罗马帝国，经过一个多世纪的和平发展，成就斐然。社会政权基本稳固，经济在稳定中前行，人们的整体生活水平有了明显的提高。然而，在物质文明高度发达的同时，人们的精神状态如何？这一直是被学界忽略但又值得高度重视的大问题。它也是吸引我研究琏善作品的关键。

琏善是当时罗马帝国的一位重要学者。他是各种社会现象的敏锐观察者，也是将这些现象融入自己文字的哲学家。他是希腊天才几乎不再具有创新性的时期出现的唯一具有独创思想的思想家。[②] 克鲁瓦塞认为："这一时期我们能够遇到的唯一伟大的名字就是琏善。"[③] 科瓦略夫在其著作《古代罗马史》中将琏善和普鲁塔克并称为当时"两位具有世界声名的作家"[④]，并称赞他终于能够克服"'诡辩术'并成为古典时期的最后一位伟大的讽刺作家"[⑤]。恩格斯则更将琏善比作"古希腊罗马时代的伏尔泰"[⑥]。非常幸运的是琏善的作品完整地流传到了我们手

---

① 杨共乐：《罗马史纲要》，商务印书馆 2007 年版，第 217—224 页。

② A. Croiset & M. Croiset, *An Abridged History of Greek Literature*, Translated by George F. Heffelbower, A. M., London: MacMillan Company, 1904, p. 542.

③ Ibid., p. 519.

④ ［俄］科瓦略夫：《古代罗马史》，王以铸译，上海书店出版社 2007 年版，第 736 页。

⑤ 同上书，第 737 页。

⑥ ［德］恩格斯：《论早期基督教的历史》，《马克思恩格斯全集》第 22 卷，人民出版社 1965 年版，第 527 页。

中。这一方面说明琉善的作品蕴含着极高的价值，具有很强的生命力；另一方面也为我们研究 2 世纪罗马提供了极其珍贵的历史资料。

琉善作品的内容，具有极大的讽刺性和极强的针对性。他的文章，大多着力于探讨当时罗马的诸多社会现象：从生活方式到社会道德，从宗教信仰到哲学研究，都是他思考的对象。研究琉善的作品，探讨其笔下的多种社会现象，有助于我们深入了解当时罗马帝国的社会发展情况，深刻认识罗马社会中存在的众多弊端，更加清晰地阐述罗马社会的精神风貌。

第一节 琉善其人

琉善的生卒年不详，很可能出生于公元 115—125 年，去世于 180 年前后，也就是说他生活在图拉真时代晚期，经过哈德良和两安敦尼统治阶段，很有可能活到了康茂德担任元首的时候。琉善的名字源自拉丁语 "Lucius"，他也经常用希腊语拼法将之写成 "Lycinos"。这反映了罗马在萨摩萨塔殖民所带来的文化影响。不过琉善出身似乎太过卑微，不可能生来就是一个罗马公民。[①] 关于琉善的生平，少有资料记载。对于他的经历，我们主要依据其作品内容加以推断。

一 家乡家人

琉善出生在科马格涅（Commagene）的萨摩萨塔（Samosata），自称叙利亚人。这个地方现在是萨姆萨特（Samsat）或苏梅萨特（Sumaysat）的一个破败的村庄，但在图拉真晚期曾经是一个具有战略意义的城市。[②] 琉善只提到过一次家乡的名字。在《论撰史》中，琉善说萨摩萨塔是

---

① C. P. Jones, *Culture and Society in Lucian*, Cambridge：Harvard University Press, 1986, p. 8.

② B. Baldwin, *Studies in Lucian*, Toronto：A. M. Hakkert Ltd. , 1973, p. 12.

他的故乡，就坐落于幼发拉底河畔。在《钓鱼人》中，他说叙利亚挨着幼发拉底河。此外，在《叙利亚女神》中，琉善自称是亚述人。在《双重起诉》中，他说自己是叙利亚修辞学家。① 琉善在偶尔对叙利亚表现出思乡之情时，没有谈及萨摩萨塔。他在自传体作品《梦》中并没赞美那里的市民。也尚无资料证明他曾为这座城市捐资。② 但琉善的作品可以反映出，他对故乡是怀有热爱之情的。在《我的故乡》中，琉善开篇第一句就说"最温暖的莫过于故乡"③。而且其整篇文章都在论证一个人应该热爱自己的家乡，并为之做出贡献。

琉善的母亲在其作品中，只在他受到舅舅责罚之后出现过。她安慰了琉善，并严厉批评了舅舅。琉善的舅舅和外公是雕刻师。琉善对其父亲未加说明，只是提到他并不富有。他的父亲一直在世，并且在阿波诺忒科斯（Abonuteichos）的亚历山大极为活跃的时期，随同琉善一家搬到了阿马斯特里斯（Amastris）。④ 关于琉善的妻子，我们知之甚少。巴里·鲍尔温认为，如果琉善结婚的对象出身名门，那么他一定会在其作品中有所提及。琉善在《阉人》中提到过自己的儿子，说他还很年轻。琉善的儿子很可能在哲学领域有所建树。⑤

二 早期经历

关于琉善的家庭和早期成长经历，重要的根据来自他自己的作品《梦》。《梦》主要讲述了年轻的琉善是如何选择职业的。琉善在作品中虚构了一个梦境来解释其选择文学的原因。起初，琉善在模型制作上的聪明表现，反映出他对雕刻天赋的继承。以前每当放学后，他就把写字板上的蜡刮下来，塑成牛、马或者人的样子，引得人们夸他聪

① Gilbert Cousin (1563)，转引自 Daniel Richter， "Lives and Afterlives of Lucian of Samosata"， *Arion*， Third Series， Vol. 13， No. 1 (Spring-Summer, 2005)， p. 76。

② Barry Baldwin， *Studies in Lucian*， p. 12.

③ Lucian， *My Native Land*， 1.

④ Barry Baldwin， *Studies in Lucian*， p. 13.

⑤ Ibid. .

明，觉得他有这方面的天赋，对他寄予厚望。由此，他师从舅舅学习这门技术。可是，学习的第一天，舅舅给琉善一个凿子，让他轻轻打磨手中的一个平板。由于太过用力，他把平板打破了。舅舅盛怒之下，拿起手边的木棒狠狠地教训了他。就这样，眼泪成为琉善学徒生涯的序曲。

皮肉受苦之后，琉善做了一个梦。梦中"雕刻"和"教育"化作两个女性形象来争夺他。文中说雕刻"像工匠，长得很男性化，头发凌乱，满手老茧，衣服卷起来，身上落了厚厚的大理石粉尘，就像我舅舅雕刻石头时的样子"。而教育则"面貌姣美，形象高贵，衣着得体"①。两个女人分别发表演说，向琉善展示自己可以带给他的生活。"雕刻"的演讲很简短，讲话的时候"还犯了很多语法错误。她急匆匆地讲话，而且结结巴巴……"② 她许给琉善的未来是健壮的身体、不必远赴他乡、获得别人的赞美。而"教育"发表的演说则包含了丰富的内容。她劝琉善不要成为靠双手吃饭的人，而是要关注心灵的成长、头脑的充实。她承诺会迅速教给琉善一切知识，让他受到尊重和赞美，扬名流芳。最终，琉善选择了"教育"。然后，"教育"向琉善展示了他的未来。很显然，这个梦是琉善在获得成功之后，向家乡父老发表演讲时编造的，目的是让年轻人选择更好的方向，潜心向学。

年轻的琉善后来成为一名诡辩家。通过琉善的作品，我们可以推断他因讨厌学习雕刻技艺而离开家，心中并不清楚自己要去哪，应该做什么。这个时候"演说术"收留了他。在《双重起诉》中，拟人化的"演说术"曾说："当这个人还只是一个小孩的时候，还在用异域口音说话，穿着叙利亚式的有带子的长袖服装，在伊奥尼亚游荡，不知道该做些什么，我找到了他。"③ 琉善的早期职业生涯应该是在安条

---

① Lucian, *The Dream*, 6.

② Ibid., 8.

③ Lucian, *The Double Indictment*, 27.

克（Antioch）和塔苏斯（Tarsus）度过的。①

琉善接下来开始旅行。他曾到过马其顿、希腊和伊奥尼亚，然后渡过亚德里亚海前往意大利，到达高卢，并在那里名利双收。其作品《双重审判》对这段经历有所反映："（'演说术'说）即便他决定去旅行以炫耀他的婚姻多幸福，我也没有抛弃他，而是跟着他四处颠簸，通过给他华丽的服饰，精心打扮他，让他变得有名望。对于我们在希腊和伊奥尼亚旅行的时候，我没有什么要特别强调的。但是当他受到意大利的吸引，我和他穿过了亚德里亚海，并且最终跟随他到了高卢，在那里我让他变得富有起来。"② 另有两篇文章也反映了琉善年轻时的经历。其中一篇名为《斯基泰人》，文中写琉善来到了马其顿的一个大城市，为了结交一对父子而讲述了阿纳卡西斯来到雅典的故事：阿纳卡西斯因为受到梭伦的赏识而获得雅典人肯定。琉善讲这个故事是为了让那对父子接纳他，成为他的朋友，由此让整个城市对他的到来表示欢迎。与上一篇文章很相似，《希罗多德》一文写的是希罗多德从家乡卡里亚（Caria）来到希腊，想以最快的速度让自己的作品扬名，认为普通的周游和宣讲的方式漫长而单调，于是计划在奥林匹亚运动会上"一次俘获所有希腊人的心"③。希罗多德获得了成功，因为他的听众集合了来自希腊各地的杰出人物。琉善表示他想模仿希罗多德，向尽可能多的地中海居民展示他的作品。于是，他选择在一个重要节日亮相，向"各城市的精英们，整个马其顿的缩影"④ 发表演讲，以期在马其顿扬名。这两篇文章都证明琉善在出名前到访过马其顿，向那里的居民宣传自己的作品。琉善也曾到过雅典和罗马。他的作品常以这两个城市为背景。例如，《泽莫纳克斯》《双重起诉》和《阿纳卡西斯》等作品以雅典为背景；《尼格里努斯》则以罗马为背景。琉

---

① Barry Baldwin, *Studies in Lucian*, p.9.
② Lucian, *The Double Indictment*, 27.
③ Lucian, *Herodotus*, 1.
④ Ibid., 8.

善在高卢取得了巨大成功。在《就〈论在富豪家中的雇佣职位〉致歉》中，琉善写萨比努斯（Sabinus）在很久以前去看大西洋和凯尔特人的土地时，在途中遇见了他，发现他"已经可以通过公开演讲收取高昂的费用"，并且"酬金跟那些教授们一样高"。① 此外，《梦》和《双重起诉》也都提到了琉善在高卢赢得了名声和财富。

高卢之行名利双收后，琉善又回到了叙利亚。至于他返回叙利亚的原因，我们不得而知，但很有可能跟当时的罗马统治阶层有关。琉善在叙利亚写下的作品，证明其与当时在安条克的罗马高层有所往来。这三部作品是《舞蹈》《论肖像画》和《关于肖像画的辩护》。在马尔库斯·奥理略（Marcus Aurelius）担任元首之后，亚美尼亚（Armenia）爆发了战争。卢奇乌斯·维鲁斯（Lucius Verus）率兵前往前线。维鲁斯162年出发，第二年到达安条克，将总部设在安条克，直到166年战争结束。② 而《舞蹈》《论肖像画》和《关于肖像画的辩护》都成文于元首维鲁斯在东方作战的时候。③ 在《舞蹈》中，犬儒主义者克拉图（Crato）认为哑剧舞蹈毫无意义。琉善借吕奇努斯（Lycinus）之口，对舞蹈和舞者都大加赞美，改变了克拉图的看法。《论肖像画》和《关于肖像画的辩护》都是琉善为士麦那（Smyrna）姑娘潘缇亚（Panthea）精心打造的文章，其中满是溢美之词。事实上，元首维鲁斯很喜欢舞蹈。而潘缇亚也是他的挚爱。可见琉善这三部作品意在逢迎维鲁斯。这说明了琉善在这个阶段与罗马上层统治者联系较为紧密。

琉善没等到战争结束或元首返回，就带着家人向西迁移。其行进的路线也不是沿南海岸那条最近的路，而是向北的一条很漫长的路。他可能就是在这次旅行中重返萨摩萨塔，在那里发表了《梦》。④ 接下

① Lucian, *Apology for the "Salaried Posts in Great Houses"*, p. 15.

② C. P. Jones, *Culture and Society in Lucian*, p. 17.

③ *Lucian* V, Loeb Classical Library, Cambridge, Massachusetts：Harvard University Press, 1936, p. 209; *Lucian* IV, Loeb Classical Library, Cambridge, Massachusetts：Harvard University Press, 1925, p. 255.

④ C. P. Jones, *Culture and Society in Lucian*, p. 17.

来，琉善来到了卡帕多西亚行省（Cappadocia）。卡帕多西亚的总督派了两个士兵护送他到海边。琉善在帕佛拉戈尼亚（Paphlagonian）海岸上的小城阿波诺特科斯（Abonuteichos）做短暂停留，在那里遇到了骗子亚历山大。不过著名的《亚历山大——假预言者》，不是琉善在那个时候完成的，而是他在公元 180 年左右，应朋友之邀写下的，那时亚历山大已经去世十多年了。[①] 琉善离开阿波诺特科斯后，参加了 165 年奥林匹克运动会的闭幕式，正好目睹犬儒主义者佩雷格林（Peregrinus）的自焚。于是，经典的文章再次诞生了——《出逃者》和《佩雷格林之死》。公元 165 年，帕提亚战争结束。166 年，维鲁斯率领军队从东方归来。琉善在战争结束前，就完成了《论撰史》，并在文中表示希望可以举行凯旋仪式。

上述琉善的这段经历，为学者们所广泛接受。但也有学者认为琉善拜访阿波诺忒科斯的时间应该是 159 年。[②] 另外还有一个新的说法，那就是琉善到访阿波诺忒科斯的时间是 160—162 年。[③] 笔者比较赞同第三种观点。根据第三种观点，琉善在这个阶段的经历就是另外一番模样。琉善在 161 年参加的奥林匹克运动会。帕提亚战争在 161 年爆发。战争之初罗马失利：卡帕多西亚行省的总督塞威里阿努斯（M. Sedatius Severianus）入侵亚美尼亚并在伊里吉亚（Elegeia）遭到帕提亚军队伏击。塞威里阿努斯本人及其军队都被消灭。第二年夏日之前，叙利亚的总督也被帕提亚军队打败。此时的萨摩萨塔将首当其冲遭受战火的袭击。于是，在 161 年底或 162 年，琉善返回萨摩萨塔接上家

---

① *Lucian* IV, Loeb Classical Library, Cambridge, Massachusetts：Harvard University Press, 1925, p. 173.

② Chr. Marek（1985），参见 Jaap-Jan Flinterman, "The Date of Lucian's Visit to Abonuteichos", *Zeitschrift für Papyrologie und Epigraphik*, Bd. 119（1997），p. 280："In an article published in 1990, C. P. Jones admitted that his previous discussion of Lucian's movements in the 160's needed revision, and recently S. Swain, in the fine chapter on Lucian in his monograph on Greek elite identity under Roman rule, has followed Marek's tentative dating of Lucian's visit to Abonuteichos to the year 159."

③ 参见 Jaap-Jan Flinterman, "The Date of Lucian's Visit to Abonuteichos", *Zeitschrift für Papyrologie und Epigraphik*, Bd. 119（1997），p. 281。

人，带领他们穿过卡帕多西亚到达黑海沿岸。其目的是让自己的亲人远离帕提亚战争的威胁。① 就这样，琉善在这个时间来到了阿波诺忒科斯。然后，他从阿波诺忒科斯出发向西行，来到小亚西部或希腊。② 琉善很可能是这个时候在雅典成为维鲁斯的随行人员。③ 因为维鲁斯162年从罗马出发，第二年到达安条克，此时正在行军的路上。他们的路线正是穿过南部意大利、希腊，沿小亚的南部海岸前进。于是，琉善随维鲁斯来到安条克直到战争结束，在那里写下了《舞蹈》《论肖像画》和《关于肖像画的辩护》。

这样的推断，在时间顺序上更为合理，能够避开第一个说法出现的问题。例如，既然琉善已成为维鲁斯的追随者，那么又为什么在战争还没结束，元首还未班师回来时，自己先带着家人离开了？另外，如果琉善要西行，那为什么行进的路线也不是沿南海岸最近那条路，而是选择了向北的一条很漫长的路线？④ 新的推断方式可以就这个问题给出答案，那就是：琉善西行是在元首到来之前。而他带领家人离开，其目的地不在西方，而是在黑海沿岸；其意图也不是旅行，而是要躲避战火。⑤ 因为当时的卡帕多西亚的总督是琉善的朋友⑥，可以给予他庇护和帮助。琉善在《亚历山大——假预言者》中说："我带着两个士兵，一个矛兵和一个棒兵，进入阿波诺忒科斯。这两个人是我

---

① 参见 Jaap-Jan Flinterman，"The Date of Lucian's Visit to Abonuteichos"，*Zeitschrift für Papyrologie und Epigraphik*，Bd. 119（1997），p. 281。

② Ibid.，p. 282。

③ C. P. Jones，*Culture and Society in Lucian*，p. 17。

④ C. P. Jones，*Culture and Society in Lucian*，p. 17："For unknown reasons Lucian appears not to have awaited the outcome of the war or the return of the emperor; rather, hestarted westward with his family and dependents, taking not the shortest route along the southern coast but a long circuit northward."

⑤ 豪尔（J. A. Hall），还有一些其他的学者，认为琉善这次旅行的目的很可能是让自己的亲人远离帕提亚战争的威胁。参见 Jaap-Jan Flinterman，"The Date of Lucian's Visit to Abonuteichos"，*Zeitschrift für Papyrologie und Epigraphik*，Bd. 119（1997），p. 281。

⑥ 弗林特曼指出，卡帕多细亚的总督就很有可能是琉善的朋友和保护人。参见 Jaap-Jan Flinterman，"The Date of Lucian's Visit to Abonuteichos"，*Zeitschrift für Papyrologie und Epigraphik*，Bd. 119（1997），p. 282。

当日的友人——卡帕多西亚的总督派给我，护送我到海边的。"① 另外，还有一个证据可以证明琉善此行的目的。琉善在前往阿波诺忒科斯之前已经将家人安顿好了："我逗留在那里时，身边只带着色诺芬，因为我已经把我的父亲和家里的人先期送到阿马斯特里斯去了。"② 阿马斯特里斯是本都的首府，在比提尼亚海岸东部，隶属于卡帕多西亚行省。所以琉善此行的目的就是将家人带到卡帕多西亚，而此时他还没遇到维鲁斯。在安顿好家人后，琉善自己继续西行，后来到了雅典，在那里成为维鲁斯的随行人员。

三　中年转变

在步入中年后，琉善的事业开始出现了转变。他放弃了作为法庭辩护者和诡辩家所追求的演说生涯，投身文学，特别是幽默对话。③这个转变也可以在其作品中找到证据。在《双重起诉》中，琉善遭到两面夹击。修辞学家们谴责他放弃发表演讲和文章写作，转向了从柏拉图时代开始就致力于为哲学服务的对话。哲学家们则指责他没有按照传统的方法使用对话。琉善的回应是：他放弃修辞学的原因是她不再温良端庄，而是开始勾引情人。面对哲学的起诉，琉善的回答说旧有的哲学对话沉重、枯燥，"对于公众来说却一点都没有吸引力和愉快的感觉"。于是，他改变了"对话"，"让他看起来更加和蔼可亲"，将他"和喜剧搭配在一起，以使之获得听众的喜爱"。④ 琉善告诉我们，这篇对话是他在大约40岁的时候写成的："毕竟就算她没有那样做，我，一个接近四十岁的男人，也应该不去理会她造成的激烈的场

---

① 琉善：《亚历山大——假预言者》，罗念生、陈洪文、王焕生、冯文华译《琉善哲学文选》，商务印书馆1980年版，第244页。

② 同上书，第245页。

③ 参见 Barry Baldwin, *Studies in Lucian*, p. 9；C. P. Jones, *Culture and Society in Lucian*, p. 14。

④ Lucian, *The Double Indictment*, 34.

面和控诉……"① 修辞学家的谴责说明中年的琉善已经转向讽刺文学。而他能够灵活地运用哲学对话，说明他此前受过哲学方面的训练。这一点也可以在他的文章中找到依据。琉善在《钓鱼人》中借"自由谈"之口说自己在发现演说家的恶劣之处，"如欺骗、撒谎、鲁莽、喧嚣、推搡，以及其他的千百种恶德"② 之后，立即抛弃了演说，开始追求哲学。但是原本崇敬、钦佩哲学的他，在发现很多人表面上装作是哲学家，"他们在任何人都能轻易地模仿的普通的、共有的仪表方面，非常像高尚的人"，实际上却在生活中"干坏事、下流的事或放荡的事"。③ 于是，琉善决定用对话讽刺、揭露他们。由此可见，琉善的确经历了从修辞学转向哲学，又从哲学转向讽刺文学的转变。事实上，琉善作品的形式一直都保留着修辞学和哲学的影子。修辞学是一种说话的艺术，帮助他在作品中进行更强有力的论证。同时，琉善作品的推广方式也保留了演说的特点。"就像他的第一阶段一样，后来的琉善经常在听众面前演讲，而且据证明他的对话都经过认真写作，以便让一个表演者大声诵读。"④ 对话是哲学的传统工具。琉善以对话为"硬件"，以修辞学为"软件"，将糅合了二者特点的讽刺对话，应用于对社会病态现象的讽刺。

四　晚年岁月

琉善晚年在埃及担任官职，写下了《就〈论在富豪家中的雇佣职位〉致歉》。琉善写这部作品的原因是他在年轻时曾写过一篇名为《论在富豪家中的雇佣职位》的文章。此文用墨如泼，花大力气批评了在罗马大贵族家中工作的希腊文人，将他们的生活描绘得极为悲惨。但琉善自己多年后却进入罗马在埃及的行政部门任职，所以有人指责

---

① Lucian, *The Double Indictment*, 32.

② 琉善：《钓鱼人》，罗念生、陈洪文、王焕生、冯文华译《琉善哲学文选》，商务印书馆1980年版，第95页。

③ 同上书，第95—96页。

④ C. P. Jones, *Culture and Society in Lucian*, p. 14.

他虚伪，讽刺他为钱出卖自己。于是，他写下这篇《就〈论在富豪家中的雇佣职位〉致歉》以平众口。这篇文章表面说是"致歉"，实际上是在理直气壮地为自己辩解，同时还回击了批评他的人。这个时期的琉善已经步入老年。他在《就〈论在富豪家中的雇佣职位〉致歉》中说自己此时已走进埃阿科斯（Aeacus）视线，"一只脚已然踩进渡船了"[①]。琉善此时在埃及负责的工作是："做诉讼案件的开庭和准备工作；记录所有语言和行为；在辩护人讲话时给予其引导；如实记录长官的决议，确保其准确、清晰，并将之放入公务档案中永久保存"[②]。他在从事这些工作的时候得到的薪金也很高。琉善在《就〈论在富豪家中的雇佣职位〉致歉》中说："我的薪水并非取自随便某个个人，而是来自于元首，并且数量不菲，有好几塔兰特。"[③] 他还对于自己的工作倍感荣耀，并且表示对未来的发展充满期望。

琉善晚年患有痛风。他在早期作品中，同意罗马讽刺作家的观点，认为痛风是富人的疾病，是奢靡生活的结果。例如，在《农神节》中琉善借克罗诺斯[④]之口说：富人"大多都肤色苍白、面如死灰；很少有人年老后依然能够自己走路而不需四个人抬着"[⑤]。另外，在《论在富豪家中的雇佣职位》中，琉善讽刺追随富人的知识分子，经历了豪门中醉生梦死的生活，被雇主逐出家门后一无所有："你所带走的，除衰老之外的负担，是那绝佳的伴侣——痛风。"[⑥] 然而，琉善晚年对

---

① Lucian, *Apology for the "Salaried Posts in Great Houses"*, 1.

② Lucian, *Apology for the "Salaried Posts in Great Houses"*, 12：" τὰς δίκας εἰσάγειν καὶ τάξιν αὐταῖς τὴν προσήκουσαν ἐπιτιθέναι καὶ τῶν πραττομένων καὶ λεγομένων ἁπαξαπάντων ὑπομνήματα γράφεσθαι καὶ τάς τε ῥητορείας τῶν δικαιολογούντων ῥυθμίζειν καὶ τὰς τοῦ ἄρχοντος γνώσεις πρὸς τὸ σαφέστατον ἅμα καὶ ἀκριβέστατον σὺν πίστει τῇ μεγίστῃ διαφυλάττειν καὶ παραδιδόναι δημοσίᾳ πρὸς τὸν ἀεὶ χρόνον ἀποκεισομένας."

③ Lucian, *Apology for the "Salaried Posts in Great Houses"*, 12.

④ 克罗诺斯是天空之神乌拉诺斯和大地之神盖娅的儿子，提坦中最年幼者。他推翻了自己的父亲，统治了希腊神话中的黄金时代，后被他自己的儿子宙斯推翻。参见鲁刚、郑述谱编译《希腊罗马神话词典》，中国社会科学出版社1984年版，第148—149页。

⑤ Lucian, *Saturnalia*, 28.

⑥ Lucian, *On Salaried Posts in Great Houses*, 39.

痛风的态度却发生了变化。他写下了名为《痛风——一部悲剧》的诗歌，描述了痛风患者的痛苦。诗歌中患痛风的人说："痛风对穷人的袭击就如同死亡。"[1] 又如，合唱队说："吉祥的痛风，你的力量多么的伟大！你比朱庇特迅捷的闪电还要可怕，你比海洋的波涛还让人恐惧，比冥王哈德斯还吓人；喜欢绷带的病床女神，削弱速度，关节的折磨者，让脚踝灼痛小心翼翼的迈步者，害怕杵，膝盖像着火一样难眠，喜欢把石灰石放到关节上，膝盖畸形，你的名字是痛风。"[2] 这首诗对痛风痛苦的恐惧，以及对患病者的同情，说明琉善自己已经备受此病折磨。另外，琉善在《赫拉克勒斯》中说："熟读荷马的年轻朋友们可能会非难我说：'你的力量已经消逝了'，'残酷的老年已经将你握于股掌之中'，'你的扈从软弱无力，你的战马行动迟缓'[3]，（最后一句讽刺我的双脚）。"[4] 这里更直接地证明了琉善患有痛风，双脚行动不便。关于琉善终老的情况，学界目前尚无定论。有的说法是琉善在患有痛风后弃官重做修辞学老师。[5] 但克鲁瓦塞认为他卒于康茂德统治的晚期，或略早于192年，死时仍担任在埃及的公共职务。总之，目前流传的关于琉善终老的说法均缺乏可靠性。[6]

琉善一生游历甚广，见识广博。青年时代的修辞学训练培养了他敏锐的头脑、优雅而有力的语言、灵活的辩证法和丰富的想象力，其文章灵感多为个人经历所激发。小到一段见闻、一次谈话，大到一场战争，都会让他酝酿出一篇作品。琉善笔触犀利，对一切谬误、虚假的事物都毫不留情地讽刺、批评，但这并没有妨碍其颂词的甜美。

---

① Lucian, *Gout*, 70.

② Ibid., 203.

③ Homer, *Iliad*, 8, 103 f.（对涅斯托尔所说的话）

④ Lucian, *Heracles*, 7.

⑤ 罗念生、陈洪文、王焕生、冯文华译：《琉善哲学文选》，商务印书馆1980年版，译本序，第2页。

⑥ Alfred Croiset, Maurice Croiset, *An Abridged History of Greek Literature*, p. 520.

"他理想的状态是谨慎的生活，规避错误的观念，不执着于任何事物，不依靠任何人。"① 但他并不闭塞、迂腐、偏执，能够较好地平衡理想与现实之间的差距。从另一个角度讲，理想对现实的让步，也是他对"不执着于任何事物"的贯彻。元首维鲁斯很有可能对他青眼有加，因此催生了其为数不多的几篇逢迎的文章。另外，琉善所在的时间虽是"罗马和平"时期，但同时也是一个危机不断涌现的时代。他的文章抨击了迂腐文人、奢侈富豪和堕落平民，却对这个时代一次又一次出现的危机保持缄默。这种现象应该也根源于琉善与当政者的友谊。总之，教育和理想造就了他与当权者以及敌人的关系。琉善作品的灵感来自他与这些人的交往。他不同于同时代的其他文人。其作品个性鲜明，虽模仿古典著作，但却是旧瓶新酒，承载了作者的原创思想。

第二节　琉善作品的研究状况

一　琉善的作品

本书依据的基础史料是琉善的作品。在目前流传下来的，冠以琉善之名的82篇文章中，有相当多作品的真实性尚存争议。其中，有大概30篇可能不是出于琉善之手，有大概50篇可以被视为真作。② 琉善由于各种日常小事等种种机缘（例如，阅读或与朋友的对话），写作出这些作品。它们全部都是简短的小册子、对话、论文或故事，并非鸿篇巨制，不需要漫长地写作和准备工作。琉善最杰出的作品，产生于他的成熟时期。除了讽刺对话（在其作品中占了很大比重）和早期修辞学著作，我们还拥有琉善执笔的两篇奇幻作品——《真实的故

---

① Alfred Croiset, Maurice Croiset, *An Abridged History of Greek Literature*, p. 522.

② Ibid., p. 520.

事》和《驴子》（如果这是他的真作），以及一些介绍读物的论文等。琉善的作品内容都涉猎很广，对社会生活、市民道德，以及历史学、教育学和美学等方面均有所探讨。

本书主要使用的是《勒布古典丛书》（*Loeb Classical Library*）中收录的琉善作品，同时也参考了牛津版的《萨摩萨塔的琉善的作品》①（*The Works of Lucian of Samosata*），以及剑桥版的《琉善的作品》②（*The Works of Lucian*）。

二　研究现状

（一）国外研究概况

1. 翻译情况

温思罗普·达德利·谢尔顿（Winthrop Dudley Sheldon）的《琉善及其翻译者》（Lucian and His Translators）③ 一文，对琉善作品的流传和翻译情况进行了梳理。通过这篇文章，笔者了解到：在琉善去世后，他的作品似乎一度沉寂了。因为他对非基督教徒讽刺尖刻，所以非基督教徒作家们都有意忽视他，或将恶名与诽谤强加于他。琉善的作品可以成为非基督教徒的敌人的"军火库"。因而非基督教徒们自然不会对他友好。早期基督教作家们，尽管受到琉善不可知论的攻击，但是依然乐于使用他提供的"武器"，以对异教信仰发起攻击。中世纪的基督教，成为非基督教徒声誉的主宰者，十分厌恶地将琉善视为伊壁鸠鲁主义者。拜占庭学者研究琉善的作品时，试图从中找出对他们有益的、优秀的内容。不过，由于受到误解和偏见的影响，他们将琉善描绘成为无神论者、亵渎神明者和基督教的背叛者。即便在这个时

---

① *The Works of Lucian of Samosata*, translated by H. W. Fowler, F. G. and Fowler, Oxford University Press, 1905.

② *The Works of Lucian*, translated by D. D. Thomas Francklin, London: Printed for T. Cadell, 1780.

③ Winthrop Dudley Sheldon, "Lucian and his translators", *The Sewanee Review*, Vol. 27, No. 1 (Jan., 1919), pp. 17 – 31.

期，琉善的作品依然拥有大量读者并且备受推崇。现今流传下来的大量的仿作可以证明这一点。

《琉善及其翻译者》指出，琉善的作品，基本上全部（至少很多重要的作品）流传了上千年，穿越了希腊文化研究跌落谷底的黑暗时代和封建时代。这一点足以证明其作品生命力之强。文艺复兴时期，人们对学习希腊文化抱有极大的兴趣。从此，琉善的影响进一步扩大。这时他开始获得更为公正和宽容的评价。15—16 世纪的很多作家都受益于他。琉善的作品被翻译成了多种欧洲语言，特别是英语、法语和德语。

琉善的文章吸引了大量的翻译者。笔者根据《琉善及其翻译者》一文提供的信息，对其作品的翻译出版情况进行了梳理。现存最早的英文版的琉善作品是 1664 年出版的贾斯佩·梅恩（Jasper Mayne）和弗朗西斯·希克斯（Francis Hicks）的译稿。最早试图翻译琉善全部作品的人是费兰德·思班斯（Ferrand Spence）。此人的译稿分为五卷（伦敦，1684—1685）。接下来的一个版本是 1711 年出版的选译本。该版本译者的光芒为引言的撰写者，诗人约翰·德莱顿（John Dryden）所遮盖。这一版本译文，虽偶尔可以抓住原文之精髓，却存在大量错误。沃尔特·莫伊尔（Walter Moyle）的作品中选译了一些琉善的文章。1774—1798 年，约翰·卡尔（John Carr）出版了他的五卷本译文。不过，这版译文并不足以与几乎与其同时产生的，托马斯·弗兰克林博士（Doctor Thomas Francklin）的四卷本（1781）的译文相媲美。弗兰克林博士曾在剑桥执教希腊语。1820年，威廉·托克（William Tooke）出版了他的两卷本的译文。托克的译作尽管以诗人维兰德（Wieland）那翻译得极好的德文版本（六卷，1788—1789）为基础，却没能发掘出维兰德的优点，并且存在大量不准确之处，而其自己独特的译法和口吻，也歪曲了原文本来的用意。

在所有这些翻译中，弗兰克林博士的译文是迄今为止最好的。长达一百多年，它一直都占据着标准翻译版本的地位。弗兰克林的译文，总体上清晰、有力、选词恰当。不过，他的译文如果按照当今某些严格的标准来考察，依然不能算是精准的翻译，还有很多自由翻译方法的通病。

此后，琉善作品的翻译工作中断了大概四分之三个世纪。接下来，新的琉善作品翻译热出现了。这种现象的出现，一定程度上源于大学在希腊语教学上对琉善的重视。这个时期出现了四小卷译文。这四卷全部具备学术性和准确性，但也全都缺乏过人之处。埃米莉·詹姆斯·史密斯（Emily James Smith）的译文（纽约，1892），包含有9篇文章，其中5篇是琉善的最佳代表作品，例如《真实的故事》《演悲剧的宙斯》《出售哲学》；另有2篇重要性相对较弱，即《卢修斯》（或《驴子》）和《翠鸟》，而且很多优秀的编者都对于它们是否真的出自琉善之手表示怀疑。这批译文忠于原文思想，没有拘泥于字面内容，并且全部使用自然、易懂的英文，但却少了琉善生动活泼的风格和跳跃的精神。西德尼·T. 欧文（Sidney T. Irwin）的译作（伦敦，1894）具有类似的风格，收录了6篇文章，其中《伊卡洛墨尼波斯》《公鸡》《食客》3篇属于琉善非常重要的作品；另外3篇是较次要的作品：《船》（或《愿望》）、《说谎的情人》和《尼格里努斯》。琉善还吸引了另外一位女翻译家——奥古斯塔·M. 坎贝尔·戴维森女士（Miss Augusta M. Campbell Davidson）。她出版了一卷译文（伦敦，1901），其中选译了7篇文章：《出售哲学》《关于雇佣的伴侣》《演悲剧的宙斯》《关于宗派》《真实的故事》《亚历山大——假预言者》和《演说术老师》。戴维森女士的译作倾向于刻板、庄重。

《博恩系列古典丛书》（*Bohn Classical Series*）中收录了一小部分琉善的译文。这些译文的翻译者是霍华德·威廉姆斯先生（Mr. Howard Williams）（伦敦，1903）。琉善的作品根据其写作目的，大致可以分为对非基督教徒的讽刺，对哲学家的讽刺，对人们生活和社会的讽刺。威廉姆斯先生选译的作品主要属于第一种类型，或者说是所谓的"神学"的对话，包括《诸神的对话》《海神的对话》《死人的对话》《演悲剧的宙斯》《被盘问的宙斯》《众神的会议》《渡船》和《美尼普斯》。

更为完整的译本是《一位二世纪的讽刺作家》（或《萨摩萨塔的琉善笔下的对话和故事》）（*A Second Century Satirist or Dialogues and Stories from Lucian of Samosata*）（费城，1901）。该译文将82篇琉善的作品中的40篇集合成一卷，其中包含有12篇较为重要的较长的作品，28篇较为独特的作品，例如《诸神对话》和《死人对话》。该版本译文严谨而准确地再现了琉善的思想。

大概一个世纪以前出版的，唯一一套收录了琉善全部82篇作品的译著，是出自 H. W. 和 F. G. 福勒（F. G. Fowler）（伦敦，1905）之手的四卷本。该版本译文具有学术性，运用了流畅、地道的英文，几乎不露翻译之痕迹，标志着该版本较之前出现的翻译版本取得了巨大的进步。

《勒布古典丛书》收录了琉善的全部作品。这是最新版本的翻译，共分八卷。第一卷充分反映了该版译文的特点，其翻译者为奥斯汀·M. 哈尔曼（Austin M. Harmon）。哈尔曼教授的目标是译出原文的完整含义。他尽量避免意译，以防削弱琉善原作的意义。

以上便是琉善作品在国外，特别是英语世界，流传和翻译的情况。通过一辈辈译者的不懈努力，琉善的作品得到了广泛的传播，为后世学者理解和研究其思想奠定了良好的基础。

2. 研究情况

国外学界对琉善早有研究。很多学者都从不同角度探讨琉善及其文章。本书选取部分有代表性的研究者的观点，做一简单回顾。

（1）对琉善本人的考察

研究琉善的作品，首先要关注其个人经历。关于琉善的生平，少有资料记载。琉善生活在2世纪"希腊文化复兴"时期，属于"第二代诡辩家"①。但是斐洛斯特拉图斯的《智者传》中没有记录他。因此，对于他经历，学者们主要依据其作品内容加以推断。

首先值得关注的是巴里·鲍尔温（Barry Baldwin）的《琉善研究》（*Studies in Lucian*）。②该书是继 1941 年的豪斯霍尔德（Householder）的《琉善作品中的文学引用和暗示》（*Literary Quotation and Allusion in Lucian*）之后第一本研究琉善的英文著作。③此书第一章"琉善的生涯"（The Career of Lucian）就琉善的生平进行了详细的考察。鲍尔温参考了很多古典材料和近代学者的成果。他对琉善的经历进行了梳理。鲍尔温的总结十分谨慎，其观点基本都有据可凭。

C. P. 琼斯（C. P. Jones）的《琉善笔下的文化与社会》（*Culture and Society in Lucian*）④ 一书的第一章"社会中的琉善"（Lucian in Society）总结了琉善的生平。琼斯根据琉善作品所提供的信息，参照其同时代作家，特别是加伦（Galen）的作品，对琉善的一生进行了细致的研究，并且就琉善的家人、朋友都做了大胆的推测。不仅如此，琼斯还通过深入阅读琉善的讽刺作品和其他更为广泛的资料，做了一些有趣的总结。例如，琉善是第一个讲"巫师的学徒的故事"⑤ 的人，是第一个将整个罗马帝国称为"我们"的希腊人。⑥

阿尔佛雷德·克鲁瓦塞和莫里斯·克鲁瓦塞（Alfred Croiset & Morris Croiset）的《希腊文化历史摘要》（*An Abridged History of Greek*

①　即 "Second Sophistic"，罗卫平将其译为 "第二代智术师"，"公元三世纪早期，雅典智术师斐洛斯特拉图斯造了 '第二代智术师'（Second Sophistic）这个词，用以指称那些职业演说家的活动。他们为数众多，在公元前四世纪开始出现。斐洛斯特拉图斯为这些演说家述写传记，对罗马帝国早期的演说家尤为关注"。参见 ［英］安德森《第二代智术师——罗马帝国的文化现象》，罗卫平译，华夏出版社 2011 年版，第 24 页。

②　Barry Baldwin, *Studies in Lucian*, Toronto：Hakkert, 1973.

③　M. D. Macleod, "Lucian", *The Classical Review*, *New Series*, Vol. 25, No. 2 （Nov., 1975）, pp. 201 – 202.

④　C. P. Jones, *Culture and Society in Lucian*, Cambridge：Harvard University Press, 1986.

⑤　在《爱说谎的人》（*The Lover of Lies*）中。

⑥　Reviewed by Barry Baldwin, "Culbure and Society in Lucian by C. P. Jones", *The American Historical Review*, Vol. 92, No. 5 （Dec., 1987）, p. 1185.

Literature)① 一书的第二十八章"希腊文化复兴——从涅尔瓦到戴克里先去世"（The Hellenic Revival：From Nerva to the Death of Diocletian）第十四节讨论了琉善的生平和创作情况。该书在探讨琉善的职业生涯的过程中，对其进行了精辟的点评："他勇敢地坚持着自己的事业，并且非常机敏，不让自己被那些他所引起的反感所干扰。他承担起保护真实的任务，并且无畏地追求着自己的事业。但是一个人要想保卫真实，就必须要拥有它，或者至少很严谨地追寻它。他既不喜欢学习，也不喜欢长时间的反思。敏锐的直觉更适合他。只要是他相信的，他就认为是真实的。这位谬误的敌人有些轻率和痴迷。"②

雅普-简·弗林特曼（Jaap-Jan Flinterman）的论文《琉善到访阿波诺忒科斯的时间》（The Date of Lucian's Visit to Abonuteichos）③ 对总结琉善的经历有非常大的帮助。他对琉善到访阿波诺忒科斯的时间的考证，有助于从整体上推导琉善早期的行为和经历。该文认为琉善到访阿波诺忒科斯的时间是160—162年。由此，弗林特曼指出琉善在该时间段的活动情况应当是：琉善在161年参加的奥林匹克运动会。帕提亚战争在161年爆发。琉善的家乡萨摩萨塔受到战火的威胁。于是，他在161年底或162年返回萨摩萨塔接上家人，带领他们穿过卡帕多西亚到达黑海沿岸。

上述学者关于琉善个人经历的总结，为本书写作提供了很多有益信息。同时，他们的研究方法，对笔者思考琉善的生平也很有启发性。

（2）对琉善作品的研究

第一，作品排序。

巴里·鲍尔温认为整理琉善作品年表是没有意义的。他在《琉善研究》中说自己并没有总结琉善作品的排序，理由是：因为缺少明确

---

① Alfred Croiset, Maurice Croiset, *An Abridged History of Greek Literature*, Translated by George F. Heffelbower, A. M., London：Macmillan Company, 1904.

② Alfred Croiset, Maurice Croiset, *An Abridged History of Greek Literature*, pp. 521 – 522.

③ Jaap-Jan Flinterman, "The Date of Lucian's Visit to Abonuteichos", *Zeitschrift für Papyrologie und Epigraphik*, Bd. 119 (1997).

的线索，所以这些努力都是没有价值的。[①] 然而，笔者认为总结年表对于学者研究琉善思想很有帮助。因为一个人的思想会随着环境和年龄的变化而发生改变。长者思考问题的角度，自然与幼者相异。故而明晰琉善某作品所处的时间，不仅可以让学者联系时代背景更好地理解该文章，而且能够帮助人们揣测作者写作时的心态。因此笔者在论文写作过程中，根据琉善的生平及其文章内容，联系当时的历史背景，对其作品进行了仔细的排序。

C. P. 琼斯在《琉善笔下的文化与社会》中对琉善作品的排序对本书有很大帮助。琉善的作品内容往往对其生平及其作品，还有背景事件有所提及。琼斯根据这些内容对琉善的作品做一梳理，制作出一套年表。由于并不清楚琉善的文章有多少属于幽默对话，而且琉善出生的确切时间学者们也不得而知，所以琼斯并没有仅仅依据作品的形式，而是根据其他的证据来断定作品所属的时段。此外，琼斯略去了一些对话的排序，不过认为它们产生于较晚的时期。这些对话有《阿纳卡西斯》《卡戎——观察者》《女神的审判》《诸神的对话》《妓女对话》《海神的对话》《死人对话》《公鸡》《与赫希俄德的谈话》《伊卡洛墨尼波斯》《宙斯被盘问》《宙斯演悲剧》《美尼普斯》《怀疑者》《钓鱼人》《普罗米修斯》《农神节》《宴会》《提蒙》。还有一些作品，因为缺乏评判依据，所以琼斯也将其略去了：《诽谤》《迪普萨德》《大厅》《琥珀》《希庇亚斯》《辅音字母的诉讼》《关于葬礼》《苍蝇》《尼格里努斯》《痛风》《叙利亚女神》《论祭祀》《友谊》《真实的故事》。另外，由于担心根据时间制定表格有可能出现混乱，所以琼斯将可以推断时间的作品，按字母表的顺序进行排列。

琼斯对琉善作品年表已经做了细致的整理。但由于现存文献资料提供的可用线索极少，所以琉善的个别作品产生的时间在学界仍有争议。笔者在整理琉善作品年表时，在琼斯成果的基础上，根据对琉善

---

① Barry Baldwin, *Studies in Lucian*, p. 5.

作品内容及其背景的分析，参考其他学者的研究成果，就一些作品诞生时间进行了调整。

第二，作品分析。

巴里·鲍尔温的《琉善研究》从第二章到第五章讨论了琉善的文学斗争。第二章推测在"卖弄文笔的人"中，索玻利斯（Sopolis）代表了加伦（Galen）作为琉善的盟友。第三章考察了讽刺文学，提出邦佩尔（Bompaire）低估了《演说术老师》《错误的批评家》《卖弄文笔的人》等作品。第四章讨论了琉善对阿提卡演说家的看法，强调琉善很敬佩德摩斯梯尼（Demosthenes）。第五章认为《论撰史》是一部真正的关于写实主题的历史文献。琉善文中提到的"历史学家"，确有其人，而且可能包括了阿里安（Arrian）和弗隆托（Fronto）；有些可能是诡辩家，而非真正的历史学家。最后一章讨论了琉善对宗教和哲学信仰，以及人类的愚蠢的讽刺。鲍尔温认为琉善点评了其所在时代的主要的宗教现象。

C. P. 琼斯在《琉善笔下的文化与社会》中的研究方法是将琉善的作品根据内容进行分类。他纵览每一篇文章，推断出琉善的立场，并将琉善所说的与其同时代的证据进行比对。这种方法展示了琉善作品所反映的社会历史画卷，同时也让琼斯勾画出了琉善的心理状态。

琼斯认为琉善讽刺作品的本质，在不同情况下有所不同。经过深入分析，琼斯总结说，琉善不是对某个群体进行攻击，而仅仅针对这个群体中糟糕的成员：不是所有的哲学家，而是不道德的哲学家；不是所有的罗马人，而是贪婪、市侩的罗马人（还有贪婪、市侩的希腊人）。总的来说，琉善攻击的唯一目标就是"伪君子"。对于这个结论，笔者表示赞同。

琼斯详细探讨了琉善对哲学和哲学家的态度。他说琉善合理而公平地描绘了一幅他所参与的，各种哲学活动的画卷。琼斯的论述非常细致，很有启发性。然而，他认为在哲学方面，琉善不是教条主义者，而是支持伊壁鸠鲁学派的。但是笔者认为，琼斯利用琉善在文中对某个哲学家的态度，来推测琉善对此人所在学派的态度，略有不妥。琉善在不同文章中，对不同的学派都表现出过不尽相同的态度。例如，同样是犬儒学派，墨尼波斯（Menippos）、泽莫纳克斯（Demonax）等，在琉善的作品中属于正面的形象。而琉善却又在《佩雷格林之死》中攻击了两个著名的犬儒学派成员——佩雷格林和他的弟子忒阿格涅斯（Theagenes）。同时，《出逃者》又讽刺了佩雷格林的追随者们。琼斯认为这是由于犬儒学派自身表现出来的复杂性导致琉善的态度不同。事实上，琉善对其他学派的态度，在不同场合也有不同。例如，琉善在《尼格里努斯》中，对柏拉图主义哲学家尼格里努斯给予了高度赞扬，而在《宴饮》中却对同是柏拉图主义哲学家的伊昂进行了严厉的批评。而且，琉善在需要的时候，对任何一个流派都不会手下留情，即便是如琼斯所说的"温和地讽刺"[1]，也同样是讽刺。例如，在《宴饮》中，犬儒学派、斯多葛派、亚里士多德学派、伊壁鸠鲁学派和柏拉图主义的哲学家都受到了批判。因此，我们不能通过琉善对某个哲学家的态度，断定他对某个学派的态度，因为他讽刺的是具体事情，而不是某学派理论。他抨击的不是他们所宣扬的高尚的学说，而是他们在这样的理论背景下做出的，与之背道而驰的行为。琉善进攻的是各个学派中的斯文败类。所以笔者认为，琉善笔下所抨击的是具体的人和事，换句话说，就是具体的社会现象，并不代表他对某学派的整体态度。琉善也不是哲学的敌人。他是真正哲学的拥护者。在《钓鱼人》中，琉善借"自由谈"之口对柏拉图说："高尚的人，要知道，你们将杀死一个你们唯一应当称赞的人——你们的自家人、对你们怀好意的人、与你们志同道合的人，说句并非无礼的话，还是你们的事业的拥护者……"[2]

阿尔佛雷德·克鲁瓦塞和莫里斯·克鲁瓦塞所著的《希腊文化历

---

[1] C. P. Jones, *Culture and Society in Lucian*, Cambridge: Harvard University Press, 1986, p.30.

[2] 罗念生、陈洪文、王焕生、冯文华译：《琉善哲学文选》，第84页。

史摘要》，根据成文时间，对琉善的作品进行了较为详细的分析。这有助于我们更好地理解琉善的作品中所蕴含的思想，整理出其作品在历史时间轴上的位置，以对应当时的历史背景，看到其作品与社会现实联系的紧密程度，从而得出琉善对当时罗马帝国的社会文化生活采取不同态度的原因及其评判的力度。

《希腊文化历史摘要》还根据作品的内容和形式，对琉善的作品进行了分类：《双重起诉》《出售哲学》《钓鱼者》属于希腊化时代的第一场论战；《死人的对话》《美尼普斯》《巫术》《卡戎》《农神节》《犬儒主义者》《公鸡》《提蒙》《愿望》《宴会》属于短小精悍，以道德讨论为目的的文章；《诸神的对话》《海神的对话》《伊卡洛墨尼波斯》《怀疑者》《农神节》《普罗米修斯》《众神的会议》《演悲剧的宙斯》《被盘问的宙斯》是针对当时的宗教和迷信活动的讽刺作品；《食客》《卖弄文笔的人》《错误的批评家》是在嘲笑卖弄学问的修辞学者和文法家；《无知的藏书家》《演说术老师》《错误的批评家》属于专题论文；《佩雷格林》《真实的故事》《亚历山大——假预言者》《驴》属于讽刺故事。这种分类方式，为我们研究琉善的作品提供了多个视角，很有启发性。

（3）琉善作品的现实意义

关于琉善在何种程度上反映了其所在的时代，此前已经有很多学者做了研究。有的学者认为，琉善的作品不过是对哲学迂腐教条的宣传，或是简单的文字游戏。但也有很多的学者主张琉善的作品根植于2 世纪罗马现实，是对罗马社会实际情况的反映和批判。

在主张琉善作品根植于社会现实的阵营中，巴里·鲍尔温是重要代表。鲍尔温在其 1961 年的论文《社会讽刺家琉善》① 和 1973 年的专著《琉善研究》中都论证了琉善作品与其所在社会的关系。

---

① Barry Baldwin, "Lucian as Social Satirist", *The Classical Quarterly*, New Series, Vol. 11, No. 2 (Nov. , 1961), pp. 199 – 208.

在鲍尔温之前，罗斯托夫采夫（M. I. Rostovtzeff）就已经提出了琉善的作品是对社会现实的反映。他说类似于贫富差距这样的社会问题，在琉善的对话中占据了重要地位。罗斯托夫采夫表示，琉善完全了解该问题的重要性。①

随后邦佩尔在研究该问题时得出的结论与罗斯托夫采夫相反。邦佩尔否认琉善是一名社会批评家，将《死人对话》《农神节》等作品视为单纯的文学上的陈词滥调。邦佩尔认为琉善的作品完全脱离当时的生活，没有探讨其所在的社会，而是主要关注于希腊文化传统。他将琉善当作两耳不闻窗外事的书生，没考虑到一位作家对作品主题的选择，很有可能受到其自身经历和社会环境的影响。邦佩尔没有将琉善的作品与之同时代的作家相联系和比较，也没有联系到琉善本人的生活经历，例如，他贫困的家境和成长历程，以及他的广泛游历和与他人的交往，等等。

鲍尔温坚决反对邦佩尔的结论，于是写下《社会讽刺家琉善》。《社会讽刺家琉善》是首篇通过整理和研究琉善的主要作品，探讨这个问题的文章。鲍尔温在文中批评了邦佩尔的观点，主张每一位作者都受到个人经历和社会环境的影响，尤其是像琉善这样的讽刺家。该文的主要目的，是搜集并研究琉善作品中关于社会问题的内容，根据琉善的生平、背景，以及当时的社会和经济状况来解读它们。鲍尔温对犬儒主义传统加以强调，认为该传统对琉善的态度产生了很大影响。同时，他还致力于说明这个传统深深根植于实际政治当中，并且参与到了各种社会革新运动中，远非人们所认为的，仅仅是道德上的陈词滥调、老生常谈。

C. P. 琼斯的《琉善笔下的文化与社会》一书，与鲍尔温的主张一致。其论述重点在于强调琉善讽刺文章对其所在时代的攻击，反

---

① Rostovtzeff, *Social and Economic History of the Roman Empire*, second edition revised by P. M. Fraser (1957), p. 621, n. 45. 转引自 Barry Baldwin, "Lucian as Social Satirist", *The Classical Quarterly*, New Series, Vol. 11, No. 2 (Nov. 1961)。

击那些称琉善是"鞭策死马的书呆子"的说法。这本书从社会史的角度考察了琉善作品的性质，认为琉善深刻地反映了其所处社会的风貌。该书关注的焦点落在琉善及其作品。同时，琼斯还提供了各种各样的证据——包括考古学、金石学、人类学、钱币学和纸莎草学等方面。

琼斯的研究方法是将琉善的作品根据内容进行分类。他纵览每一篇文章，推断出琉善的立场，并将琉善所说的与其同时代的证据进行比对。当然，在分类过程中会出现重合的现象。但是这种方法确实提供了一个方便且有系统的道路，让琼斯来研究琉善与社会现实之间的关系。例如，琉善的确从整体上比人们所想象的更准确地反映了宗教的状况，而且他并不是像人们所认为的那样，谈论其一无所知的话题。

琼斯的成果，证明了琉善的作品不是文字游戏，而是对当时罗马社会生活切实的反映。这一点对于本文的研究意义重大。本书致力于探讨罗马笔下的社会现象，总结出罗马帝国社会风气中的种种弊病。但该研究的前提是琉善作品的可信性及其对社会现实反映的真实性。琼斯的研究为笔者的思考提供了逻辑起点，因此非常重要。

G. W. 鲍尔索克（G. W. Bowersock）在《罗马帝国的希腊智者》（*Greek Sophists in the Roman Empire*）[①] 一书中也多次表示琉善的作品是对其所在时代的反映。例如，在第一章《智者的传记作家》中，鲍尔索克说："像琉善和埃留斯·阿里斯提德斯这样的作家，成功地反映了一个智者泛滥的世界。"[②] 又如，在最后一章《其他文人》中，鲍尔索克在谈论琉善时写道："一些铭文，或者斐洛斯特拉图斯和阿里斯提德斯的作品，清晰地呈现出 2 世纪社会的画面。琉善具有讽刺性的评论，进一步证实了这一画面。"[③]

---

① G. W. Bowersock, *Greek Sophists in the Roman Empire*, New York：Oxford University Press, 1969.

② Ibid. , p. 1.

③ Ibid. , p. 115.

上述学者已经从不同角度，通过不同的方法，分析和论证了琉善作品的现实意义，证明了其文章不是空想，亦非对旧时陈腐学说的盲目重复，而是根植于社会现实，是对社会现象的反映和鞭策。如前文所述，很多学者将琉善的作品对比其同时代作家的作品，从中找出一致性，或将琉善所反映的事件与当时的历史大环境联系起来，或用碑铭纸草等考古发现来印证琉善作品的现实性。这些方法都有力地证明了琉善的作品是根植于罗马社会现实的。社会存在决定社会意识。社会意识是对社会存在的反映。文学作品、哲学思想等都属于社会意识。一个社会存在这样的社会意识，一定是因为有相应的社会存在的存在。琉善的作品作为社会意识的构成部分，必然对当时罗马帝国的社会存在有所反映。因此，我们可以得出结论，琉善的作品是对其所在时代的反映。通过分析和总结琉善的作品，我们可以勾画出一幅 2 世纪罗马帝国的社会风貌。

（4）琉善并非无神论者

琉善是 2 世纪罗马帝国重要的修辞学家、讽刺文学家、诡辩家。他在西方宗教发展史上地位特殊——有人视之为奇才，有人视之为罪人：信仰希腊罗马传统宗教者有意贬低、诽谤他；早期基督教作家乐于利用他；拜占庭学者斥其为亵渎神明者和基督教的背叛者；文艺复兴时期人文主义者则对他赞誉极高。那么，到底是怎样的宗教思想导致琉善的地位如此多变？

西方一些学者从不同角度审视琉善，得出的结论各异。有的学者认为琉善的宗教类文章是在"鞭策死马"，即他讨论的主题在 2 世纪已腐朽陈旧①；有的学者主张他所谈的东西在当时依然存在，不过其目的非为表达思想，而只为娱乐大众②；有的学者重点分析了琉善的

---

① G. Highet, *The Anatomy of Satire*, Princeton：Princeton University Press, 1962；J. Bompaire, *Lucien Ecrivain*, Paris：E. de Boccard, 1958.

② B. Baldwin, *Studies in Lucian*, Toronto：Hakkert, 1973.

宗教类文章与其所在社会的现实关联性①；也有人将琉善视为犬儒主义者②；其他学者则表示琉善像伊壁鸠鲁学派一样主张神灵存在的，但神不理会人间事务③。

现有研究多专注于琉善宗教思想的某一方面或某一作品。很少有人对其进行全面分析和系统总结。原因在于尽管琉善留下很多作品，但是要探明其宗教态度依然极具挑战性。首先，琉善属于"第二代诡辩家"④。模仿古代经典是诡辩家的一大特点："智术师作者的目标是巧妙的模仿，写出来的作品能同时让人想起几个经典作家；最明显的例子是路吉阿诺斯⑤的几个片段……"⑥ 琉善在写作手法上对前人的模仿，让人不易分辨出他的真实想法，为学者研究造成很大困难。其次，琉善很少正面表达自己的看法，总是借他人之口来言说。例如，琉善在《舞蹈》中用吕奇努斯（Lycinus）做自己的代言人，在《钓鱼人》中则借"自由谈"之口说自己的观点，在《农神节》中又让克罗诺斯（Cronus）代为表达批评的态度，等等。因此考察琉善的宗教思想并非易事。不过，若能从整体上把握他的作品，则对我们的研究大有裨益。因为琉善的作品虽各有主题，但在阐述各自主旨的过程中，也会透露出对其他相关问题的看法。而这些观点散落在其文章各个角落，可通过认真研读、分析，系统分类总结出来。

---

① Barry C. P. Jones, *Culture and Society in Lucian*, Cambridge：Harvard University Press, 1986.

② K. Döring, *Die Kyniker*, Bamberg：C. C. Buchners Verlag, 2006；W. Desmond, *Cynics*, Berkeley and Los Angeles：University of California Press, 2008；See also：P. R. Bosman, "Lucianamongthe Cynics：The Zeus Refutedand Cynic Tradition", *Classical Quarterly*, New Series, Vol. 62, No. 2, p. 785.

③ J. Bremmer & A. Erskine, "Lucian's Gods：Lucian's Understanding of the Divine", *The Gods of Ancient Greece：Identities and Transformations*, Edinburgh Scholarship Online, 2010, Sep－12.

④ 即"Second Sophistic"，罗卫平将其译为"第二代智术师"："公元三世纪早期，雅典智术师斐洛斯特拉图斯造了'第二代智术师'这个词，用以指称那些职业演说家的活动。"（[英] 安德森：《第二代智术师——罗马帝国的文化现象》，罗卫平译，第 24 页）

⑤ "琉善"译自英文"Lucian"，源于拉丁语"Lucius"。此人名的希腊语拼法是"Lycinos"，译为中文就是"路吉阿诺斯"。

⑥ [英] 安德森：《第二代智术师》，罗卫平译，华夏出版社 2011 年版，第 107 页。

现存最早的对琉善宗教思想的全面考察，是法国学者马修·卡斯特（Marcel Caster）在 20 世纪 30 年代的研究。卡斯特得出的结论是：琉善是一个无神论者，因为只有彻底无宗教信仰的人才会像他那样讽刺神灵。[①] 但卡斯特的结论实有不妥。琉善并非真正的无神论者。

琉善虽然给传统的希腊罗马宗教以犀利的批判，但不会将自己完全隔绝于宗教活动之外。因为"尽管反宗教的行为在两安敦尼统治时期十分常见，但祭司的利益和民众的迷信均能得到足够的尊重。古代哲学家在其作品和谈话中，维护理性的独立的尊严，但是他们的行为服从法律和习俗的要求"[②]。例如，在帝国时期，即便是奉行素食主义的毕达哥拉斯学派哲学家，也没有完全摒弃献祭活动：塞涅卡和普鲁塔克都曾是素食主义者，但他们也都将这一主张限制在饮食领域，而没有与祭祀活动划清界限。[③] 可见就连哲学理念与宗教活动发生冲突之时，哲学家们也没有完全脱离宗教活动。因为传统宗教在当时民众当中仍十分繁荣，彻底绝缘于祭祀是会被社会群体所抛弃的。琉善身为 2 世纪罗马帝国的哲学家，不管其作品对宗教的态度如何，都不能排除他参与宗教活动的可能性。而古代宗教与现代宗教的内涵不同。"现代西方文化意义上的'宗教信仰'并不作为一个独立的人类活动领域存在于希腊罗马世界，而是融入在古代城市结构之中。古代不存在独立于政治或公民身份的宗教身份，而宗教的精髓在于祭仪而非信仰。"[④] 也就是说在传统的希腊罗马宗教中，祭祀和信仰融为一体，所以参加宗教活动就是对宗教的信仰。因此在传统宗教语境下，琉善不

① J. Bremmer & A. Erskine, "Lucian's Gods: Lucian's Understanding of the Divine", page 1 of 15.

② E. Gibbon, *History of the Decline and Fall of the Roman Empire*, Penguin Classics, Middlesex: Viking Penguin Inc, 1981, p. 53.

③ J. W. Knust & Z. Varhelyi, "A Satirist's Sacrifices", *Ancient Mediterranean Sacrifice*, Oxford-Scholarship Online, 2012, Jan – 12, page 5 of 15.

④ J. B. Rives, "Graeco-Roman Religion in the Roman Empire: Old Assumptions and New Approaches", *Currents in Biblical Research*, Vol. 8, No. 2, p. 284.

会是一个无神论者。

　　另外，2 世纪罗马帝国对传统宗教仍十分重视。罗马政府与罗马宗教是联合在一起的。神灵的任务是保护国家，使之强大；而祭司则是组织祭祀神灵的公共官员。① 正如吉本所说，"罗马统治者了解并重视宗教的价值，因为它与公民政府紧密相连。他们鼓励可以教化民众的公共节日。他们将占卜技艺当作推行政策的便利工具。"② 因此宗教信仰是当时罗马统治阶层关注的核心问题，甚至是其矛盾的主要焦点。③ 琉善与罗马政府核心成员有一定联系。他曾写下三篇逢迎当时的元首维鲁斯（Lucius Verus）的文章：《舞蹈》《论肖像画》和《关于肖像画的辩护》。在《舞蹈》中，琉善通过阐述舞蹈的意义，赞美舞蹈演员的素质，证明了舞蹈作为一门艺术值得欣赏由此取悦舞蹈爱好者维鲁斯。而另外两篇作品——《论肖像画》和《关于肖像画的辩护》，也是出于同样的目的而赞美深得维鲁斯宠爱的女子潘缇亚（Panthea）的。④ 由此可见，琉善是一个与罗马上层交往较多的学者，能够探知官方倾向，并会在一定程度上避免与之相逆。因此，在面对一些敏感问题或者涉及政治影响的问题时，他不会站在政府的对立面上。而琉善晚年在埃及获得职位，也说明他没有被政府视为危险的反宗教人物。⑤ 所以，不管是从哲学家的身份，还是从个人处境考虑，琉善都不会是一个完全的无神论者。

　　既然琉善不是无神论者，那么他对传统宗教有怎样的认知呢？简·

---

① D. S. Armentrout, "Book Reviews: *The State, Law, and Religion: Pagan Rome by Alan Watson*", *Church History*, Vol. 63, No. 2, p. 250.

② E. Gibbon, *History of the Decline and Fall of the Roman Empire*, p. 54.

③ J. B. Rives, "Graeco-Roman Religion in the Roman Empire: Old Assumptions and New Approaches", p. 249.

④ 《舞蹈》《论肖像画》和《关于肖像画的辩护》都成文于元首维鲁斯在东方作战的时候。(Lucian, *The Dance*, Preface, in *Lucian*, V, Loeb Classical Library, Cambridge, Massachusetts: Harvard University Press, 1936, p. 209; Lucian, *Essays in Portraiture*, Preface, in *Lucian*, IV, Loeb Classical Library, 1925, p. 255)

⑤ J. Bremmer & A. Erskine, "Lucian's Gods: Lucian's Understanding of the Divine", page 4 of 15.

布雷默（Jan Bremmer）和安德鲁·厄斯金（Andrew Erskine）的《古希腊的神——特征与转型》①，比较综合地考察了琉善的作品，提出："琉善思考过宗教问题，但是并没有持续投入精力在该问题上，而且他认为直接曝光自己的真实观点不妥。"② 因此只有反复出现和强调的内容才代表其立场。于是此书通过总结琉善重复出现的观点，得出结论：琉善认为神灵是全知全能、完全自给的，不受祈祷者的祭品和甜言蜜语的影响。

这本书总结琉善宗教思想的方式是：判定研究对象是不是琉善的真实观点，其判断的依据是某观点重复出现的频率。这样的研究方法，有其不妥之处。通过重复率来进行总结，难免会有遗漏。很有可能某些观点为琉善所支持，但没有被反复表达出来。而此方法的出发点同样值得推敲。琉善本人没有深入思考过神灵问题吗？笔者认为，一名学者不可能在对某一主题缺乏深刻反省的情况下，写下大量涉及该主题的文章。尽管琉善是一位修辞学家，其文章有很多元素是对前人作品的模仿，但不能因此而否认这些文字会承载他自己的观点。退一步讲，即便在创作初期琉善对传统宗教思考不深，也不代表他在写下多篇作品后依然缺乏思考。而很多涉及宗教问题的重要文章都产生于琉善写作生涯的较晚时期，例如：《卡戎》《诸神的对话》《海神的对话》《死人对话》《云上人》《宙斯被盘问》《宙斯演悲剧》《美尼普斯》《普罗米修斯》《农神节》等③，这更说明琉善的作品不可能只是模仿他人的没有灵魂的"拼图"。

至于"认为直接曝光自己的真实观点不妥"，这种猜测不符合琉善的身份和特点。首先，若琉善真要掩盖其真实观点，那他就不应

① J. Bremmer & A. Erskine, *The Gods of Ancient Greece*：*Identities and Transformations*，Edinburgh Scholarship Online，2010，Sep – 12.

② J. Bremmer & A. Erskine, "Lucian's Gods：Lucian's Understanding of the Divine"，page 3 of 15.

③ 琼斯对琉善作品产生的时间进行了排序。（C. P. Jones, *Culture and Society in Lucian*，pp. 167 – 169）

批评希腊罗马传统宗教。2 世纪罗马帝国统治阶层对传统宗教活动十分重视，并亲自参与其中："祭司都是从最杰出的元老中选出；而最高祭司长的职位则始终由元首本人担任。"① 然而，琉善的《论献祭》尖锐地讽刺了宗教祭祀活动。讽刺献祭者，就等于间接讽刺元首。根据琉善以往的与罗马上层保持友好的特点，他若要掩饰自己的看法，就应该隐藏这些容易开罪元首的内容。再者，琉善是受犬儒主义传统影响很深的讽刺文学家。② 犬儒主义崇尚自由不羁和辛辣的批判。琉善作品的重要特点就是在嬉笑怒骂中针砭时弊。这样的文风显然与其意欲隐藏自己观点的初衷相矛盾。故而我们可以断定琉善不会过多掩饰自己的态度，其作品蕴含着大量的对希腊罗马传统宗教的看法。

综上所述，琉善并非无神论者，而且其作品可以较为充分地反映他的宗教思想。因此，笔者将从琉善的全部作品出发，综合剖析琉善字句承载的态度，在考虑其作品核心主题的前提下，将其文章横向解剖，抽取出表达其各种观点的文字加以解读，从而全面总结琉善的宗教思想。③

（5）琉善所生活的时代

格雷姆·安德森（Graham Anderson）的《第二代智术师——罗马帝国的文化现象》（*The Second Sophistic：A Cultural Phenomenon in the Roman Empire*）④ 是西方学界第一部研究"第二代诡辩家"的专著，

---

① E. Gibbon, *History of the Decline and Fall of the Roman Empire*, p. 54.

② B. Baldwin, "Lucian as Social Satirist", *The Classical Quarterly*, New Series, Vol. 11, No. 2, p. 199. 琉善有很多作品明显受到犬儒主义影响：《美尼普斯》《死人对话》《伊卡洛墨尼波斯》《宙斯被盘问》《诸神对话》和《海神对话》（H. W. L. Hime, *Lucian, the Syrian Satirist*, London: Longmans, 1900, p. 17）。

③ 近代法国史家古郎士指出：在古人的思想中，灵魂在人死后依然与身体在一起，一同去往第二世界。（［法］古郎士：《希腊罗马古代社会研究》，李玄伯译，中国政法大学出版社2005年版，第9页）除了奥林匹亚信仰，琉善也曾讽刺罗马人另外一个更为古老的传统——对死人的祭奠。由于本书的核心议题是考察琉善对希腊罗马神灵的态度，故此问题在此不做讨论。

④ Graham Anderson, *The Second Sophistic：A Cultural Phenomenon in the Roman Empire*, New York: Routledge Press, 1993.

目前已有中译本。① 安德森首先描绘了"第二代诡辩家"这一历史现象，整理了大量史料，然后结合具体文本着力于阐明第二代诡辩家的写作风格。这部著作有助于我们更清晰地了解 2 世纪罗马帝国的文学发展情况，从而认识琉善背后的文化环境。同时，由于琉善本人的写作风格很像诡辩家，经常在讽刺作品中运用哲学和修辞学，所以这本书可以帮助笔者从更多的角度进一步理解和分析琉善的作品。

G. W. 鲍尔索克的《罗马帝国的希腊智者》是关于第二代诡辩家的另外一部重要著作。该书为我们提供了很多关于第二代诡辩家的信息。这本书使用的核心材料是斐洛斯特拉图斯的《智者传》。鲍尔索克通过对《智者传》进行分类和整理，总结了第二代诡辩家的生存状况。该书分为九章，分别是"智者的传记作家""智者的城市""智者的特权""智者与元首""加伦的威望""罗马朋友""职业争论""茱莉亚·多姆娜的圈子"和"其他文人"。

首先，"智者的城市"和"智者与元首"值得关注。这两章就当时的智者与地方城市的关系，以及他们与罗马统治阶层的关系进行了讨论。鲍尔索克指出智者常活跃在雅典、士麦那和以弗所等城市。智者们不仅繁荣了这些城市的文化，还拉动了地方经济的发展。因为一方面智者们本身多出自豪门，并且热衷于捐助公共事业；另一方面智者的盛名会吸引很多有文化的富人不远千里前来拜访。这些都令财富向智者活跃的城市集中。智者经常充当地方城市与罗马统治者之间的使节，使之有机会与元首等罗马上层贵族接触。同时，智者本身也通常出自富甲一方的大家族，因此他们与罗马其他贵族来往密切也很常见。智者们凭借自身的影响力及其与元首的关系，可以为其所在的城市谋福利。鲍尔索克在文中说："很显然，像玻里默（Polemo）这样的智者，不仅可以通过自己与元首的友谊，为士麦那建起漂亮的建筑，

---

① ［英］安德森：《第二代智术师——罗马帝国的文化现象》，罗卫平译，华夏出版社 2011 年版。

还能为这座城市创造更多的益处。同样，在危急关头，例如在地震之后，智者与高层的关系能够带来迅速的急救。"①

其次，"罗马朋友"和"职业争论"分析了当时活跃在罗马社会中的智者之间的关系。文中探讨的"罗马朋友"包括了来自帝国各地的人。鲍尔索克指出智者之间的友谊有两大明显特征："一是大多数的'罗马'朋友都是东部行省的；二是他们之间多有着诡辩术上的联系。"② 2 世纪罗马智者的朋友们主要是帝国中的文化人。而且，他们有意在帝国内部建立一个知识团体。在罗马帝国中，受希腊文化熏陶的人们通常联系紧密。然而，智者之间的关系不仅仅是和谐友好，也难免存在冲突摩擦。这些冲突时常反映了当时东部城市内部的派别划分和政治对抗。有些冲突则体现了大城市之间的争斗。关于智者之间的争吵，最重要的一点就是：它会引来罗马地方行政长官或元首本人的干涉。

上述内容反映了知识分子之间的关系，以及他们在社会当中的地位和统治阶层对待他们的态度。由于鲍尔索克所使用的核心材料斐洛斯特拉图斯的《智者传》没有记录琉善，所以《罗马帝国的希腊智者》一书中对琉善的涉及非常少，只在第九章"其他文人"的最后一部分对琉善进行了简要的分析。尽管《罗马帝国的希腊智者》对琉善的直接讨论不多，但对于我们了解琉善所在的时代背景和文化圈的情况有很大帮助。它总结了第二代智者在 2 世纪罗马的社会地位和生存状况。琉善本人也是第二代智者中的一员。了解其所在群体的整体情况，可以进一步完善我们对琉善所在时代的理解，也有利于学者分析琉善本人的思想及其活动。

阿尔佛雷德·克鲁瓦塞和莫里斯·克鲁瓦塞的《希腊文化历史摘要》，也是考察琉善时期罗马文化发展情况的重要参考资料。该书内

---

① G. W. Bowersock, *Greek Sophists in the Roman Empire*, p. 47.
② Ibid., p. 88.

容时间跨度很大，回顾了希腊文化从起源、形成到衰落的历史。《希腊文化历史摘要》共分为二十九章，其中第二十八章专门探讨了"希腊文化复兴"，并对这一背景下的哲学家、史学家、文学家、修辞学家等的发展情况进行了梳理。这一章介绍了希腊文化复兴的概况，论述了希腊文化复兴的原因和特点，回顾了诡辩术的历史，描述了2—3世纪诡辩术的发展情况。该章的第十四节和第十五节专门考察了琉善的生平和著作，研究了他的职责和才能，并且对琉善的文学创作进行了深入探讨。

爱德华·吉本的《罗马帝国衰亡史》的前三章，简述了帝国衰亡以前的历史，介绍了2世纪帝国的概况，包括疆域、军事、居民、制度、生产、生活、宗教、文化等方面。吉本在这部分里展示了安敦尼王朝（公元98—180年）的繁荣强盛，讨论了该时期的政治、文化、宗教状态。他将2世纪称作罗马的"黄金时代"。

米海伊尔·伊凡诺维奇·罗斯托夫采夫的《罗马帝国社会经济史》运用了大量的考古资料，以碑铭、钱币、遗址、器皿、纸草等文物为依据，同时参考古典作家的作品，总结了罗马帝国的社会经济状况，生动地展示了古代居民的生活状态。该书的第四章到第八章，论述了安敦尼王朝时期的政治、经济形势，考察了从意大利到行省，从城市到乡村的工商业和农业发展情况。

科瓦略夫的《古代罗马史》的第七章到第十章，阐述了安敦尼王朝时期的罗马社会发展情况，内容覆盖了1—2世纪罗马帝国的政治、经济、文化。该书在罗马社会经济方面，涉及了技术、手工业生产、商业、金融高利贷资本、城市和城市生活、农业、隶农制的发展、奴隶制的演化，考察了帝国当时的社会矛盾。在文化方面，该书总结了这个时间段罗马帝国的科学、哲学、法律、文学、戏剧、建筑方面的情况。值得注意的是，《古代罗马史》对希腊文化复兴进行了深入的探讨。

《剑桥古代史》第二版第八卷《盛世帝国——公元70年到192

年》也是研究琉善所在的罗马帝国的重要参考资料。该书第一部分第三章记述了帕提亚战争和马克曼尼战争的情况。第五部分的第三十一章和第三十二章，分别阐述该时期的文学、诡辩术和哲学的情况；第三十五章论述了帝国的宗教状况。这些内容对于了解此时罗马帝国的整体形势很有帮助。

（二）国内研究概况

在我国首先从事琉善作品研究的是周作人。周作人非常喜欢琉善的作品，做了大量的翻译工作。他将"琉善"译为"路吉阿诺斯"或"卢奇安"，并依据英文"译出《妓女对话》中的三则，论文《关于丧事》，易名为《论居丧》，又对话《过渡》，易名为《冥土旅行》，相继发表……"① 1962 年，周作人开始翻译《卢奇安对话集》。他选取的版本是《勒布古典丛书》中英、希对照的琉善作品。直到 1965 年，周作人才完成了对琉善作品的翻译工作，前后历时两年多。至此，经周作人之手译为汉语的琉善作品总共达到 19 篇。它们分别是：《关于琥珀或天鹅》《苍蝇赞》《真实的故事》（卷之一，卷之二）、《过渡》《宙斯被盘问》《宙斯唱悲剧》《公鸡》《伊卡洛墨尼波斯》《提蒙》《卡戎》《拍卖学派》《渔夫》《关于祭祀》《不信者》《关于丧事》《死人对话》《海神对话》《诸神对话》《妓女对话》。其中：《死人对话》中包含对话 30 篇；《海神对话》中包含对话 15 篇；《诸神对话》中有 25 篇；《妓女对话》中有 15 篇。

对于琉善作品的传播和研究，周作人的贡献不仅仅是翻译了他的作品，还在于他不但保留了原外文译本中的大量注释，而且在其中添加了一些自己的注释。这对于帮助读者理解琉善的文章及其文化背景有很重要的意义。此外，周作人的另一大贡献就是文后附记。附记抒

---

① 周作人：《关于路吉阿诺斯》，《路吉阿诺斯对话集》（下），中国对外翻译出版公司2003 年版，第 776 页。

发了周作人的理解和感慨，进一步诠释了琉善的思想，帮助人们更好地认识琉善。

琉善并不是一个引人注目的作家，其作品在中国没有引起广泛关注。但是周作人的青睐和强调，使很多人阅读到了琉善的对话作品。研究周作人的学者，也都不能忽视这些对话作品的重要性，在研究周作人的同时，也要就琉善的对话有所考察。这有助于琉善思想的进一步研究和传播。

琉善留下的作品总共80部，周作人只翻译了其中的19部，且基本都是比较简单的对话部分。因此，还有大量的作品有待后辈学者翻译。另外，周作人选择的都是充满文学趣味，反映世相人情且在嬉笑间讽刺对手的文章。也就是说，周作人所介绍的，是琉善文学家的一面，并未深入探讨其作品究竟涉及了罗马当时社会文化生活的哪些方面，对哪些现象进行了批判。

接下来为琉善作品的传播做出贡献的是罗念生先生。罗念生先生是我国杰出的古希腊文学研究者，一生从事古希腊文学的翻译和研究工作，对于希腊文化的引入推广，以及东西方文化交流做出了卓越的贡献。罗念生翻译了6篇琉善的作品。它们分别是：《伊卡洛墨尼波斯——云上人》《摆渡——僭主》《出售哲学》《还阳者——钓鱼人》《佩雷格林之死》《亚历山大——假预言者》。罗念生的译文根据《勒布古典丛书》中的《琉善全集》的希腊原文翻译而成。此外，罗念生还在《古希腊讽刺家琉善》一文中，对琉善的生平和作品进行了较详细的介绍和分析，并阐述了琉善作品对后世作家和画家的影响。

不过，罗念生先生将琉善定位为古希腊讽刺家。笔者对此问题看法有所不同。首先，琉善是罗马帝国治下的叙利亚人，使用公元前6世纪的古希腊文写作。笔者认为，从历史的角度来思考，还是应该称为罗马人。因为他毕竟是生活在罗马帝国这样一个大的历史背景下。更好地了解当时的历史背景和琉善的个人生平，对于研究琉善思想有很大帮助。如果简单地称为希腊人，在这方面则恐会有所疏漏。

罗念生先生称琉善为"讽刺家"。罗念生先生翻译了琉善的一部分作品，而非全部。他选取的也主要是那些反映了琉善"非圣无法"的"疾虚妄"①精神的，斗争性很强的文章。这些文章有助于我们掌握琉善批判的文化现象，但仅靠这些文章还是不够的。一方面，罗念生先生所译的文章，只是琉善具有批判性的作品中的一部分；另一方面，琉善还有一些作品是从正面提出自己的观点。也就是说，他没有采用讽刺和批判的手段，而是正面陈述和赞美。这部分文章，对于反映琉善的价值观和道德观也是非常重要的。

与罗念生先生一同从事琉善作品翻译工作的前辈学者有社会科学院外国文学研究所的陈洪文先生、王焕生先生和社会科学研情报研究所的冯文华先生。陈洪文先生翻译的作品有《卡戎——观察者》《被盘问的宙斯》《论献祭》《普罗米修斯》《神的会议》；王焕生先生翻译的作品是《演悲剧的宙斯》；冯文华翻译的作品是《神的对话》（共26篇，选译了8篇）。另外，陈洪文与王焕生合译了《冥间的对话》（共30篇，选译了9篇）。经过上述各位学者的共同努力，《琉善哲学文选》诞生了。

北京大学外国哲学研究所王永江先生为《琉善哲学文选》撰写了序言。王永江先生对琉善思想的解释，重点强调其斗争性和唯物主义，赞扬琉善在无神论方面的贡献。另外，王永江说琉善的作品"比较系统地反映了当时劳动人民的思想"。但笔者认为，王永江先生的概括有待商榷。要确定琉善的观点到底反映了哪类群体的思想，我们应首先确定琉善本人所处的社会阶层及其所接触的社会群体；厘清2世纪的罗马帝国到底存在着哪些文化现象，以及哪些是琉善批判的对象，

---

① "非圣无法"和"疾虚妄"是周作人对琉善作品特点的概括。参见周作人《愉快的工作》，钟叔河编《周作人文类编》，湖南文艺出版社1998年版，第303页；周作人《关于卢奇安》，钟叔河编《周作人文类编》，湖南文艺出版社1998年版，第312页。

哪些是琉善赞扬的对象；同时，我们还应对当时罗马平民阶层普遍存在的观念加以总结。将琉善对当时罗马社会文化的态度，与罗马平民的思想进行对比，才能得出较准确的结论。

我国著名翻译家、中国人民大学教授缪朗山先生，生前从事西方文学和美学研究。缪灵珠是先生发表译文时使用的名字。缪朗山先生将"琉善"译为"卢奇安"。他翻译的琉善作品有九部，分别是《华堂颂》《画像谈》《画像辩》《论舞蹈》《质诗人》《宙克西斯》《论撰史》《狄摩西尼礼赞》《文坛的普罗米修斯》。缪朗山先生是美学家，对琉善的关注也是着眼于美学。他所翻译的作品多为琉善论述历史之美、建筑之美和舞蹈之美的文章，数量并不多。

缪朗山先生还著有《西方文艺理论史纲》[①] 一书。该书对琉善的美学思想进行了较为详细的总结。但笔者认为有一点值得注意，那就是琉善的作品并非专注于美学讨论。这些美学的观点，很多时候只是琉善为了表达其重点思想而利用的工具，其真实性有待考察。例如，琉善曾主张，"假如没有人生存，万物之美便得不到证实。"[②] 即只有人才有审美的能力。但在《雅堂》中，琉善又说"观照万物的美，是最能使精神兴奋的，不但对人如此，对一切生灵亦然"[③]。然后，他又以马儿、孔雀为例加以论证。"审美"[④] 如果就是对美的感受和呼应的话，那么从琉善第二个观点看，人不是唯一可以审美的生物。从这里我们可以发现，琉善对于审美的观点是存在矛盾的。因此，要弄清楚琉善写文章时的立场和用意是非常重要的。如果对美的阐述正好由琉善支持的一方进行，那很有可能就代表了他自身的美学观点。也就是说，对琉善所利用的工具及其使用方法进行分析，可以看出琉善对该

---

① 缪朗山：《西方文艺理论史纲》，中国人民大学出版社 1985 年版。

② 罗念生、陈洪文、王焕生、冯文华译：《琉善哲学文选》，第 162 页。

③ 缪朗山：《西方文艺理论史纲》，第 197 页。

④ 审美的概念很难明确定义。"审美这个概念太过含混多变、歧义丛生，往往让那些业内理论家灰心丧气、沮丧不已，甚至有时对审美及其同源词（诸如审美态度、审美判断之类）明显表露出怀疑态度。"张宝贵：《西方审美经验观念史》，上海交通大学出版社 2011 年版，第 5 页。

工具的看法。那么观察琉善如何利用各种"美"，就能够总结出他如何看待各种"美"。

吴琼的《西方美学史》① 对琉善的美学思想也进行了较详细的阐述，但多是在缪先生的译文和论稿的基础上做出的总结，对先生的观点加以继承，少有突破。美学家观察琉善的角度与历史学者不同，故而得出的结论也存在着较大的差异。例如，关于《论撰史》，史家从这篇文章中看到的是，琉善对当时撰史方式的批判，以及对正确写史方法的提出，点明写史不同于写诗，应当更为严谨。而美学研究者吴琼看到的却是，写诗不同于写史，以及诗歌应具备的特点。另外，以《质诗人》为例。吴琼认为这篇文章表达的观点是："琉善重视诗人的灵感，视之为诗人创作的推动力，认为诗人是自由的，凭自己的灵感创作，随诗兴之所至。但是，他反对对灵感作神秘的解释。"② 但笔者认为，其实琉善在这里的目的并非对灵感的功能进行限制，说灵感不具有预言性，而是在说预言一事本身就是不存在的，只不过是借谈论灵感而抒发其"疾虚妄"的观点罢了。琉善实际上是在对一切虚幻的东西发起攻击，而非简单地就灵感而论。

不过，美学研究者的成果给笔者提供了新的角度和视野。例如，在《论撰史》中，当琉善在谈写史的时候，将其与艺术创作加以区分。史学家看到的通常就是该如何写史那部分，却忽略了琉善阐述的写史的对立面，即艺术创作的特点。而美学家独特的视角，有助于笔者更全面地思考琉善的思想。

然而，吴琼对琉善美学观点的概括尚流于文字表面，并没有全面把握其写作风格和思想内涵。况且他只是对两个中文选译本的内容进行简单的总结，内容上肯定不够全面。但是，一直以来在琉善的文章里，美学都以依附的姿态出现。因此，美学家探究琉善美学思想的尝

① 吴琼：《西方美学史》，上海人民出版社 2000 年版。
② 同上书，第 148 页。

试，是一件十分艰辛的工作，值得敬佩。

北京师范大学的周文玖教授，在《中国史学史学科的产生和发展》① 中，对琉善的史学思想进行了简明扼要的总结，对其史学思想给予了很高的评价。周文玖教授指出，琉善的"《论撰史》在西方史学史的发展历程中，具有重要的地位，是史学家对史学自身的理论和历史具有自觉意识的标志"②。但与前辈学者一样，周文玖教授只是从史学理论的角度考察琉善，并未对其笔下的诸多社会现象加以研究和评判。

在中国文化的其他领域，尤其是艺术、教育、哲学等学科中，琉善思想都得到了一定程度的传播。这些领域的学者，通过阅读前人的翻译，对琉善的部分思想加以学习和引用，以指导其本学科的建设工作。例如，在艺术领域，琉善在舞蹈之美方面的主张，对中国舞蹈艺术理论的发展有一定帮助。很多理论工作者，在文章中引用琉善的《论舞蹈》的观点，结合中国实际的舞蹈发展情况阐述自己的主张。

上述前辈学者的研究，分别触及琉善思想的各个方面。学者们探讨了琉善在文学、美学、史学等方面的成就。然而，在以往研究中，都只是关注琉善作品的某一方面，对其涉及的社会文化现象和给出的评论，缺乏完整的考察和总结。要全面探索琉善笔下的罗马世界，归纳出其批判的对象和赞美的榜样，需要投入大量的时间和精力，是一项十分艰苦的工作。因此笔者尝试从原始文献入手，对琉善的作品进行细致的分类、总结，希望做出一份具有针对性的研究，来回答上述问题。

本书主要采用实证研究的方法。琉善的作品较为完整地保存了下来，为笔者提供了丰富的资料。在确定研究方向后，笔者系统翻译了《勒布古典丛书》中的琉善的作品。在此基础上，笔者将琉善的作品

---

① 周文玖：《中国史学史学科的产生和发展》，北京师范大学出版社 2002 年版。

② 同上书，第 246 页。

根据其赞美和批判的态度进行了详细的分类，其中许多重要材料都是在核准希腊原文的前提下使用的。在研究琉善的作品时，笔者运用了纵向梳理与横向考察相结合的方法。以历史的眼光，纵向考察琉善作品诞生的顺序；以联系的思维，横向分析琉善作品与当时社会现实之间的关系，深化对琉善作品的认识。同时，笔者还根据实际情况需要，使用了逻辑分析的方法，将形式逻辑运用于对琉善作品及其思想的分析。本书坚持历史唯物主义。由于社会存在决定社会意识；社会意识是对社会存在的反映。因此琉善的作品是对其所在时代的反映。本书将以此为起点，通过分析琉善的作品，总结琉善批判和赞美的对象，考察其作品所反映出的当时的罗马社会风气。

本书的主旨是从琉善的作品出发，考察繁盛时期罗马帝国的社会精神状态。琉善的作品对其所在时代有褒有贬。笔者首先将其作品中赞美和批评的内容进行分类，然后通过分析这些内容，总结出其赞美和批评的对象。琉善观察的这些对象，是当时罗马社会的重要内容，从各个侧面反映了2世纪的罗马社会精神风貌。通过对这些内容的总结，我们可以做到由点到面，由小见大，从而对当时罗马社会风气有一个较为全面而深入的了解。

对琉善作品的分析，前人已经取得了一系列的成果，令人钦佩，也为后人学习和研究进行了很好的铺垫。在已有的研究成果中，有的学者总结了琉善的作品针对的是哪个群体；有的学者梳理了琉善的作品分别批判什么现象。然而，本书要阐明的是：琉善批判的不是某个的群体，而是其中特定的人和事。例如，他批判的是平民百姓中的诌媚者，哲学家中的虚伪者，有钱人中的无知者，等等。同时，笔者又与那些为一个作品树立一个靶子的学者不同。笔者承认琉善的作品的确各有主题，但他在阐述每篇作品的主题的过程中，也会流露出对其他各种社会现象的看法。而这些看法散落在琉善文章的各个角落，需要认真地研读、分析，经过分类才能够总结出来。与前人按照文章主题纵向笼统地归类不同，本书选取的是横向的角度，即通过深入探析琉善字句承载的态度，在考虑其作品核心主题方向的前提下，将其文章横向解剖，抽提出表达琉善各种观点的文字加以分析总结，从中看到琉善当时的所爱所憎，以及他自己独特的视角。

对于琉善的研究，近代成果众多。本书只能选取相关重点成果进行总结，难免会有所疏漏。笔者学术水平和理论高度有限，文中自然存在诸多不足，敬请学界前辈和同人指教。

第一编

琉善作品分析

第一章　琉善的褒赏

琉善给人的印象通常是语言犀利，对社会现象有颇多不满和讽刺。事实上，有破就有立。正如克鲁瓦塞所说："他承担起保护真实的任务，并且无畏地追求着自己的事业。但是一个人要想保卫真实，就必须拥有它，或者至少是很严谨地追寻它。"① 琉善对某事物提出批评，就意味着他内心有一个衡量事物好与坏的标准，既然低于这个标准的会遭到批评，那么符合这个标准的就应该受到表扬。通过对琉善作品的分析，我们可以看到在琉善眼中"美"的事物是什么，他所倡导的价值取向是什么。

第一节　以赞扬为目的褒赏

琉善乐于赞美美好的事物。他所欣赏的有抽象的美德，有具体的事物。琉善赞扬的对象，不管是抽象还是具体，都展现出了古人所具有的高洁品质和出众的才华，不负琉善的溢美之词。哲学家是琉善笔下受批判最多的一个群体。但琉善也与一些高尚的哲学家交好。他们或许分属于不同的哲学流派，却都有着同样的坦诚、率性，令琉善欣赏。因此琉善在为数不多的几篇赞美知识分子的文章中，对这几位学者大加赞扬。

---

① Alfred Croiset, Maurice Croiset, *An Abridged History of Greek Literature*, p. 521.

一　赞美的事物

（一）抽象的事物

1. 简朴、节制

琉善赞美安于清贫、淡薄物欲的高尚情操。他曾在《尼格里努斯》中夸赞雅典人排斥对奢华生活的追求，引导、教育奢华者回归简朴生活。文中尼格里努斯提到一个庸俗的富豪来到雅典，带领大群仆从，身着艳丽的服装，戴着珠宝首饰，想要引起雅典人的羡慕，受到他人仰视。但是雅典人却觉得这个人很不幸，于是用一种温和的方式教育了他："当他在运动俱乐部和澡堂中表现得令人讨厌，带着仆从拥挤、冲撞路人时，就会有人装作偷偷地低声说话，好像谈论的不是他一样：'他害怕在澡盆里被人谋杀！唉，浴室里安全得很。没有必要带支军队来！'那个人一字不漏地全听到了，顺便受到了教育。雅典人用非常巧妙的方式将艳丽的服饰和紫色的长袍从他身上剥了下来。他们取笑他俗艳的色彩说：'春天来了？'，'那只孔雀怎么到这里来的？'，'他穿的可能是他妈妈的衣服'，等等。"① 琉善在这篇文章中褒扬优秀的哲学家尼格里努斯时，提到了此人对希腊人的赞美。既然尼格里努斯是琉善表扬的对象，那么他所支持的也应该是琉善所欣赏的。希腊人之所以成为琉善嘉奖的对象，是因为他们过着简朴、节制的生活，"哲学和贫穷一直是他们的同胞兄弟。对于任何追求物质奢华的人（不管他是城邦公民还是外乡人），他们都不会善待之"②。因此琉善所赞美的，实际上是质朴节俭这一美德。琉善借尼格里努斯之口称赞雅典人不以贫穷为耻。尼格里努斯说，曾经在一次雅典娜节运动会上，有一个市民因穿了一件彩色的斗篷而被捕，被带到运动会组织者面前。人们见状很同情他，为他求情。当传令员宣布，此人在运动会

---

① Lucian, *Nigrinus*, 13.

② Ibid., 12.

上穿这样的衣服违反了法律，他们都不约而同地为他辩解。所有的人都在异口同声地说那是因为他没有别的衣服可穿了。① 尼格里努斯口中的希腊人并没有因为此人贫穷而轻视他，而是同情他的遭遇。在那里，一个人的地位没有因缺乏金钱而降低，人格也没有因此受辱。琉善在此文中与尼格里努斯的立场一致。他欣赏雅典人不以金钱衡量一个人的高低，不因此人贫穷而无视他的不幸。

2. 友谊

友谊也是琉善重视的对象。在《泽莫纳克斯》中，琉善在赞美泽莫纳克斯的种种美德时，就曾强调此人对友谊十分重视："唯一令他不快的事情就是朋友患病或死亡。因为他认为友谊是关乎人类幸福的最要紧的事。"② 另外，琉善还曾专门围绕着友谊这个主题创作了一篇对话《友谊》。在对话中，斯基泰人透克萨里斯（Toxaris）说自己的民族纪念俄瑞斯特斯（Orestes）和皮拉得斯（Pylades），原因不仅在于他们铸就了伟大的业绩，还在于斯基泰人敬佩他们之间的友谊，因为斯基泰人非常重视友谊。他认为，当时的希腊人，对友谊只是流于口头赞美，缺乏实际行动。希腊人美尼斯珀斯（Mnesippus）很不服气，二人相互较量，决定各讲五个本民族的故事，并且保证故事的真实性。结果由于没指定裁判，所以二者不分伯仲，最终结为刎颈之交。这篇文章中的十个故事，都讲述了朋友之间深厚的友谊。他们为了对方的幸福付出的不仅是时间、金钱，甚至是亲人和生命。琉善用如此大量的笔墨来通篇讲述各种各样的友谊，可见在他心中友谊的重要性。他强调友谊不仅是语言上的赞美，更应该在现实中有所作为。

琉善高调赞美友谊，说明他很有可能在生活中能够感受到友谊的美好。事实上，琉善确实与一些挚友相交，从朋友那里获得了很多帮助。例如，卡帕多西亚总督就是琉善的好朋友，在帕提亚战争期间为

---

① Lucian, *Nigrinus*, 14.

② Lucian, *Demonax*, 10.

琉善家人提供庇护，并且派人护送琉善进入阿波诺忒科斯。另外，琉善的收入来源很有可能包括富有朋友的赠送。他在埃及的职务也是通过某个朋友的推荐而获得的。①

3. 热爱故乡

琉善赞美人们对故土的热爱。《我的故乡》全文都洋溢着对家乡的依恋之情，热烈赞扬了热爱故乡、惦念家乡、愿意为家乡做出贡献的人。琉善认为故乡是温暖而神圣的。某个城市或小岛如果在传说中是某神灵的故乡，就会格外受到人们的重视。因此如果神灵的家乡因神灵而受到尊敬，那么凡人们就更应该热爱自己的故乡了。琉善指出人们理应为故乡做出贡献，因为每个人都受到了家乡的恩惠，是故乡最早教育了他们。漂泊在外的成功人士最向往的是衣锦还乡，"他们觉得最应该在家乡人民面前展示自己的成功。一个人在他乡获得的名望越高，就越急于回到故乡"②。客居他乡的游子老人最期盼的是落叶归根，"他希望在生命开始的地方，在养育了自己的土地上安葬遗体，和祖先们埋葬在一起。他认为身在异乡为异客是非常不幸的，哪怕是死后葬在那里"③。他乡景再美，土再沃，终都难敌故乡的热土令人眷恋。琉善说："一个人尽管是一个岛上的居民，而且能在其他地方过得更安逸，但他也会急于回到自己的家乡。就算有可能获得永生，他也会拒绝，而更愿意奔向家乡的坟墓。在其眼中，家乡的烟雾要比异乡的火焰更明亮。"④ 总之，琉善用热情的文字，宣扬了人们对故乡的眷恋。热爱故乡是一种美德，令琉善赞赏。

4. 自由

琉善的理想状态是"不执着于任何事物，不依靠任何人"⑤。这说明了他对自由的追求。海纳百川，有容乃大；壁立千仞，无欲则刚。

---

① C. P. Jones, *Culture and Society in Lucian*, p. 16.

② Lucian, *My Native Land*, 8.

③ Ibid., 9.

④ Ibid., 11.

⑤ Alfred Croiset & Maurice Croiset, *An Abridged History of Greek Literature*, p. 522.

一个包容度有限的人，就容易对某事物执着，无法容纳该事物以外的东西。一个欲求颇多，无法控制自己欲望的人，难免会见欺于他人，不是受制于人，就是被人轻视。此两种状态自然为琉善所不齿。琉善曾写过一篇名为《论在富豪家中的雇佣职位》的文章，通过向一个名为迪莫克勒斯（Timocles）的年轻人描述投身于罗马大贵族家中的希腊文人的生活，劝他不要选择这样的职业。他说很多人为了金钱或攀附权贵而受雇于富豪家中，但这样的职业带给他们的并不是其所预想的财富和地位，而是屈辱、疲劳、紧张和病痛。最终被主人扫地出门时，他们剩下的只有破败的声誉和残损的身体。琉善认为一个人在不自由的状态下，即便食用佳肴美馔也会痛苦不堪，因为他没有能力，也无暇感受食物的美味。"所以，我的朋友，第一场而且是最甜美的晚宴就是这个样子。至少在我看来，比起这晚宴，还是自由地吃麝香草和精盐比较香甜，可以想吃就吃，想吃多少就吃多少。"① 在琉善眼中，如果自由是需要用一切物质上的享受去换取，他愿意义无反顾地选择自由。"现在看来，如果一个人喜欢快乐并将享受定为首要目标，那么或许为了享乐而承受一切也不为过，甚至是情有可原的。然而，出于这样的目的就将自己出卖则是很可耻和丢脸的。因为自由的快乐要甜蜜得多。"② 当一个人为了物质享受出卖了自由，他其实就放弃了尊严。然而他换得的并非其所臆想的金钱和地位，而是更为卑微、不幸的生活。因为自由和尊严是一切幸福的根源。总之，不管是对放弃自由的批评，还是对拥有自由的赞赏，都反映了琉善对自由的赞美和向往。

（二）具体的事物

1. 浴池

琉善在《希庇亚斯》一文中，详细地描述了希庇亚斯建造的浴

---

① Lucian, *On Salaried Posts in Great Houses*, 19.
② Ibid., 8.

池，并对其大加赞美。洗浴是当时罗马人社会生活的重要组成部分。从罗马到行省，城市中都散落着各种浴场，所以建造一个浴池应该并非是多么大的功劳。但琉善却偏偏对希庇亚斯的浴池有所留意，并花费笔墨加以细致描述。可见希庇亚斯建造的浴池定有过人之处。琉善首先指出这座浴池的选址原本倾斜、陡峭，但设计者在这样的基础上对地面进行改造，并打下了牢固的地基。接下来，琉善按照由外到内的顺序，逐一描述了浴室从大厅到各个分厅的设计、装饰、功用和效果。

琉善指出，设计者同时兼顾了浴池的美观和实用性。整座浴场从大堂到各个浴室都环境优雅、灯火通明、装修精美。琉善说："每个房间高度都适中，宽度与长度相称。到处充满着繁华与美丽。"① 例如，热水浴室所在的大厅"极其漂亮，光线充足，闪耀着紫色的光芒，仿佛到处悬挂着紫色"②。冷水游泳池所在的大厅"尽头由拉哥尼亚（Laconia）大理石打造而成，那里摆放着两尊用古代技法雕刻的白色大理石雕像：一尊是许奎厄亚（Hygieia）的，另一尊是埃斯科拉庇俄斯（Aesculapius）的"③。温水浴室两侧各有一个半圆壁龛。另外，有的大厅用弗里吉亚大理石一直装饰到屋顶。④ 在实用性方面，这座浴室从休息室、更衣室到冷水游泳池、温水浴室、热水浴室、温室、冷室、按摩室等一应俱全。浴池的设计照顾到了各个细节。例如，入口处的台阶都是做到宽度大于高度，易于踩踏攀登。又如，为了让客人避免立刻接触到过高的温度，在进入热水浴室前，设计者让人们先进入温水浴室。而且沐浴过后，客人不必原路返回，而是可以穿过一间微温的房间，直接进入冷室。而这个房间的巧妙之处在于其朝向为

---

① Lucian, *Hippias*, 7.

② Ibid., 6. 作者的意思不是这个房间中悬挂着紫色，而是说房间中用于装饰的石头是紫色的。也许只是斑岩的柱子而已。（*Lucian* I, Loeb Classical Library, Cambridge, Massachusetts: Harvard University Press, 1913, p. 41, note 2）

③ Lucian, *Hippias*, 5.

④ Ibid., 6.

北，可以保证其长期处于凉爽的状态。设计者将需要大量热量的房间
建设成朝南、朝东和朝西的。另外，"健身房和衣帽间均有便捷通道
与装有浴盆的大厅直接相连，以便更加方便、安全"①。这样一座既实
用又美观的浴场，出现在古代确实令人惊叹。故而琉善对其大加夸赞
也在情理之中。

2. 会堂

琉善在《会堂》一文中，通过"我"和"见解"先生（Mr. Pointo'
View）之间的辩论，阐发了华美会堂会对演讲者产生的正反两方面的
影响。虽然二者各执一词，但都对会堂的华美大为赞赏。文中"我"
将会堂比作"一个端庄、秀雅的女子"②，只是适当地装饰打扮自己，
不用俗艳的饰品过分装扮。在"我"眼中，会堂的天花板在金粉的映
衬下如同点缀着璀璨明星的夜空，远一点的金饰与投射于其上的光线
混合在一起产生耀眼的光晕。琉善通过"我"的语言赞美这座会堂的
屋顶，说"它好像海伦房间中'高高在上的天花板'，或者像奥林匹
斯山一样'炫目'。……墙上的壁画，颜色艳丽，栩栩如生，犹如春
天一般，又仿佛开满鲜花的田野"③。接下来，琉善又借助"见解"先
生的发言，将装饰会堂的图画描绘了一遍。他从人们进门后右手边第
一幅画开始描述：第一幅图画讲述了英雄珀尔修斯与海怪搏斗，拯救
安德洛默达的故事④；第二幅是皮拉得斯和俄瑞斯特斯刺杀埃癸斯托
斯的故事⑤；然后是阿波罗笑看少年布兰库斯与狗儿嬉戏的画面⑥；还
有，珀尔修斯打败美杜莎的情形⑦。在墙壁中央，边门之上有一个雅
典娜神龛，供奉着大理石雕刻的雅典娜神像。越过神龛之后的图画分

---

① Lucian, *Hippias*, 8.
② Lucian, *The Hall*, 7.
③ Ibid. , 9.
④ 关于安德洛默达的故事，参见鲁刚、郑述谱编译《希腊罗马神话词典》，第46页。
⑤ 关于俄瑞斯特斯的故事，参见鲁刚、郑述谱编译《希腊罗马神话词典》，第92页。
⑥ 布兰库斯是阿波罗的儿子，创立了狄底玛的神示所。参见［美］艾德里安·罗姆编
《古典神话人物词典》，刘佳夏天注释，外语教学与研究出版社2007年版，第87页。
⑦ 关于美杜莎的故事，参见鲁刚、郑述谱编译《希腊罗马神话词典》，第206页。

别展现了：赫菲斯托斯追求雅典娜①；失明的俄里翁扛着蔡达利翁迎接新生的太阳②；奥德修斯为回避战斗而装疯卖傻③；美狄亚因妒火中烧而对亲生儿子暗起杀机④。就这样，琉善通过"我"和"见解"先生的描述，将一座华丽典雅的会堂展示在世人眼前。作者在文中夸赞这座建筑物时，洋溢着热情。不管美丽的殿堂对演讲者而言有利还是有弊，它的华美是不可否认的。琉善在整篇文章中对它的赞美也始终如一。

琉善作品歌颂的抽象事物有简朴节制、热爱故乡、友谊和自由；具体事物是两座建筑物——浴池和会堂。不管抽象还是具体，它们都是"美"的事物，能够给人带来感官上的享受和心灵上的愉悦。虽然此类文章在琉善的作品中所占比重不大，但也反映了琉善对"美"的向往，以及古人的智慧。

二 赞美的人物

琉善十分钦佩哲学家尼格里努斯和泽莫纳克斯，并分别以此二人的名字为标题写下了两篇文章赞美他们的德行。

（一）尼格里努斯

《尼格里努斯》以琉善写给尼格里努斯的一封信为开头，引出了作者创作的一篇对话。这篇对话旨在通过两个朋友间的交谈，再现柏拉图主义哲学家尼格里努斯的演讲，展现他的睿智。对于尼格里努斯的演讲，琉善首先进行了大量的铺垫，对其加以赞扬。他说尼格里努斯"使得荷马笔下著名的塞壬、夜莺和忘忧果都显得落后过时了。那

---

① 赫菲斯托斯因为阿佛洛狄忒和战神阿瑞斯相爱而倍感失落，于是开始追求雅典娜，但遭到拒绝。因为雅典娜是终身不婚的处女神。参见 Apollodorus, *The Library*, III – 14.6。

② 关于俄里翁的故事，参见鲁刚、郑述谱编译《希腊罗马神话词典》，第 90 页。

③ 关于奥德修斯的故事，参见鲁刚、郑述谱编译《希腊罗马神话词典》，第 51 页。

④ 关于美狄亚的故事，参见鲁刚、郑述谱编译《希腊罗马神话词典》，第 171 页。

是神一般的口才！"① 琉善表示，自己完全沉醉于这位哲学家的演讲之中；他的话语已经彻底改变了自己："我忘记了自己的眼睛和它的疾病——你能相信吗？而且我的灵魂也渐渐拥有了锐利的目光。我以前一直那么迟钝，却全然不自知。我就这样发展下去，到达了现在这个状态，也就是你刚刚指责的那个状态——他的话使我变得骄傲和高贵。总之，我不会再把琐事放在眼里。"②

　　随后，琉善开始赞美尼格里努斯的演讲中所蕴含的各种美德。琉善最先赞美了尼格里努斯对雅典人的朴素、自由的欣赏，及其对罗马的物欲横流的反感。他说，尼格里努斯指出："雅典人的生活与哲学和谐一致。这样的生活能够保持人性格的纯洁。所以一个严肃的人（受到的教育令其鄙视财富，并且懂得去选择真正美好的生活）会发现雅典非常适合他"；然而，如果一个追求奢华和享乐，"没有感受过自由，或者没有尝试过自由地演讲或思考真理，长期与奴性和谄媚为伴"，那么这个人就"应该生活在罗马"。③ 琉善欣赏尼格里努斯在演讲中阐发的对于财富和地位的看法。尼格里努斯提出人生犹如舞台，一个人在舞台上时而饰演富人，时而变成乞丐。一切本就变幻莫测，但愚蠢的人类还在拼命追求财富和权力，炫耀自己拥有的，艳羡自己得不到的。而"比有钱人更可笑的是去拜访和讨好他们的人"④。这些人抛却尊严和健康的生活，只为满足口腹之欲。其中最为荒谬的是"那些为了受雇于人而研究哲学，将美德放到柜台上去卖的人们"⑤。琉善称赞尼格里努斯淡薄物欲、轻视财富，"尽管他在离城市不远的地方有农场，但是多年都不去看一下。不仅如此，他还经常说那农场根本不是他的"⑥。尼格里努斯提倡高尚的生活，主张正确的教育方

---

① Lucian, *Nigrinus*, 4.
② Ibid., 4 – 5.
③ Ibid., 15 – 16.
④ Ibid., 22.
⑤ Ibid., 25.
⑥ Ibid., 26.

式，反对折磨青年人的肉体，认为应该锻炼他们在精神上忍耐痛苦的能力。他还批判罗马人生时生活奢侈，死后追求厚葬，讽刺这种行为是"一种人间喜剧"。① 此外，尼格里努斯反感人们将大量精力投入到晚宴上，认为奢侈的宴会并不能给人带来什么好处。而最令他厌恶的是——富人通过病态的方式享受仆人的前呼后拥，仿佛自己是废人一般。

琉善激情澎湃地赞扬尼格里努斯的演讲。他笔下的讲述者说自己在听了尼格里努斯的话后，感到极度眩晕和混乱，大汗淋漓，结结巴巴地努力想说话，却发不出声音，舌头也打了结，最后羞愧地哭了出来。② 琉善在文中将尼格里努斯比作优秀的射手；富人的灵魂则是一只脆弱的靶子；哲学家的演讲就是"沾上了一种甜美、柔性的药"③ 的箭。尼格里努斯的"箭头射出的力度恰到好处，刚好穿入箭靶。箭的木棍牢牢地钉在靶上，释放出大量的药物。这种药物自然地散播，彻底蔓延到灵魂的每一个角落"④。琉善对尼格里努斯的赞美贯穿始终。最后，在文章的结尾，聆听者还对讲述者的话语赞叹不已，称自己也受到了感化。

（二）泽莫纳克斯

琉善用大量篇幅赞美的另外一个人是哲学家泽莫纳克斯。琉善在《泽莫纳克斯》中没有采用对话的模式，而是选择第一人称直接陈述的方式讲述泽莫纳克斯的事迹。琉善说自己亲眼见过泽莫纳克斯，并且自称是他的学生。琉善在文章开头给出赞美泽莫纳克斯的理由："第一条是：尽我所能，让他永远保留在文人雅士的记忆当中；第二条是：天资聪颖的年轻人，如果渴望哲学的话，不仅可以模仿古代先

① Lucian, *Nigrinus*, 30.
② Ibid., 35.
③ Ibid., 37.
④ Ibid..

贤，还能以他为当代榜样。"①

第一，在思想方面，琉善说泽莫纳克斯向往高尚的生活且拥有对哲学与生俱来的热爱。他赞同泽莫纳克斯没有将自己划归到某一哲学流派中，"而是将诸多哲学结合起来"②，融合了各派的优点。泽莫纳克斯秉承了犬儒学派朴素的生活作风，但把持有度，并不哗众取宠。他与苏格拉底相似，却"在社会和政治当中安守自己本分"③。泽莫纳克斯关于物质财富的观点也令琉善欣赏。琉善在文中讲述泽莫纳克斯的事迹时说："有些朋友似乎财运不错。泽莫纳克斯提醒他们：他们正在为虚假而短暂的幸福高兴。对于那些因贫穷而悲伤，为流放而苦恼，或者抱怨衰老和疾病的人，他笑着安慰他们，说他们没有看到自己不久之后就会停止悲伤，忘却命运（不管好的还是坏的），获得永恒的自由。"④ 此外，琉善还赞许泽莫纳克斯反对盲目迷信，排斥预言、占卜。在《泽莫纳克斯》中，琉善也记述了泽莫纳克斯在这方面言行：有一次，"泽莫纳克斯看到一个预言家公开进行预测以赚取钱财，他说：'我看不出你收取这些费用的理由是什么——如果你认为你有能力改变命运，那你收的钱就太少了；如果一切都是上天注定的，无法改变，你的预言又有什么用呢？'"⑤ 泽莫纳克斯拥有敏锐的判断力，对哲学非常忠诚，并且以丝毫不依赖他人为目标。⑥ 这在琉善眼中，无疑是极大的优点。琉善用大量笔墨揭露和讽刺，披着哲学外衣四处行骗的伪哲学家。但他对真正对哲学虔诚的学者充满敬意。同时，琉善的理想状态也是不执着于任何事，不依赖于任何人。这与泽莫纳克斯的目标不谋而合。这一点也会令琉善对泽莫纳克斯另眼相看。

---

① Lucian, *Demonax*, 2.

② Ibid., 5.

③ Ibid., 6.

④ Ibid., 8 - 9.

⑤ Ibid., 37.

⑥ Ibid., 4.

第二，琉善非常欣赏泽莫纳克斯精彩、机智的语言。他用大量的篇幅讲述了泽莫纳克斯与不同人之间进行的，机智幽默的对话。琉善在赞叹泽莫纳克斯的口才时说："说服力常栖于他的嘴唇。"① 他在文中举了这样一个例子：泽莫纳克斯曾被雅典人控告说他从来不祭祀神灵，"并且是民众中唯一不了解依洛西斯（Eleusinian mysteries）秘密仪式的人"②。于是，他在雅典民众面前为自己辩护："提到他从不向雅典娜献祭时，他说：'雅典人民，不要吃惊于迄今为止我从没向她献过祭。我向来不认为她需要我来献祭。'对于另外一项指控——秘密仪式问题，他说他从来不参加他们的仪式，因为如果仪式是不好的，他不会对新加入者缄口不言，而是让他们脱离这个仪式；而如果这个仪式是好的，他会出于对人类的关爱将它揭示给每一个人。"③ 显然，琉善很欣赏泽莫纳克斯在应对危机时采用的变通的处理方式。虽然泽莫纳克斯面对的危机和指控与古代先贤苏格拉底相同，但他的处理办法更为灵活、安全。因此，琉善很有可能认为泽莫纳克斯的策略更为高明，更具智慧。在嘲笑不学无术的文人时，泽莫纳克斯的铁齿铜牙丝毫不留情面。例如，当亚里士多德学派的阿加索克利斯（Agathocles）吹嘘自己在逻辑学家中首屈一指——除自己之外别无他人，泽莫纳克斯说："得了，阿加索克利斯，如果没有其他人，那么你就不是第一；如果你是第一，那么就有其他人存在。"④ 又如，一个西顿（Sidon）诡辩家在雅典炫耀自己熟知各哲学流派："如果亚里士多德叫我去演讲厅，我会与他同去；如果柏拉图让我去学园，我会随他去；如果芝诺呼唤我，我会徜徉在斯多亚中；如果毕达哥拉斯呼唤我，我就会缄口不言。"此时，泽莫纳克斯从听众当中站起来说："嘿！（叫此人的名字），毕达哥拉斯叫你呢！"⑤ 还有一次，"当看到两个哲学

① Lucian, *Demonax*, 10.
② Ibid. , 11.
③ Ibid. .
④ Ibid. , 29.
⑤ Ibid. , 14.

家围绕着某个题目，无知地进行辩论——其中一个人提出非常愚蠢的问题，另一个给出完全不切题的回答，泽莫纳克斯说：'朋友，你不觉得这两个人，一个在雄山羊身上挤奶，另一个在帮他拿漏勺接着吗！'"①

　　第三，琉善赞赏泽莫纳克斯直爽、幽默的个性。泽莫纳克斯敢于直抒胸臆，并不畏惧权贵。琉善在文中写道："高高在上的赫罗德斯（Herodes Atticus）②为波吕丢刻斯（Polydeuces）的夭折而难过，要求照常为这男孩备好双轮马车，就好像他准备驾车一样，而且还像往常一样为他准备食物。泽莫纳克斯对赫罗德斯说：'我给你带来了波吕丢刻斯的消息。'赫罗德斯非常开心，以为泽莫纳克斯像别人一样迁就他的心情，便说：'好吧，波吕丢刻斯的消息是什么，泽莫纳克斯？'他说：'他怪你不赶快去陪伴他！'"③另外，"有一名罗马元老，在雅典将自己的儿子介绍给泽莫纳克斯。那是一个漂亮的男孩，但很阴柔且神经脆弱。元老对泽莫纳克斯说：'我儿子向您致敬。'泽莫纳克斯说：'多可爱的孩子。真不愧是你的孩子，而且很像他妈妈！'"④泽莫纳克斯甚至连执政官都敢讽刺。前任执政官蔡特古斯（Cethegus），取道希腊去亚洲担任其父的代理官员，一路上言语失德，举止无状。泽莫纳克斯的一个朋友见了说：他真是一个绝佳的饭桶。泽莫纳克斯说："作为饭桶，他都不是'绝佳'的！"⑤这些小故事都反映出泽莫纳克斯个性洒脱，语言犀利，面对荒唐的人或事都不留情面，敢于大胆讥讽。而对于他开朗、幽默的性格，《泽莫纳克斯》也通过他风趣的言谈展现给了读者："一名运动员虽然是奥林匹克冠军，却身着同性恋服装示人。泽莫纳克斯嘲笑他，被他用石块打破

---

① Lucian, *Demonax*, 28.

② 赫罗德斯·阿迪克斯；波吕丢刻斯曾是最受宠爱的奴隶，参见 *Lucian* I, Loeb Classical Library, Cambridge, Massachusetts: Harvard University Press, 1913, p. 157, note 2.

③ Lucian, *Demonax*, 24.

④ Ibid. , 18.

⑤ Ibid. , 30.

了头。旁观者都如同自己被袭击了一样愤怒，大喊：'到总督那去！'但是泽莫纳克斯却说：'不！别去总督那儿，去医生那儿！'"① 还有一次，"有一个人看到泽莫纳克斯腿上有那种老年人常有的变色的地方便问：'泽莫纳克斯，这是什么？'他微笑着回答说：'摆渡者的牙印！'"②

除了上面提到的这些故事，琉善还讲述了很多发生在泽莫纳克斯身上的趣事。琉善总结说：泽莫纳克斯哲学的特点是善良、温和、乐观。他对泽莫纳克斯给予了极高的评价，说泽莫纳克斯是他认识的哲学家中"最伟大的一位"。③ 总体而言，《泽莫纳克斯》里面反映出来的品德和智慧——"有文化但不教条，抨击虚荣，但重视友谊；自给自足但是不与快乐为敌"④，与琉善一直以来所追求和秉持的理念是一致的。因此琉善十分欣赏泽莫纳克斯。他在文章的开头便称赞泽莫纳克斯拥有高度理性的头脑，是值得关注和纪念的人；在结尾处又提到泽莫纳克斯的高尚和智慧赢得了全体希腊人的敬仰。晚年的泽莫纳克斯被人们奉为圣人。普通妇孺都对他极为崇拜。泽莫纳克斯去世后，他曾经歇息的石凳都被视为是神圣的。人们对其行礼，并用花环装点它。⑤

上述事物和人物是琉善赞美的对象。琉善歌颂了友谊的美好、自由的可贵，鼓励人们追求质朴的生活，热爱故乡的热土。他对浴池和会堂进行了细致的描绘，再现了古人的聪明才智。琉善赞颂了尼格里努斯和泽莫纳克斯睿智的思想、机智的语言。这些赞美反映了琉善所秉持的价值标准，从正面展现了他的道德要求。对"美"的肯定，即是对"丑"的否定。正是因为有了这些"美"的事物作标尺，琉善才写下了那么多对"丑"的现象的批判。

---

① Lucian, *Demonax*, 16.

② Ibid., 45.

③ Ibid., 2.

④ C. P. Jones, *Culture and Society in Lucian*, p. 98.

⑤ Lucian, *Demonax*, 67.

第二节　以迎合为目的褒赏

琉善为人颇为率性，又具有敏锐的观察力，因此其所做文章多是嬉笑怒骂之词，奉承之语不多。在《勒布古典丛书》中收录的 79 篇作品里，带有逢迎意味的作品只有 6 篇。这些文章，有的是通过赞美一些事物来投合他人喜好，如《舞蹈》《论撰史》；有的是通过赞美某些人物来讨好他人，如《论肖像画》和《关于肖像画的辩护》。

一　赞美的事物

（一）舞蹈

琉善为了迎合元首维鲁斯的趣味，对舞蹈大加赞美，写下一篇名为《舞蹈》的文章。这篇文章以对话为框架。对话中的犬儒主义者克拉图（Crato）认为哑剧舞蹈，或者观看哑剧舞蹈毫无意义。但是舞蹈的支持者吕奇努斯（Lycinus）最终改变了克拉图的看法。为了证明舞蹈可以陶冶情操，调节心性。琉善笔下的吕奇努斯发表了一番演讲，对舞蹈进行了详细的论述和赞扬。不过，琉善强调自己赞美的是当时已经发展成熟的舞蹈艺术，而非粗野、吵闹的舞蹈。就像柏拉图在《法律篇》中按照舞蹈是否对人类有益进行分类那样，他也摒弃不好的舞蹈，赞美先进的舞蹈。

吕奇努斯首先回顾了舞蹈悠久的历史。他说"舞蹈"自宇宙诞生之日起便出现了。[①] 最初，瑞亚[②]就痴迷于舞蹈。而宙斯也得感谢舞蹈者救他脱离父亲的魔爪。之后，据《荷马史诗》所记，古时英雄也都会积极地练习舞蹈，很多都是优秀的舞者，例如墨里奥涅斯，以及阿

---

① Lucian, *The Dance*, 7.
② 古希腊的地神，通称神母或大神母，乌剌诺斯和盖亚之女（有时同盖亚混同），克罗诺斯之妻，宙斯之母。参见鲁刚、郑述谱编译《希腊罗马神话词典》，第 228 页。

喀琉斯之子尼奥普托列墨斯。接着，吕奇努斯提出斯巴达人之所以是希腊人中最勇武的民族，原因在于他们喜爱舞蹈，而且"做任何事都要有缪斯的协助，甚至奔赴战场都有伴随着长笛和节拍，踏着节奏行军。事实上，斯巴达人收到的战斗开始的信号是用长笛发出的"①。而且斯巴达年轻人在拳击比赛之后会唱两首歌，载歌载舞地结束竞赛。此外，塞萨利人也很喜爱舞蹈。吕奇努斯由此阐明了舞蹈自古以来就为众多民族所推崇。

吕奇努斯为了证明舞蹈的神圣性，论述了各种仪式与舞蹈之间的密切联系。他指出所有的神秘仪式中都有舞蹈。例如，在得洛斯，连祭祀都少不了舞蹈，而且还伴有音乐；在印度，当人们早晨起床，向太阳祈祷时，面对朝霞用舞蹈迎接太阳神的到来；在罗马，祭司阶层会跳一种庄严的舞蹈向战神阿瑞斯表达敬意；此外，狄俄尼索斯的仪式本身也是舞蹈。吕奇努斯还讲述了一个在意大利流传的故事：泰坦神之一普利阿普斯在阿瑞斯还是小孩时，先将他训练成一名优秀的舞者，然后才教他如何使用武器，并因此获得了赫拉的奖赏。通过上述这些内容，吕奇努斯得出结论：抨击舞蹈艺术就是对神不敬，因为这门艺术因神灵而诞生，为敬神而表演。

吕奇努斯指出古代先贤也都很喜爱舞蹈。荷马与赫西俄德"给予舞蹈的评价高于其他任何事物"②。就连苏格拉底——阿波罗说他是世界上最聪明的人，也喜欢舞蹈。吕奇努斯还表示，备受人们推崇的喜剧和悲剧都包含舞蹈的因素；而舞蹈又与它们不尽相同，在很多方面优于它们：首先，与悲剧比起来，舞蹈者的外表是更为得体；其次，"悲剧和舞蹈的主题是一致的，二者之间没有区别，只不过舞蹈的主题更具多样性，更加新颖，包含了数不清的变化"③。而正是由于舞蹈所展现的题材与悲剧的主题一致，所以舞蹈还具有教化民众的作用。

① Lucian, *The Dance*, 10.

② Ibid., 23.

③ Ibid., 31.

因为舞蹈会对观众的情绪产生影响，在深深吸引观众的同时，与观众心灵产生共鸣。"你会看到表演者厌恶罪恶，为遭受不公正待遇的人潸然泪下，调教观众的个人性格。熟悉这样的表演，可以为你塑造更好的个性。"① 观赏舞蹈的人，将舞者视为一面镜子，从舞蹈中反观自己的情感和行为。"每个人都看到了自己的灵魂的倒影，认出了自己。"② 吕奇努斯认为这是对德尔菲的神谕"认识你自己"的实现。观众在离开剧场时，"已经清楚自己应该选择什么，避免什么，学到了以前不知道的知识"③。因此，舞蹈是一个树立和传播正确的价值观和人生观的工具，为观众提供了价值标准，告诉他们应当怎样做人。

吕奇努斯在论述了舞蹈的神圣性和教育意义之后，又系统阐述了作为一名舞者应具备何种素质，接受怎样的训练，学习什么内容。吕奇努斯提出舞蹈是一门综合学科，同时吸纳了音乐、格律、修辞学、哲学、物理学、伦理学、雕塑和绘画等方面的知识。要从事这门艺术，舞蹈者必须具备极高的修养。他从思想和形体两个方面分析了作为一个舞者应该具备怎样的素质。

首先，在思想素质方面，吕奇努斯认为舞蹈者应具有"天赋、智慧、强大的记忆力、敏锐的创造力，而且最重要的是，能够在正确的时间做正确的事情。除此之外，他还要有能力评判诗歌，挑选出最佳歌曲和音乐，淘汰无用的曲子"。舞蹈者要有过人的记忆力，"必须清楚地知道'现在的、未来的以及过去的事情'，什么都不能落下。而且他记忆的速度也必须非常快"④。因为舞者要掌握自开天辟地以来的一切故事。接着，吕奇努斯列举了舞者应掌握的知识。他讲述的顺序首先是从神到人，然后再按照地区分别历数发生在当地的神话故事：第一是雅典，然后是墨伽拉、科林斯、迈锡尼、斯巴达、伊利斯、克里特、

① Lucian, *The Dance*, 72 – 73.

② Ibid. , 81.

③ Ibid. .

④ Ibid. , 36.

色雷斯；亚细亚的萨摩斯岛、波斯；意大利；腓尼基、叙利亚、马其顿、埃及。总之，吕奇努斯认为一个舞者需要了解"荷马、赫希俄德和所有优秀诗人所讲的一切内容，尤其是悲剧中的故事"①。文中这样一段看似冗长的论述，一方面证明了舞蹈表演者必须博闻强识，要了解不同民族和地区的文化和历史；另一方面展示了作者渊博的知识。琉善通过这一大段叙述，彰显出自己深厚的文化底蕴。

吕奇努斯接下来强调，舞蹈者必须有极强的表达能力，通过模仿来扮演角色，传达情感和信息。吕奇努斯说犬儒主义者德米特里乌斯曾认为，舞蹈的魅力来自服装、面具、长笛和歌唱，其自身并无美丽可言。然而，当一位舞蹈家在没有任何伴奏的情况下为德米特里乌斯演绎了阿芙洛狄忒和阿瑞斯的奸情被众神发现的故事后，德米特里乌斯感到十分震撼，"拼了命地高声喊出：'我听见了你所表演的故事，朋友，我不仅仅是看到了。在我看来，你在用双手讲话！'"②吕奇努斯还讲了一个蛮族人向尼禄索要舞蹈家充当翻译的故事：一个蛮族人在罗马看到了某位舞蹈家的表演。他虽然听不懂歌曲唱词，却完全理解了表演的内容。当他要离开时，请求尼禄将那个舞者送给他。尼禄问他为何如此。他回答说："我们有很多说不同语言的蛮族邻邦，经常缺少翻译。当我需要翻译的时候，这个人可以用动作解释给我看。"③琉善通过让吕奇努斯讲述这两个故事，证明了舞蹈者十分善于模仿，其肢体语言的表达能力极强。

协调能力也是舞蹈者不可或缺的素质。因为舞蹈的表现形式具有广泛性和多样性，是"长笛、笛子、用脚打拍子、击打钹、演员优美的声音、歌唱者的默契配合"④，舞蹈者应该与音乐相互配合，表演的内容须与音乐表达的意思相符。不仅如此，舞蹈的节奏也要与音乐一

---

① Lucian, *The Dance*, 61.

② Ibid., 63.

③ Ibid., 64.

④ Ibid., 68.

致。同时，舞蹈者的模仿要适度，不可超出正常的范围。吕奇努斯说自己曾经看到一位才华横溢的舞者在一次表演中对表演力度没有把握好。这位舞蹈者在扮演疯狂的埃阿斯时，表现方法过于夸张，以至于让观众以为他本人也变成疯子了。吕奇努斯认为舞蹈是身体和灵魂的结合。舞蹈是在头脑的指挥下，通过肢体动作来传达信息。"颇具天赋的米蒂利尼（Mytilene）的莱斯博纳克斯（Lesbonax），将舞者称为'灵巧的智者'。"① 吕奇努斯认为舞蹈是哲学和艺术的结合，舞蹈表演的整个过程都有哲学理念贯穿其中。因此，舞蹈者一定要拥有聪慧的头脑，才能将舞蹈之美展现出来。

其次，在形体方面，吕奇努斯主张舞者"既不能太高，过度瘦长，也不能太矮，像侏儒一样，而是要适中，既不能肥胖，也不能消瘦"②。吕奇努斯以安条克为例，证明这些要求是必要的。安条克的市民对身材过高或过矮的舞蹈演员大加嘲笑，以示不满。吕奇努斯还指出，舞者的身体必须灵活，可以"在需要时像柳条一样弯曲，在必要的时候又能够稳如泰山"③。舞者的身材比例须符合其扮演的角色。这是成功的舞蹈表演所需的必要条件。而灵活的身体是舞蹈者展现模仿技能时不可或缺的因素。身体僵硬笨拙者，断不能展现出舞蹈艺术的美丽。

琉善聪慧过人，能够以高超的技巧表达思想。《舞蹈》这篇文章，虽然意在迎合元首，却通篇不见谄媚之词。在投合元首喜好的同时，又展现了自己修辞学的水平、运用语言的能力和渊博的知识。

（二）帕提亚战争

琉善另外一篇暗含逢迎之意的文章是《论撰史》。该文在一定程度上对元首的胜利加以隐晦的赞颂。166 年，帕提亚战争结束。很多人纷纷写史纪念这一战事，但作品水平参差不齐。琉善因此写作《论

---

① Lucian, *The Dance*, 69.
② Ibid., 75.
③ Ibid., 77.

撰史》发表自己的看法。他在文中阐述其主张的撰史的原则和方法时，也流露出了对当政元首及其获得的胜利的赞许之意。琉善在《论撰史》中叙述人们争相撰史的背景时说："真的，自从最近使人兴奋的消息传来——远征蛮族的战争，亚美尼亚之役，以及连续的胜利——几无一人不在撰述历史……"① 文中使用了极具主观色彩的词汇："使人兴奋的消息""远征蛮族的战争"。这样颂扬的口吻反映了琉善对出兵叙利亚的罗马元首的支持。当琉善说也许很多作家的作品已经完成，但他的《论撰史》依然有其存在的意义时写道："今日我们大概不会再有外患了，我们已经击败了所有敌人……"② 这种绝对化的语气，是对当时战争结果和政治形势的赞美。这样脱离实际的赞美其实是在向元首献媚。因为当时的实际情况是罗马根本没有打败"所有的"敌人。帕提亚战争还没有完全结束，新的战事就出现了——马科曼尼战争（Marcomannic）爆发。此前，"罗马在那里的负责人通过外交斡旋拖延了很久，以避免马科曼尼战争在东方战事结束之前就爆发。甚至在发生饥馑的时候，元首就向人们暗示这场战争的降临"③。如此看来，琉善显然知道帝国当时所面临的危机，却依然写出这样背离实际情况的文字。这说明他选择了逢迎的态度。

琉善通过赞美舞蹈和舞者来彰显维鲁斯的趣味高雅，又通过赞美当时的政治形势，夸大了帕提亚战争的效果，从而歌颂维鲁斯的功绩。琉善表面上是在赞美舞蹈和帕提亚战争的胜利，实际上是在以物媚人，其目的在于迎合维鲁斯的心意。

二 赞美的人物

（一）潘缇亚

士麦那女子潘缇亚深得元首维鲁斯的宠爱。琉善在《论肖像画》

① 缪朗山：《缪灵珠美学译文集》第一卷，章安祺编订，中国人民大学出版社1998年版，第188页。

② 同上书，第190页。

③ Marcus Antoninus, *Scriptores Historiae Augustae*, xii.

和《关于肖像画的辩护》中，热情洋溢地赞美了潘缇亚。琉善笔下的潘缇亚，不论在相貌、身材上，还是在品德、性格上都堪称完美。该文通过吕奇努斯（Lycinus）和珀利斯特拉图斯（Polystratus）的对话展开。吕奇努斯应该就是琉善自己，因为他的名字的希腊文拼法就是"Λγκινος"（即，吕奇努斯）。文章开篇便用三个神话来表现潘缇亚的美。吕奇努斯因见到潘缇亚而被她深深地打动了，说自己"因惊讶而变得全身僵硬，几乎要变成石像了"①。珀利斯特拉图斯嘲笑他"就像坦塔罗斯的女儿那样"②。同时，他也很好奇那女子是谁，所以对吕奇努斯说："跟我说说这个能让人石化的美杜莎吧。"③ 首先，"石像"暗指尼俄柏的故事。④ 吕奇努斯将潘缇亚的美貌带给人的震撼与尼俄柏的丧子之痛的刻骨铭心相比，以说明潘缇亚美丽至极。接着，文中珀利斯特拉图斯又特意将尼俄柏称为"坦塔罗斯的女儿"，将人们的思维引向坦塔罗斯的故事。⑤ 这样便写出了潘缇亚之迷人。她的美貌具有巨大的诱惑力，却又因太过美丽而让人无法企及。如此极端的美，带给人的感受已经超越了渴望，达到了绝望的程度，令人陷入与坦塔罗斯一样的困境。然后，琉善又借珀利斯特拉图斯之口，将潘缇亚的美丽与美杜莎的魔力相比，写出了潘缇亚的巨大魅力。珀利斯特拉图斯终于按捺不住好奇心，想要知道这女子到底是谁，究竟有多美丽，要求吕奇努斯描绘一下她的容貌。于是吕奇努斯对潘缇亚容貌的赞美由此展开。

吕奇努斯决定利用古代艺术家的雕刻和绘画作品来展现潘缇亚的美貌，因为他认为"她那美丽的容貌，不是语言所能描绘的……可能就连阿佩利斯（Apelles）、宙克西斯（Zeuxis）和帕拉西乌斯（Parrhasius），或者菲迪亚斯（Phidias）和阿尔卡姆内斯（Alcamenes）也难

①　Lucian, *Essays in Portraiture*, 1.
②　Ibid..
③　Ibid..
④　关于尼俄柏的故事，参见鲁刚、郑述谱编译《希腊罗马神话词典》，第187页。
⑤　关于坦塔罗斯的故事，参见鲁刚、郑述谱编译《希腊罗马神话词典》，第243页。

担此重任"①。因此吕奇努斯使用了普拉克西特利斯（Praxiteles）最漂亮的作品——科尼都斯（Cnidus）的阿芙洛狄忒，雅典花园的阿尔卡姆内斯的阿芙洛狄忒，雅典卫城的卡拉米斯（Calamis）的苏珊德拉（Sosandra），以及菲迪亚斯的利姆诺斯岛（Lemnos）的雅典娜。他将这些作品合理组合起来，吸取其精华，由此描绘出潘缇亚的美貌。吕奇努斯将这项工作交给了"雄辩大师"——其实就是他本人。接下来，"雄辩大师"开始了他的组合工作："从科尼都斯的雕像那里，他只要其头部。……他会按照普拉克西特勒斯原本设计的样子，将雕像的头发、额头，还有那两弯秀丽的眉毛留下。还有，那双透露出智慧之光的善盼明眸，也会按照普拉克西特勒斯原本的设计保留下来。不过，雄辩大师要从花园中我们这位美女的脸上提取其脸颊和脸的正面部分。当然，其春葱玉手、优雅的腰肢也要留下。但整个脸部的轮廓，精致的侧脸及其英挺的鼻子，要由利姆诺斯岛的雅典娜和菲迪亚斯提供。这位大师还要从其亚马逊女子那里选取其嘴唇、脖颈，来帮助我们刻画这座雕塑。他要用苏珊德拉和卡拉米斯的端庄来装点她。她的笑容要像苏珊德拉的那样淡然、严肃；她的穿着要像苏珊德拉那样简单、庄重，但不会把头蒙住。至于她的年纪，不管其芳龄几何，都应该与科尼都斯的阿佛洛狄忒年龄相仿。这个就也交给普拉克西特勒斯来决定了。"② 吕奇努斯使用的这些作品都是古代艺术大师的得意之作。他将世间最懂美的艺术家所创作的、最成功的作品当中最精致的部分组合到一起，然后说潘缇亚的容貌就是这般模样。作者在这里想要表达的意思是：潘缇亚的美貌是人类可以想象的美丽的极致。珀利斯特拉图斯听完吕奇努斯的描述，承认他重新组合而成的雕塑十分漂亮，但同时也指出他忘了描绘潘缇亚身上迷人的色彩。于是，吕奇努斯又借助画家波利诺塔斯（Polygnotus）、老尤弗拉瑙（Euphranor of

---

① Lucian, *Essays in Portraiture*, 3.
② Ibid., 6.

old）、阿佩利斯（Apelles）和艾提奥恩（Aëtion）的画笔来渲染潘缇亚的秀发、眉黛、衣衫、朱唇："就让尤弗拉瑙为头发上色，就用他笔下赫拉的头发的颜色。让波利诺塔斯为她描画眉黛和粉嫩的脸颊，就像装扮德尔菲的卡珊德拉那样。另外，再让他负责处理她的衣服。衣服的质地一定要精细。这样它不仅在该修身的地方贴身，而且还可以很飘逸。让阿佩利斯把她的身体涂染得像帕卡忒一样，不是苍白的，而是红彤彤的。还有，要让艾提奥恩把她的嘴唇涂得像罗克珊娜的双唇一样。"① 除了画家以外，吕奇努斯还起用了诗人荷马，让他为潘缇亚的皮肤和双眸染色："让她全身的肤色如同荷马所形容的墨涅拉俄斯的大腿的颜色——荷马将之比作染了红色的象牙。另外，请他为她的眼睛上色，让她做个'大眼睛'姑娘。底比斯诗人也可以来帮他一下，为他描下'紫色的眉毛'。荷马还能让她是'爱笑的'、'白臂的'、'手指红润的'女子。"② 吕奇努斯还赞美道，在这样漂亮的形象的基础上，潘缇亚还拥有优雅的气质和珍珠般亮白的牙齿。

　　在吕奇努斯描述完之后，珀利斯特拉图斯意识到了这美丽的女子是潘缇亚。他说自己和她是同乡，比较熟悉她，经常与她交谈，由此引出对潘缇亚内在美的歌颂。珀利斯特拉图斯对吕奇努斯说："她灵魂的美丽你还没有看到。你不知道她的内在美有多伟大，比她的外表还要耀眼、非凡。"③ 经过前文的铺垫，琉善已经向读者传达了一个信息——潘缇亚的美貌世间罕见，而此处用内在与外在之间的比较更进一步地赞美潘缇亚灵魂的高尚。首先，珀利斯特拉图斯描述了潘缇亚"演说的天赋"和"清亮的嗓音"。④ 他说潘缇亚的嗓音用句俗语来概括就是："想象一下你正聆听的歌声是从这样的唇齿间发出来的。"⑤ 而在谈到她的演说能力时，珀利斯特拉图斯说，"她语言精密，具有

---

① Lucian, *Essays in Portraiture*, 7 - 8.
② Ibid. , 8.
③ Ibid. , 11.
④ 显然在琉善眼中，演说和嗓音属于一个人的内在。
⑤ Lucian, *Essays in Portraiture*, 14.

纯正的伊奥尼亚特色，在交谈中能说会道，充满雅典式的机智——这些都是无可置疑的。"①

接下来，珀利斯特拉图斯开始赞美潘缇亚其他高尚的品质。他同样是借助美术作品来说明潘缇亚的高贵，但不是像吕奇努斯那样用那么多图画组成一幅图，而是将她所有的美德都分别用不同的图画展现出来。珀利斯特拉图斯第一个赞美的是潘缇亚的文化修养。他这样形容她："她拥有来自赫利孔山的全部天赋。与各有所长的克莱奥（Clio）、波林尼亚（Polymnia）、克莱俄帕（Calliope）这些女神不同，她拥有所有缪斯的才艺，同时具备赫尔墨斯和阿波罗的能力。"② 九缪斯分别司历史、抒情诗、喜剧、牧歌和田园诗、悲剧、歌唱和舞蹈、爱情诗、颂歌、天文、史诗。赫尔墨斯善奏竖琴，是畜牧业和贸易的保护神，还教会人们在祭坛上燃火。太阳神阿波罗主宰医药、畜牧、音乐和诗歌。如此看来，在珀利斯特拉图斯的眼中，潘缇亚简直是才华横溢，无所不能，是超越神灵的才女。珀利斯特拉图斯展示的第二幅画卷要体现的是潘缇亚的睿智和宽容，借助的原型是伯里克利的伴侣，米利都（Miletus）女子阿斯帕西娅（Aspasia）。珀利斯特拉图斯指出，潘缇亚身上所具有的与阿斯帕西娅相同的特质是"治邦精明、反应机敏、明察秋毫"③，阿斯帕西娅是古希腊伯罗奔尼撒战争时期的一位才貌过人、智慧出众的名媛。普鲁塔克在《希腊罗马名人传》中说："阿斯帕西娅也是非常聪明，并且懂得政治……"④ 据埃斯奇纳斯（Aeschines）⑤说，出身微贱的羊贩子吕西克勒斯在与阿斯帕西娅同居后，变成了雅典政坛名流。⑥ 柏拉图在《墨涅克塞诺斯篇》中说：阿

---

① Lucian, *Essays in Portraiture*, 15.

② Ibid., 16.

③ Ibid., 17.

④ ［古希腊］普鲁塔克：《希腊罗马名人传》，陆永庭、吴彭鹏等译，商务印书馆1999年版，第485页。

⑤ 在苏格拉底式的对话《阿斯帕西娅》中。该作品已佚失，作者为苏格拉底的学生、哲学家埃斯奇纳斯。

⑥ ［古希腊］普鲁塔克：《希腊罗马名人传》，陆永庭、吴彭鹏等译，第485页。

斯帕西亚教许多雅典人演说术，颇具盛名。① 由此看来，阿斯帕西娅在古代文人眼中不仅雄辩过人，还富有政治头脑，善于培养人才。另外，阿斯帕西娅是雅典著名政治家伯里克利的情人。琉善笔下的珀利斯特拉图斯将潘缇亚比作阿斯帕西娅，就是在侧面影射元首维鲁斯如同伯里克利一般。琉善的奉承并非止步于此。文中的珀利斯特拉图斯表示虽然这两位女子彼此很相似，但潘缇亚要更胜一筹，"因为那个时代的雅典城邦与现在的罗马帝国大不相同。因此，尽管我们的作品与她非常相似，但是在规模上我们的更大，就像画在了巨幅画布上一样"②。由此，潘缇亚的才华和智慧不仅堪与知名的阿斯帕西娅媲美，甚至还比后者更加优秀。珀利斯特拉图斯的第三幅画借助的原型是特阿诺（Theano）、萨福（Sappho）和第俄提玛（Diotima）。"特阿诺可以将其'高尚'贡献给我们。萨福提供给我们的是其举止的优雅③。从第俄提玛身上，我们不仅可以吸收那些令苏格拉底称赞的优点④，还有其提出忠告的智慧和力量。"⑤ 特阿诺是毕达哥拉斯学派中最有名的女性学者，也是毕达哥拉斯的妻子，曾被称赞拥有伟大的灵魂。⑥

---

① ［古希腊］普鲁塔克：《希腊罗马名人传》，陆永庭、吴彭鹏等译，第486页。

② Lucian, *Essays in Portraiture*, 17.

③ 勒布版的英译文为"Sappho the attractiveness of her way of living"，即"萨福提供给我们的是其生活方式的魅力"（*Lucian* IV, Loeb Classical Library, Cambridge, Massachusetts：Harvard University Press，1925，p. 289）；牛津本的英译文为"Sappho elegance"，即"萨福提供给我们的是她的优雅"（参见 *The Works of Lucian of Samosata*, Volume III, translated by H. W. Fowler and F. G. Fowler, Oxford University Press, 1905, p. 21）；剑桥版的译文为"Sappho her elegance of manners"，即"萨福提供给我们的是其举止的优雅"（参见 *The Works of Lucian*, Vol. II, translated by D. D. Thomas Francklin, London：Printed for T. Cadell, 1780, p. 83）。勒布版琉善作品的希腊文原文是"ἡ Σαπφὼ δὲ τὸ γλαφυρὸν τῆς προαιρέσεως"（参见 *Lucian* IV, Loeb Classical Library, Cambridge, Massachusetts：Harvard University Press, 1925, p. 288）。τὸ γλαφυρὸν 意为"优雅"；τῆς προαιρέσεως 是 ἡ προαίρεσις 的单数阴性属格，意为"方式、举止、原则的"。因此，此处译为"举止的优雅"更恰当。

④ 苏格拉底说她具有爱的智慧，并且认为关于爱情的抽象诗出自她之手——*Lucian* IV, Loeb Classical Library, Cambridge, Massachusetts：Harvard University Press, 1925, p. 288, note 2.

⑤ Lucian, *Essays in Portraiture*, 18.

⑥ 何佩莹：《爱智的姊妹前辈在哪里？——初探西方古典时代女性思想家》，《台湾科技大学人文社会学报》2008年第4卷。

她有着极强的道德感，在日常言行中对自己也是严格要求。"有天她正在调整衣服时，不小心露出了手肘，刚好被人看到，而被称赞好美的手肘时，她立刻的响应是，这是不公诸于世的。"① 特阿诺曾明确提出一些女性应当遵守的道德准则，例如："一个女性婚后的义务是要对先生绝对的忠实。"② 萨福生活在公元前 7 世纪，是古希腊著名的女诗人。她在其家乡累斯博斯岛米蒂利尼城，由于才华出众而引得诸多少女前来学习，因而创办了类似学校的女性团体——"缪斯之家"。该团体的主要作用是帮助未婚少女完善自我，让她们在步入婚姻时具有优良的品质。萨福向追随自己的少女教授诗歌、音乐和舞蹈，并与她们一起进行祭祀活动。③ "腹有诗书气自华"，萨福既然才智出众，能够帮助其他少女提高修养和素质，那么其行为举止无疑是极优雅大方的。第俄提玛是曼提尼亚宙斯神庙的女祭司，也是苏格拉底的女老师，教会了他关于爱的理论。在柏拉图的《会饮篇》中，苏格拉底曾忆述第俄提玛说："这个女人不仅对爱若斯④，而且对许多事情都蛮有智慧；有一次，她劝说雅典人向神灵献祭，由此让即将到来的瘟疫推迟了十年。"⑤ 琉善用特阿诺、萨福和第俄提玛来赞美潘缇亚，是想表达潘缇亚在品德上如同特阿诺一般恪守古典时代妇女应有的道德规范；在气质和行为上像萨福那样展露出因才华而绽放的优雅；在智慧上不仅像第俄提玛那样懂得"爱"，还像她那样有说服力。珀利斯特拉图斯的第四幅画表现了潘缇亚的美德和仁慈。他在这幅画中，将她与安特诺尔之妻特阿诺（Theano）、阿瑞塔（Arete）和阿瑞塔之女瑙西卡娅（Nausicaa）

---

① 何佩莹：《爱智的姊妹前辈在哪里？——初探西方古典时代女性思想家》，《台湾科技大学人文社会学报》2008 年第 4 卷。

② 同上。

③ 裔昭印：《萨福与古希腊女同性恋》，《史林》2009 年 3 月。

④ 即"eros"，又译为"厄洛斯"，也就是"爱"，在古希腊通常被理解为对某事物或某人的强烈欲望。参见裔昭印《萨福与古希腊女同性恋》，《史林》2009 年 3 月。

⑤ Plato，*Symposium*，201D.

相比。① 荷马笔下的特阿诺，将其丈夫安忒诺尔的私生子珀达额乌斯养大成人，并视如己出。② 阿瑞塔备受丈夫阿尔基诺奥斯宠爱；而且"受到他们的子女、阿尔基诺斯本人和人民的真心诚意的尊敬，视她如神明，每当她在城中出现，人们问候表敬意。只因她富有智慧，心地高尚纯正，为人善良，甚至调节男人间的纠纷"③。而瑙西卡娅是荷马史诗当中的美丽少女。善良勇敢的她救了落难的奥德修斯，并引他见了父母。瑙西卡娅的母亲，仁慈的阿瑞塔收留了奥德修斯并帮助他再次启程返乡。珀利斯特拉图斯想要表达的是潘缇亚的大度、仁爱堪与荷马史诗中的这些女性相比。珀利斯特拉图斯的第五幅画描绘了潘缇亚对爱情的坚定。珀利斯特拉图斯说："她就像荷马笔下伊卡里俄斯（Icarius）的谦虚谨慎的女儿一样（他是这样描绘佩内洛普的），或者可以说像我们刚刚提到的，与其同名的阿布拉达塔（Abradatas）之妻。"④ 佩内洛普（Penelope）是奥德修斯的妻子。她为了等候丈夫的归来，20年坚贞不渝，机智地与纠缠她的众多求婚者周旋。她的名字被后人视为"忠贞"的代名词。苏萨女子潘缇亚深爱自己的丈夫阿布拉达塔。她在波斯人与亚述人的战争中被波斯人俘虏后，拒绝接受波斯王子居鲁士。当听说波斯人要将自己献给居鲁士时，她"撕破了蒙在头上的面纱，极度伤心地哭喊起来"⑤。其丈夫战死沙场后，潘缇亚殉情于丈夫的尸体旁。⑥ 这两位女子是忠于爱情的典范。珀利斯特拉图斯用这两个人的特质来装点维鲁斯的情人潘缇亚，极大地赞美了她对爱情的忠贞。

珀利斯特拉图斯在完成了这些"画作"后，又赞扬了潘缇亚不以

---

① 特阿诺，特洛伊的雅典娜女祭司（*Iliad*，6，298.）。阿瑞塔，费埃克斯人王后（*Odyssey*，7，67 sq.）。瑙西卡娅，阿瑞塔之女，救起了被海浪冲到岸上的奥德修斯，并引他去见父亲阿尔客诺俄斯（*Odyssey*，6.）。

② ［古希腊］荷马：《伊利亚特》，罗念生、王焕生译，人民文学出版社1994年版，第99页。

③ ［古希腊］荷马：《奥德赛》，王焕生译，人民文学出版社1997年版，第118页。

④ Lucian, *Essays in Portraiture*, 20.

⑤ ［古希腊］色诺芬：《居鲁士的教育》，沈默译，华夏出版社2007年版，第241页。

⑥ 同上书，第375页。

富贵骄人，"拥有如此崇高的地位，却没有过分骄傲"①。接着，吕奇努斯总结说，潘缇亚不仅外表美若海伦，而且心灵更为美丽。用荷马的话说，就是"'不管是身材，还是气质，不管是头脑，还是她所做的事情'，世间女子无人能及"②。文中吕奇努斯的评语显露了该文的谄媚功能："我们善良、仁慈的元首，在拥有其他各种幸福的同时，一定深受命运女神眷顾——会有这样一位女子诞生在他的时代，并且与之结为连理，深爱着他。她的确是命运女神的一份厚礼。"③

《论肖像画》是一篇充满溢美之词的文章，在赞颂潘缇亚的过程中也不失时机地逢迎元首。然而，被赞美的主人公给予琉善的回复却略显消极。她委婉地拒绝了琉善的赞美，因而引出了琉善的下一篇文章——《关于肖像画的辩护》。文中珀利斯特拉图斯向吕奇努斯转达了潘缇亚的回答。潘缇亚表示不喜欢阿谀奉承者，觉得那种人是骗子。她认为夸张的奉承和赞美如同侮辱，会令她羞愧。她对这篇文章大体上很满意，但是对于将其比作女神赫拉和阿芙洛狄忒则不大赞同。她甚至不希望对方将她比作佩内洛普、阿瑞塔和特阿诺这些伟大的女性。她担心接受那篇颂词是对神的不敬。琉善曾在《论肖像画》中赞美潘缇亚谦虚、敬神、睿智。潘缇亚婉拒《论肖像画》中的赞美，其姿态本身就是要用实际行动证明自己的谦虚。她回复说无法接受吕奇努斯将她与女神相比，又是在凸显自己虔诚。此外，潘缇亚在收到琉善的颂词时明明"很满意"④，却又要强调自己反感奉承者和夸张的赞美。这样做一方面显示自己是有智慧的，能冷静地做出判断；另一方面则变相肯定了琉善在文中对她的种种赞美。她轻描淡写地提出的反对意见，也仅仅是针对琉善赞美的手法，而非其赞美的内容。潘缇亚在指出《论肖像画》的所谓不足之处时，援引了几个例子来证明自己的观

① Lucian, *Essays in Portraiture*, 21.
② Ibid. , 22.
③ Ibid. .
④ Lucian, *Essays in Portraiture Defended*, 7.

点。她讲述了塞鲁克斯（Seleucus）之妻丝特拉托尼肯（Stratonice）的故事，以及亚历山大反对将圣山塑造成自己模样的故事。这些内容表面上看是其观点的论据，而实际上的作用却是证明了潘缇亚如阿斯帕西娅和第俄提玛，甚至亚历山大一般才智出众、学识过人。

琉善一篇溢美之词却让自己陷入尴尬的境地。当潘缇亚责令琉善修改《论肖像画》的时候，这篇文章已然开始传播。[①] 琉善若不是才智过人，面对这种情形，很难处理得当。但是他找到了最好的方法：琉善写了一篇新的文章为之辩护，顺便给予潘缇亚更高的赞美。这样的做法，一方面为自己摆脱了谄媚的名声，也逃脱了不敬神的罪名；另一方面非但没有否定之前对潘缇亚的歌颂，反而更进一步赞美了美人，讨得了元首的欢心。

在《关于肖像画的辩护》中，琉善笔下珀利斯特拉图斯表示，换一个角度思考《论肖像画》中的内容，确实感觉到有一些不妥之处，不应该用神灵来与凡间的女子相比较："这样的比较，不仅没有抬高'低者'的身份，反而让'低者'拉低了'高者'的地位。……一个人不会因为被比作神灵而变得更伟大，而神灵的高贵却会因被迫与不完美的人相提并论而不可避免地受到影响。"[②] 他劝吕奇努斯："删去那些过火的、引人反感的内容。"[③] 琉善写这一段就是做出一个姿态，表示他接受了潘缇亚的批评。面对珀利斯特拉图斯转达的潘缇亚的回复，吕奇努斯决定为自己辩护，并请珀利斯特拉图斯替自己将这些内容传达给潘缇亚。珀利斯特拉图斯回答说："我一定会认真地传达你的答复。只是你要尽量言简意赅，这样我可以更好地将其牢记在心。"[④] 于是，吕奇努斯开始为自己辩护。他首先承认自己确实给予潘缇亚极高的赞誉。但是他认为自己在敬神方面对潘缇亚的评价尚有欠缺，因此

① *Lucian* IV, Loeb Classical Library, Cambridge, Massachusetts: Harvard University Press, 1925, p. 297.

② Lucian, *Essays in Portraiture Defended*, 13.

③ Ibid., 14.

④ Ibid., 16.

如果对那幅画像要进行修正，不是要去掉什么内容，而是应该在画像中补充上"敬神"这一特质。同时，他还指出，潘缇亚对《论肖像画》中的赞美，越是表示反对，越反映出其谦和的性格，也更加证明他了此前赞美其为人谦逊、知书达理是正确的。

吕奇努斯接下来就谄媚与赞美的区别，以及关于将潘缇亚与女神相比的问题做出了回应。吕奇努斯宣称自己是在赞美而非献媚，相反，自己是十分痛恨谄媚的。由此，他要说明赞美者与谄媚者的区别。第一，谄媚者是为一己私利而为人呈上甜言蜜语，甚至不惜无中生有、编造谎言；赞美者的"目标就是要激起高度的赞扬，让赞美的对象令人羡慕"①。其做法是从赞美对象身上提取其生而具有的优点，将之放大。第二，谄媚者为达目的会极尽夸张之能事；"而赞美者则秉持谨慎的态度，将颂扬的力度控制在合理的范围之内"②。吕奇努斯将判断的权力交给潘缇亚，请她用这两个规则来评判他的作品属于哪一类。

关于将潘缇亚比作女神，吕奇努斯指出，赞美者在歌颂他人时会不可避免地使用"对比和比喻"的手法。这就需要成功的比较。"而成功的比较，不是用相近的或低于本体的东西来对比，而是尽可能地使用高于本体的事物去比较。"③ 因此，将潘缇亚比作女神并非超出了赞美的合理范围。他进一步讲，在《论肖像画》中拿来和潘缇亚作比较的不是女神，而是艺术家们巧夺天工的作品，"是用石头、青铜或象牙制成的艺术品"④。吕奇努斯还指出，即便自己是拿凡人与神灵作比较也不算犯错，因为伟大的诗人荷马也曾这样做。例如，荷马曾将流泪的异邦女子，被俘虏的布里塞伊斯（Briseis）比作金阿芙洛狄忒；在描写阿伽门农时，说他的眼睛和头部像宙斯；腰像阿瑞斯；胸膛像波塞冬。⑤ 吕奇努斯通过一系列的例子证明，用女神来比喻潘缇亚的

① Lucian, *Essays in Portraiture Defended*, 18.
② Ibid., 21.
③ Ibid., 19.
④ Ibid., 23.
⑤ Ibid., 25.

方法是合理的。倘若那是对神的不敬，那么神灵早就降罪于荷马了，又怎会容许他的作品在人间世代传诵呢？最后，吕奇努斯在辩护词的结尾表示，倘若有错他将一力承担，劝潘缇亚大胆接受赞美：即便《论肖像画》中有渎神的内容，神灵也不会惩罚她。

琉善通过《关于肖像画的辩护》不仅巧妙地回避了修改《论肖像画》这一不可能完成的任务，还进一步肯定了上一篇文章对潘缇亚的赞美，甚至在强化了其中提到的优点的同时，又增加了新的美德进去。琉善在这里再次献上逢迎的文章，却为自己摆脱了谄媚的罪名。

（二）某保护人

琉善除了迎合元首，还曾撰文逢迎个别权贵。琉善的《哈蒙尼德斯》就是在向某保护人寻求支持。① 他在文中用哈蒙尼德斯（Harmonides）和提蒙特乌斯（Timotheus）的故事恭维对方。笛手哈蒙尼德斯向提蒙特乌斯请教如何才能享誉艺术界，让整个希腊世界知道他？提蒙特乌斯的回答是，通过在众人面前表演很难实现这一目标，但是有一条道路可以帮助他迅速成名。这条道路就是："只关注少数上层希腊人中的最优秀者，那些具有无可争辩的天才头脑和值得信赖的判断力的人。"② 提蒙特乌斯的意思是如果哈蒙尼德斯只向这些佼佼者展示才艺，获得他们的肯定，就可以迅速成为名人。因为知名人士掌握着两大能力：一是卓越的判断力；一是强大的号召力。这些人是希腊世界的精英。他们具有很高的文化素养，因此有能力判断一个人的艺术才华的高低。同时，他们受到普通民众的尊敬和崇拜。所以，他们所肯定的人，就同样会获得民众的赞美。琉善通过这个故事向其保护人传达了自己的心声。他与故事中的哈蒙尼德斯一样，希望得到公众的赞誉。他也同样认为提蒙特乌斯的建议十分合理。因此，琉善对其

---

① *Lucian* VI, Loeb Classical Library, Cambridge, Massachusetts: Harvard University Press, 1959, p. 215.

② Lucian, *Harmonides*, 2.

奉承的对象说：“我寻找城市里最优秀的人——那个人令众人信赖，有他支持就足够了。只有您是这样的人，集一切优点于一身，如人们所说，是评价此类事务的标准和典范。将我的作品展示给您，并受到您的赞扬——如果可以这样的话——那么我就真的可以美梦成真，通过得到您的首肯而获得所有人的支持。”①

琉善这篇文章起到了两方面的作用。第一，表达了他的愿望，即“在公众面前亮相以赢得荣誉，期待得到人们赞许”②，并且说明了他将这个希望寄托在此保护人身上。第二，奉承了他的保护人——其文字从正面和侧面两个角度起到的奉承作用：正面是琉善直接用文字直白地赞美，例如，“比起那些人单独或集体做出的判断，您能给出更好的评判”以及“在文化领域中，您拥有足以击败所有人的实力”③。侧面是在哈蒙尼德斯的故事中，提蒙特乌斯建议他向“少数上层希腊人中的最优秀者”展示才艺。琉善表示自己的愿望也可以用同样的方式实现。这就暗示了他向该保护人请求支持的行为本身就说明了此人是希腊人中的佼佼者。

（三）马其顿父子

琉善在马其顿向一对父子请求支持，写下了一篇与《哈蒙尼德斯》类型相同的文章——《斯基泰人》。琉善在文中同样为了逢迎而讲述了一个传说——阿纳卡西斯（Anacharsis）因仰慕希腊文化而从斯基泰（Scythia）来到雅典的故事。阿纳卡西斯前往雅典，一路上心灵受到陌生的环境和风土人情的冲击，感到气馁，在决定尽快返回故乡的时候遇到了陶克萨尔斯（Toxaris），后经陶克萨尔斯引荐与梭伦相识。受到梭伦礼遇的阿纳卡西斯一扫之前的尴尬境遇，迅速受到希腊

---

① Lucian, *Harmonides*, 3.

② Ibid..

③ Ibid..

人的欢迎，从此定居在雅典，"在成为雅典公民后，甚至还位列仙班"①。在梭伦去世后才又回到斯基泰。琉善在这篇文章中所讲的故事，主要包含三个人物：阿纳卡西斯、陶克萨尔斯和梭伦。阿纳卡西斯代表了琉善自己；陶克萨尔斯代表了其他的推荐人；梭伦代表了那一对马其顿父子。

琉善在文中说自己与阿纳卡西斯一样，当他第一次来到马其顿，立即为它的规模、壮丽而震惊。他打算在马其顿展示一下演说术，因此需要保护人。此时，很多个"陶克萨尔斯"出现了，众口一词地向他推荐这对父子，告诉他只要得到这对父子的肯定，他就能受到全城人的欢迎。接着，琉善便借这些推荐人之口描述、赞美这对父子："在我们城市中有很多善良而博学的人，朋友，其他地方不具备这样的特点；但是我们这里有两个人最为德高望重，拥有非凡的出身和名望，其文化和演说术堪比阿提卡十大演说家。他们深受人们尊敬。他们的话就是法律。他们一切都是为了这个城市好。他们善良；他们对陌生人友好；他们从不受责难；他们尽管名声显赫却谦恭有礼，和善而平易近人——所有这些品质，你在亲自体验过了之后，也会对别人说的。"②

这篇文章也同样采用了正面和侧面两个角度进行赞美：正面是直接歌颂，例如琉善借那些推荐人之口，将这对父子中的儿子描绘成身材高大、相貌英俊、举止得体、口吐珠玑的年轻人，将其比作克里尼亚斯（Clinias）之子亚西比得（Alcibiades），甚至还要高于后者，因为"雅典人很快就后悔他们对亚西比得的热爱，而在这里，那不仅仅是对这年轻人的爱，而且还是由衷的尊敬"③。侧面则是通过热烈地赞美梭伦来歌颂这对父子。琉善在讲述阿纳卡西斯的故事时，首先对陶克萨尔斯的身份和地位做一铺垫，说他"很有智慧，热爱美，热衷于

① Lucian, *The Scythian*, 8.

② Ibid., 10.

③ Ibid., 11.

追求最佳生活方式"①，去世后在雅典被人奉为英雄，然后又通过陶克萨尔斯的推荐引出梭伦。陶克萨尔斯口中的梭伦受到人们敬仰，代表了整个希腊。琉善对陶克萨尔斯的肯定越多，就把梭伦抬得越高，从而后来对马其顿父子的赞美就越有力。不仅如此，琉善还说，推荐马其顿父子的是很多个"陶克萨尔斯"，而非一个。这更加肯定了马其顿这对父子是值得敬仰的人物。

这篇文章写作的时间应该比较早。当时琉善还是四处游走展示雄辩术的诡辩家，来到马其顿的这座城市希望在此处扬名，便首先将目标锁定在这对父子身上，期盼通过获得他们的欣赏来受到当地人的欢迎。

小　结

通过以上分析，我们可以发现，琉善评判罗马帝国社会现象的标准正是古希腊传统的四大美德：智慧、勇敢、节制、正义。② 因为从他所赞美的对象来看，不论是抽象的德行，还是具体的建筑、艺术、人物等，均符合这一希腊传统价值观。而这些现象受到歌颂和提倡，也反过来说明了它们在当时社会中并不多见。这意味着虽然希腊文化对 2 世纪罗马产生了很深的影响，但尚未在帝国构建起成熟的道德价值体系。罗马社会还缺少符合这四大美德的现象。

然而从目的上看，琉善的褒赏并非都是为了彰显美德，有时也为谋求自身更好的发展。琉善在追随维鲁斯之后写下的赞美的文章，是为了迎合元首。但他的做法十分巧妙：全文都在逢迎元首，却不露一丝奉承的痕迹。这样的做法可以引发被迎合对象的共鸣，使之认为琉善是懂他的人。而琉善写作《哈蒙尼德斯》和《斯基泰人》的意图是通过讲故事来投合听者，以便在一个陌生的城市打开局面，获得保护

---

① Lucian, *The Scythian*, 1.

② 参见张建民、冯国桢《柏拉图"四德"说初探》，《青海师范大学学报》（社会科学版）1986 年第 4 期；覃筱曼《柏拉图的"四德说"和孟子的"四德说"之比较》，《广西师范大学学报》（哲学社会科学版）1989 年第 1 期；樊浩《"中国四德"与"希腊四德"——中西方道德价值体系的比较》，《学术研究》1993 年第 4 期。

人的支持。对当权者的迎合是所有御用文人必然的弱点。这些颂扬之词的存在，说明琉善也难以摆脱时代的局限。

总之，琉善对一些社会现象的褒赏，具有标准的一致性和目的的多样性。而他的溢美之词，既展示了自己的才华，又通过取悦于听者而得到了对方的肯定。

第二章　琉善的批判

琉善生活在繁盛时期的罗马帝国，观察着 2 世纪居民的社会生活，记录着他们的精神状态。他犀利的双眼看到了"罗马和平"背后的阴影。然而，琉善并非只是一个简单的观察者。他更是一名评判者。琉善用其内心的道德标准衡量被观察的事物，对于违背该标准者予以尖锐的讽刺和有力的攻击。通过对琉善作品的分析，我们可以看到盛世罗马物质文明高度发达与社会精神严重衰颓之间的强烈反差。

第一节　对物质生活的批判

2 世纪的罗马政治稳定，经济繁荣。帝国居民的生活水平整体得到了提高。人们在日常需求得到满足的前提下，开始进一步追求更加精致的生活。当人们沉浸于罗马强盛带来的幸福生活时，琉善却对眼前的繁华展开了批判。

一　钟鸣鼎食

琉善曾在文章中讽刺罗马人对金钱的狂热。在他眼中，罗马人面对金钱会变得失控。金钱的诱惑使他们像酒神的女祭司一样疯狂，像野狗一样残忍。琉善在《农神节》一文中，扮成克罗诺斯的祭司与克罗诺斯展开对话。当克罗诺斯回忆自己统治时期的美好时光时，他的祭司提到了那个时代的"金人"，并且设想假如一个金箔人被带到他们的世界当中展示给世人看，那么"人们一定会涌到他面前，把他大卸八块，争抢最大的一块，就像酒神的女祭司肢解彭透斯，色雷斯人肢解俄耳甫斯，还有群狗肢解亚克托安那样"①。琉善批评人们追求华丽的服装。在他的《犬儒主义者》中，借犬儒主义者之口说："色彩艳丽的袍子不能带来更多的温暖"②，"金灿灿的王冠和紫色的袍子只不过是傲慢的象征，而且我嘲笑穿戴它们的人"③。

随着 2 世纪罗马帝国经济发展，饮食文化也越发发达。宴饮不仅是果腹的手段，更有社交上的意义。富人将大量精力投入到宴饮活动上，将之当作交友和炫耀的平台。因此从餐厅到食材，从厨师到奴隶，宴会的各个细节都非常考究。在宴会过程中，客人各自有自己的餐桌，不同等级座位的布置也很讲究。④ 琉善在《宴饮》中就对宴会中的座位安排情况有过描述：每个人都有各自的餐桌；斯多葛派的泽诺忒米斯和伊壁鸠鲁派的赫蒙就到底谁该坐在尊位发生了争执。在饮食方面，随着奢侈之风的蔓延，罗马上层社会对食物的要求越来越高。在琉善的《尼格里努斯》中，尼格里努斯批评有钱人"为一时之欢，给自己带来极大的麻烦"⑤。他还指出这些人购买的昂贵食材，在吃之前对他们没有什么益处；吃之后，这些食物也没有因为格外昂贵而令他们更为舒服。于是，尼格里努斯得出一个极具讽刺性的结论："吞咽昂贵

---

① Lucian, *Saturnalia*, 8.

② Lucian, *The Cynic*, 9.

③ Ibid. , 19.

④ "对古希腊和古罗马人而言，欢宴是代表文明的一块重要的基石，尽管欢宴本身模糊而复杂。餐桌和那些应邀聚在桌子周围享受宴飨之乐的人可以把欢宴当作社交聚会和结盟的手段；但是同时，他还可以通过排座次把人分成三六九等，甚至把人拒之门外，由此强化阶级区别。"——［英］罗伊·斯特朗：《欧洲宴会史》，陈法春、李晓霞译，百花文艺出版社 2006 年版，第 6 页。

⑤ Lucian, *Nigrinus*, 33.

食物的过程是愉快的。"① 琉善在这篇文章中借尼格里努斯之口，讽刺人们大费周章地烹制美食，"只为了那四指宽的器官"②。

2 世纪帝国奴隶制发展成熟。奴隶数量巨大。富有的罗马人都占有非常多的奴隶。因此日常起居有大批仆人服侍是有钱人炫富的重要方式。关于富人的矫情和讲排场，《尼格里努斯》中有一段论述："这类行为是在城市和浴场里广泛流传的一种习俗。有些仆人的职责是走在主人前面，在其主人将要路过某个凸起或低洼的地方时，高声大喊，让他们注意脚下，以提醒主人：他们正在走路。这真够奇怪的。……这些人在吃东西的时候不用别人的口或手，在听东西的时候不用别人的耳朵。但是尽管他们自己的眼睛健康得很，却要用别人的眼睛来看路，让他人像指引不幸的盲人那样为他们带路。"③ 前呼后拥的仆人让有钱人享受病态的呵护。这种行为令琉善深恶痛绝。他认为这种矫情的富人没有显得高贵，反而却更像是废人。更让他反感的是"这种事情居然在大白天发生在公共广场上，而且还是市政官员干的！"④

富人盲目地追求奢侈生活。他们用来判断事物好坏的标准是其是否稀有和昂贵。琉善笔下的尼格里努斯曾批评富人这种行为说："他们购买昂贵的食物，待在布满了藏红花和香水的环境中，任美酒随意挥洒；他们在仲冬时节，食用大量的玫瑰花，爱的是它们的稀有和反季节，对应季和自然的东西，却因其便宜而加以鄙视；饮用没药的就是他们。"⑤ 琉善在文中借尼格里努斯之口批评富人不知控制欲望，抛开底线，专门为了奢侈而追求奢侈，"将灵魂彻底交给奢侈品去践踏"⑥。

总之，琉善批评了罗马有钱人日常生活奢华，追求金钱华服、口

---

① Lucian, *Nigrinus*, 33.

② Ibid. .

③ Ibid. , 34.

④ Ibid. .

⑤ Ibid. , 31.

⑥ Ibid. .

腹之欲，享受奢侈品和前呼后拥的仆人的服侍。琉善对这些现象嗤之以鼻，经常在其作品中加以讽刺。

二　贫富差距

琉善在《农神节》中假扮成克罗诺斯的祭司，与克罗诺斯展开对话。这番对话表达了他对当时社会分配状况的不满。他形容当时的情况是"蚂蚁和骆驼"[1]，即不是特别穷，就是特别富："有的人极其富有，过着奢侈的生活……而有的人却因饥饿而挣扎在死亡的边缘"[2]。琉善提出，那些富有者也并未比穷人优秀，或者更有资格获得那一切，相反他们有时甚至要更加低劣："神啊，当我看到可憎、下流的无赖超乎寻常的富有，过着舒适的生活，而我和其他很多受过教育的人却终日与贫穷和绝望为伴，我怎能不难过？"[3] 琉善使用了"舞台"这个意象来进一步说明富人与穷人本质上并无高下之分。"舞台"，是琉善在讨论人间世事时极喜爱的喻体。他将人间万象皆比作舞台上的表演。在此处，琉善写道："进一步说就是，想象一个悲剧演员一只脚穿着很高的鞋子，例如悲剧的厚底靴，另一只却打着赤脚。如果有人这样走路的话，您会看到他一会儿高一会儿低，这完全取决于他迈出哪只脚。人们生活中的不公平也是如此。有的人穿着我们的造物主'幸运之神'提供给他们的厚底靴，趾高气扬地走在人类舞台上。而像我们这样的人，则赤脚走在下面的土地上，尽管倘若有人把我们也装扮成他们那个样子的话，我们也有能力在舞台上踱步，演好这个角色。"[4]

琉善也通过对死亡的探讨，揭露了富人的奢靡，以及与之形成鲜明对比的穷人的困苦。在琉善眼中，对于穷人来说，人间的生活实在是太令他们痛苦了。因此面对死亡，穷人不是逃避而是积极地接受。

---

① Lucian, *Saturnalia*, 19.
② Ibid. .
③ Ibid. , 11.
④ Ibid. , 19.

而富人则因离开人间而痛苦不堪。例如，琉善在《摆渡》中，就对这方面进行了描写。《摆渡》讲述了刚到阴间的鬼魂对待死亡的态度。富有者竭力要回到人间，或为失去生时的财富而痛哭流涕。僭主墨伽彭忒斯（Megapenthes）不停央求命运女神克罗托①放他返回人间，甚至不惜采用贿赂的手段。墨伽彭忒斯在文中说了他要回到人间的目的：把宫殿盖好；告诉妻子大宗财宝埋在什么地方；让城墙和修船厂竣工；修建巨大的陵墓；缔造并记下赫赫战功。这一切都说明他在人间拥有着怎样的财富和地位。与之形成对比的是，贫者却急着想要渡过冥河，甚至还帮卡戎划船。在《摆渡》中，鞋匠弥库罗斯（Micyllus）就表达了他因穷困而对死亡的向往："我的生活却毫无保障。我没有田地，没有住宅，没有黄金，没有用具，没有雕像。我自然早已束好腰带，只等阿特洛波斯向我点头，我就高高兴兴扔下刀子和鞋底——当时我手里有一只靴子——立刻跳起来，来不及穿鞋，也没有把油泥洗掉，就跟着她走，说的确切些，是我在带路，眼睛朝前看，因为身后没有任何东西使我转向，叫我回去。"②琉善认为只有死亡是平等的，因为死亡即失去——让富人失去财富和地位；让穷人失去贫穷和痛苦。在《摆渡》中，当阴魂多为自己的损失而哭泣："（甲）哎呀，我的财产啊！（乙）哎呀，我的田地啊！（丙）唉，我留下的房屋啊！（丁）我的继承人有多少塔兰同到手，都将把它们花掉啊！（戊）唉，我的新生的儿女啊！（己）我去年种的葡萄谁来收获啊？"③而此时生前是穷苦鞋匠的弥库罗斯却在开心地帮卡戎划船。赫尔墨斯劝他按照习俗哭一哭。于是，弥库罗斯也"哀叹"了一番自己所失去的东西："哎呀，我的鞋底啊！哎呀，我的旧靴子啊！唉，我的破凉鞋啊！我这不幸的人再也不会从早到晚挨饥受饿，冬天赤着脚，光着半个身子，到处游

---

① 命运三女神之一，与拉刻西斯、阿特罗波斯共成为摩伊赖（Moirae）。克罗托职掌纺绩命运之线；拉刻西斯分配命运之线的短长，掌管命运的盛衰枯荣；阿特罗波斯，负责切断人的生命之线。参见鲁刚、郑述谱编译《希腊罗马神话词典》，第179页。
② 罗念生、陈洪文、王焕生、冯文华译：《琉善哲学文选》，第32—33页。
③ 同上书，第35页。

荡，冻得牙齿打颤。谁继承我的刀子和锥子啊？"① 同样，此处可以通过他们所失去的，看出其生前所拥有的。有钱人在人间拥有财富和幸福；而穷人有的只有贫穷和困苦。因此，富人畏惧死亡；穷人向往死亡。文中弥库罗斯说："我以宙斯的名义起誓，真的，看见你们这里一切都美好，人人有平等的地位，没有人比旁人优越，我感到非常愉快。我断定这里没有人逼债，不须上税，最大的好处是冬天不至于冷得发抖，也没有疾病，不会捱权势者的棍棒。到处都很平静。形式变了，我们穷人笑逐颜开，富人却伤心落泪叫苦连天。"② 琉善选择这样的写法，说明在他眼中，穷人的生活可谓生不如死。

综上所述，琉善批评了2世纪罗马人的生活状态。他讽刺了富人对奢侈生活的追求，表达了对社会贫富差距的不满。当时的有钱人，钟鸣鼎食，而贫穷者生时连起码的温饱尚且达不到，琉善对富人的穷奢极欲，采用了直接讽刺的办法。而在揭露贫富差距，描述穷人疾苦时，他却时常利用喜剧塑造苦情角色，让其作品在欢笑下面透露出无尽悲凉。

第二节　对精神生活的批判

琉善观察的范围，不仅仅涵盖了帝国居民的物质生活，更延伸到了他们的精神世界。在2世纪罗马帝国的知识分子和世俗民众③当中，都存在着琉善批判的对象。2世纪罗马的知识分子，从才华到修养，很少有能够达到琉善所划定的标准者。因此，在琉善的作品中，遭到其攻击的文人不在少数。而世俗民众面临的标准虽低于知识分子，却也同样难逃琉善的批判。

---

① 罗念生、陈洪文、王焕生、冯文华译：《琉善哲学文选》，第35页。
② 同上书，第33页。
③ "世俗民众"是相对于"知识分子"而言的。在琉善的《关于丧事》第二段里开头便有这样的叙述：一般群众，也就是哲人们所称为世俗的人的……［参见周作人《路吉阿诺斯对话集》（下），第619页。］

一 文化阶层

琉善从媚俗、虚伪、狭隘和无知四个角度批评了 2 世纪罗马的知识分子。他在批评文化阶层堕落时，攻击的不是整个知识群体，而是各个学科中的败类。他笔下所抨击的是独立的人和事，换句话说，就是具体的文化现象。这些作品并不代表他对某学派，或某个知识领域全体成员的态度。然而，一个人，不管他属于哪个学派，只要做了有辱斯文之事，都会受到琉善的口诛笔伐。

（一）苟合取容　不懂礼数

琉善抨击了一些文人为饱口腹之欲而巴结富人，百般献媚，用腹中诗书娱乐和服务有钱人。在琉善的《尼格里努斯》中，尼格里努斯在批评这种现象时表示，如果没有文化的普通人羡慕谄媚有钱人，尚可容忍，但是有很多自诩为哲学家的人也如此，而且甚至做得更过分，让他十分吃惊。尼格里努斯说："当我看到他们当中有的人，尤其是一些年事已高的人，挤在谄媚者当中，跟在小官员的身后，同官员手下分配晚宴邀请函的人协商，你能想象我心中的感受吗？"① 尼格里努斯认为这些哲学家的表现无异于舞台上的演员。二者唯一的区别就是前者不更换戏服。而他们的行为是对哲学家服装的侮辱。这些人的穿着会让自己更为显眼，让其行为更难以入目。

琉善对知识分子苟合取容的抨击多集中在《论在富豪家中的雇佣职位》中。《论在富豪家中的雇佣职位》一文描述了投身于罗马大贵族家中的希腊文人的生活。琉善在文中推翻了知识分子投身于富豪门下的借口，揭露了他们这样做真正的动机。很多人以贫穷和生活窘迫为理由而服务于有钱人："他们说自己为了逃避贫穷和生活中最苦涩

---

① Lucian, *Nigrinus*, 24.

的东西而这样做是情有可原的。"① 琉善首先指出他们这样做并不能够摆脱贫穷，"他们必须持续接纳，没有储备，没有盈余可储蓄。相反，给予他们的，即便给了他们，即便他们全额收到，也都花得分毫不剩，依然无法满足他们的需求。"② 这种靠人接济只是权宜之计，绝不可能脱贫。还有人借口说，"由于其身体已经被年老或疾病折磨得非常衰弱，所以他们便选择了这种最容易赚钱的方式"③。琉善反驳说这样的事情非但不能轻松赚到钱，反而会异常辛苦，"因为他们简直是日理万机，累得身体疲惫不堪，陷入绝望的深渊"④。至于他们服务于富豪的真正目的，琉善认为有两点：一为口腹之欲；二为攀附权贵。前者是说这些知识分子是在欲望的驱使下，放下尊严，投身于大户人家。他们向往富足、奢华的生活。"他们为金银财富所迷惑，为晚宴和其他形式的放纵而狂喜"⑤。后者是说虚荣心引诱他们在贵族面前俯首帖耳。他们认为结交权贵可令自己扬名，也是跻身社会上层的重要途径，能显得自己卓越出众。琉善认为，为了享乐就将自己出卖的行为是很可耻和丢脸的。更何况那些文人并非真能从中获得快乐。他们有的只是"获得快乐的希望"⑥。琉善将这些人比作落入狡猾情妇手中的不幸情人——他们永远在抱着希望努力追求爱情，却从未真正得到过。而对于因虚荣心作祟而巴结富人者，琉善坦言："在我看来，就算是大帝，仅仅是与之交往，并且让人看到我与之交往，却不由此获得实质上的好处，对我来说都无法接受。"⑦

　　琉善认为，娱乐权贵非但得不到什么好处，反而会付出巨大的代价。这代价既包括了文人在追随权贵过程中遭受的折磨，又包括了被

---

① Lucian, *On Salaried Posts in Great Houses*, 5.
② Ibid..
③ Ibid., 6.
④ Ibid..
⑤ Ibid., 7.
⑥ Ibid., 8.
⑦ Ibid., 9.

富豪抛弃后的悲惨结局。首先，这些人一旦放弃了尊严，便失去了自己应有的地位和他人最起码的尊重。他们"会被人用肘推开，总是被锁在门外，会被人嫌弃和讨厌，比操着一口糟糕的叙利亚口音的看门人和组织仪式的利比亚师傅的地位还低"[1]。因欲求而出卖自己的人做不到"无欲则刚"。他们处在乞讨者位置上仰视富人，没有自尊，缺乏自信。作为满腹经纶的学者，他们却丧失了基本的判断力，将评判的标准交给了富豪，就像琉善所说的："你充满着恐惧、希望，睁大眼睛望着雇主。如果他斥责你说的话，你就会陷入痛苦。但如果他微笑着倾听，你就满心欢喜，充满希望。"[2] 即便运气极好，得到了富人的赏识，这些文人的生活也不是高枕无忧了，而是会在屈辱中度日。他们细腻、敏感、无能，欲融入上流社会，却攀而不得；在下层俗人中又格格不入；端着架子依然被下人瞧不起；似乎受到主人礼遇，实际却处处受到侮辱。敏感的内心，更是让他们的境况雪上加霜；懦弱的性格，使之除了默默承受外别无选择。对于所面临的困境，他们毫无招架之力，就像"被波涛卷走的人"[3] 一样。这些人在取悦富人时一再践踏自己的道德和自尊。琉善举了很多这样的例子，例如："如果一个爱搬弄是非的仆人，控告说在女主人的侍童跳舞或演奏的时候，你是唯一没有赞美他的人，那你就危险了。所以你得像搁浅的青蛙一样抬高你沙哑的嗓音，竭尽全力在拍手喝彩者中突显出来。而且你还要经常在别人默不作声的时候，独自发表一番经过周密思考的，能够传达阿谀之意的溢美之词。"[4] 另外，"如果一个更具新鲜感的人出现了，你得到的就是'退后！'就这样，你被推到一个最无足轻重的角落。从那里你只能勉强看到传递的菜肴，像狗一样啃着骨头（如果它

---

① Lucian, *On Salaried Posts in Great Houses*, 10.

② Ibid., 11 – 12.

③ Lucian, *The Cynic*, 18："因此你跟那些被波涛卷走的人一样。他们任由波涛将他们带到任何地方，而你则任由欲望主宰自己。"原本是指"任由欲望支配，失去自控能力"；本书中取其"无力应对现实困境"之意。

④ Lucian, *On Salaried Posts in Great Houses*, 28.

们也离得像你那么远的话），或者满足于（多亏了你的饥饿）吃用作配料的坚硬的锦葵叶子（如果靠近上座的人嫌弃它的话）。"① 所谓"更具新鲜感的人"指的是又一个抛弃自尊攀附权贵的文人。当这样的新面孔出现，旧有的文人在贵族的宴饮圈子里便会变得更加没有地位。他们只能坐在遥远的角落里，只吃得到菜肴里的骨头而非肉，像狗一样但连狗都不如，因为狗的位置都比他们离主人近。琉善对他们更进一步的讥讽是：因为饿得饥肠辘辘，他们甚至连锦葵叶子②都吃，而前提是比他们靠近上座的人不吃它们。可见靠近上座者的待遇已然很差了，而他们则更为糟糕。琉善还讲了一个演说家的故事："他在一次晚宴上应邀发表一通精彩的演说。他赢得了热烈的掌声，但那是因为他发表演说的时候他们喝酒，而这演说是用酒瓶，而非水钟计时的。而且据说为了二百德拉克马，他就这么干了。"③ 演说家发表演说的场合应该是法庭辩论、公共集会，或者是葬礼和婚礼等重要活动。而水钟是在法庭辩论中，用于计算和限制辩护士发言时间的工具。在酒席上发表演说为饮者助兴，本就折损了演说家的颜面，而用酒瓶代替水钟作为计时标准就更荒唐了。更过分的是，演说家"赢得"的所谓热烈掌声并不是给他的，而是酒徒们饮到兴起拍给自己的。而且事实上，与其说酒瓶充当演讲的计时器，倒不如说是演讲充当了饮酒的计时器——喝酒的人很有可能是在赌在演讲的时间内会喝下多少瓶酒。而文人为了"二百德拉克马"，就接受了这所有的荒唐和侮辱，在席间卖力地表演助兴，斯文扫地。

在攀附权贵的道路上，充满了上述这类情形。对于为了钱财而将自己置于如此不堪境地的文人，琉善提出了严厉的批评："只是为了几欧宝，到了这个年纪（就算你生来就是一个奴隶，到了这个年纪也应该期望获得自由了），你没有将自己，连同美德和智慧一起卖掉了

---

① Lucian, *On Salaried Posts in Great Houses*, 26.
② 锦葵叶子不是入菜的，而是用来当作配菜。其叶子坚硬，难以入口。
③ Lucian, *On Salaried Posts in Great Houses*, 35.

吗？你那高尚的柏拉图、克吕斯普斯和亚里士多德，对自由的赞美和对奴役的谴责，你都没有尊重过吗？被拿来跟谄媚者、游手好闲的人和缺乏教养的人放到一起比较；作为罗马人中唯一穿着不协调的学者斗篷的人，操着糟糕的口音说拉丁语；甚至，参加喧嚣的晚宴，与最卑劣的人渣挤在一起，这一切不令你感到耻辱吗？"①

其次，这些文人在经历了上述痛苦之后，还有要面临被富豪抛弃的结局。富豪会在压榨完他们的青春和才华之后将其扫地出门。而这些文人不能光明正大地离开，而是在夜里悄悄地消失。因为他们在被抛弃前还会受到不堪入耳的诽谤：被指控曾对某个侍童示爱，或者年纪一大把了还勾引一个无知少女——主人妻子的女仆。② 于是，这些讨巧卖乖的文人拖着老病残躯，带着行为不端的恶名，身无分文。琉善这样形容这类落魄的知识分子："如今的你已经日落西山，就像一匹老马，就连皮都不像年轻的时候那么耐用了。"③ 同时，他们曾经与上流社会过于接近，因而了解了那些富豪的下流行为。这也会为其招来杀身之祸。这些知识分子个人饱受折磨，结局悲惨也就罢了，更糟糕的是他们是整个知识阶层的害群之马。琉善认为这些苟合取容者玷污了所有文人的名声："那些去大户人家供职的人，由于对其他有用的东西一无所知，所以自称可以给人算命，提供春药、爱情魔咒和攻击敌人的咒语。然而，他们自诩为文化人，用哲学家的斗篷将自己裹起来，留着不会轻易被讥笑的胡须。因此，当富人们看到他们原以为杰出的人才居然是这种货色，特别是注意到他们在宴会上，以及其他社会关系中的谄媚行为，还有他们面对收益的奴性态度，自然会怀疑我们全都是那种人。"④

最后，为了更加直观地表现攀附权贵，娱乐有钱人所带来的后果，

---

① Lucian, *On Salaried Posts in Great Houses*, 24.

② Ibid. , 39.

③ Ibid. , 40.

④ Ibid. .

琉善将这样的过程用一幅画卷展示了出来。画中"财富"的爱慕者通过一条艰险的道路，来到"财富"门前。进门后，他先后经"希望""欺骗""奴役""辛苦""衰老"传递后，由"傲慢"拖到"绝望"那里，再由"绝望"从一个偏僻、隐蔽的后门扔了出去。最后，这个人穷困潦倒，由"悔恨"结束了生命。这样一幅画卷，既集中体现了琉善对知识分子苟合取容的批判，又直观地警示他们，提醒他们要洁身自爱。

总而言之，琉善反对这种依靠富人，出卖自尊以求荣华的行为。如果一个人真的腹有诗书，那么他这样做会浪费了自己的才华，遭受极大的屈辱。如果一个人胸无点墨，只是穿了身哲学家袍子，空有知识分子的名头，那么他的不学无术和苟且行为则会极大地损害有识之士的声誉。因此，琉善极力批评知识分子苟合取容、攀附权贵。他指出，他们这样做是在摧毁自己的尊严，接受富人的滥用和捉弄。琉善推翻了他们附骥攀鸿的借口，揭露了其真实的目的，讥讽了他们服务于贵族的辛酸历程，刻画了他们被扫地出门后的悲惨形象。

琉善不仅花大量笔墨抨击哲学家队伍中的趋炎附势之徒，也攻击了其中行为不检、举止粗鲁者。他的《阉人》就批判了这些人处事方式之野蛮。在《阉人》中，两个哲学家在竞争马尔库斯·奥理略在雅典设立的某个哲学职位时，吵得不可开交："他们冲到一起，彼此唇枪舌剑，高声叫喊，嚷得都快把肺撕裂了。"[1] 仅是狂躁地争吵对于哲学家们而言还是小意思。这些善于"动口"的"知识分子"们，用"肢体"解决问题的经验也很丰富。在《海尔摩提莫斯》中，吕奇努斯在告诉海尔摩提莫斯为什么哲学课要停课一天时，提到了攸克拉底（Eucrates）为女儿举办的生日宴会。吕奇努斯说海尔摩提莫斯的哲学老师在宴会上大谈哲学，与亚里士多德学派的攸西德马斯（Euthydemus）发生了摩擦，从而引发了暴力冲突。海尔摩提莫斯的哲学老师

---

① Lucian, *The Eunuch*, 2.

原本是一个上了年纪的老人，行事却毫无长者风范。吕奇努斯说这老人在打斗中很是"勇猛"，用手中的杯子打攻西德马斯，使之头部受到重创。吕奇努斯还强调："那杯子像涅斯托耳的杯子那么大。"① 荷马在《伊里亚特》中这样描述涅斯托耳的杯子："酒盅有四个把手，每个把手上面有一对金鸽啄食，下面是双重杯型底座。盅里装满酒时其他人很难挪动它，老英雄涅斯托尔把它举起来却毫不费力。"② 这段文字前面讲那老哲学家在哲学争论中动手打人，已经有批评意味了，后面对杯子大小的强调更添加了讥讽的味道。将砸人的杯子与涅斯托尔的杯子相比，表面上是在说它会造成极大的创伤，实际上是引导读者将老哲学家与"老英雄"联系起来。这样的比较手法，是对讨论对象极大的讽刺，让其看起来更为可笑。

琉善经常描述文人在宴会中的粗鲁表现，批评他们的野蛮无耻。这些人在宴会上丑态百出、有辱斯文。在琉善的《尼格里努斯》中，尼格里努斯就曾批评他们在宴饮当中的不雅行径："至于他们在晚宴上的行为——我们应该将之归纳为哪种道德理念呢？他们没有粗鲁地填饱肚子，喝得烂醉，最后一个离开桌子，而且还带走比别人多的美味吗？有些人更不可思议，甚至还经常放声高歌。"③

琉善在很多地方都抨击过文人在宴会上的丑态，其中有一篇文章最值得注意，那就是《宴饮》。《宴饮》还有一个名字叫《拉庇泰人》。《拉庇泰人》这个名字充满了讽刺意味。拉庇泰人（Lapiths）是希腊传说中居住在忒萨利（Thessaly）地区的民族。他们的国王是马人欧律提翁（Eurytion）的异母兄弟珀里托俄斯（Peirithous）。珀里托俄斯娶希波达弥亚（Hippodamia）为妻时，在婚礼上欧律提翁喝醉酒欲将新娘和其他妇女劫走，引发了与拉庇泰人之间的战争。④

---

① Lucian, *Hermotimus*, 12.

② ［古希腊］荷马：《伊利亚特》，罗念生、王焕生译，第259页。

③ Lucian, *Nigrinus*, 24.

④ 参见鲁刚、郑述谱编译《希腊罗马神话词典》，第160、170、195、209页。

琉善将珀里托俄斯的婚礼与阿里斯泰尼图斯嫁女儿的喜宴做比较，讽刺参加宴会的哲学家们将一件喜事变成一场闹剧，最终以"战争"的方式混乱收场。

琉善在《宴饮》中对哲学家在宴会上的野蛮行为进行了集中描写和讽刺。他创作的手法像极了一位喜剧导演，细致地安排每一个喜剧演员的位置，巧妙地设置故事情节，诙谐地展现在场每一个人的行为和反应；在制作出一部令人捧腹的喜剧的同时，将行为不端的哲学家鞭挞得体无完肤。

出席这场婚宴的知识分子主要有：斯多葛派的老者泽诺忒米斯（Zenothemis）和阿里斯泰尼图斯（Aristaenetus）之子芝诺（Zeno）的老师狄菲鲁斯（Diphilus）；亚里士多德学派的克里欧德姆斯（Cleodemus）；伊壁鸠鲁学派的赫蒙（Hermon），还有柏拉图主义哲学家伊昂（Ion）。同时，应邀前来的还有文法学家贺西提耶乌斯（Histiaeus）和修辞学家狄俄尼索多鲁斯（Dionysodorus）。此外，还有犬儒学派的阿尔西达马斯（Alcidamas）。整个宴会从头至尾都矛盾不断，在最激烈的冲突爆发之前就已经出现了几次较小的摩擦，只是尚未酿成哲学家之间的"战争"。一场喜庆的婚宴，被各派哲学家饮得剑拔弩张。"冲突"是整个喜宴的主旋律，其中穿插着各种"小插曲"。这些小插曲又从各个角度讽刺了这些哲学家们的粗鲁和缺乏修养。

琉善笔下文人的粗鲁集中体现在了犬儒学派的阿尔西达马斯身上。阿尔西达马斯是惹人生厌的客人，在宴会上很没礼貌。此人先是在向新娘敬酒时辱骂他人，暴露自己的身体并自比赫拉克勒斯，后又因小丑抢了自己的风头而与之打架。整场喜宴上他引发的混乱最多。阿里斯泰尼图斯家办喜事，他不请自来，在主人家里毫不客气地大吃大喝，同时还嘲笑主人的金银器皿，教训人家应该使用陶器而非精美的高脚杯。这样的犬儒学者吸取了其学派当中的糟粕，忘却了教义的实质；抛却文明社会应有的礼数，却像伊壁鸠鲁学派一样享受美食。更糟糕的是，他将粗鲁的行为刻意放大：阿尔西达马斯"如他之前所说的那样半裸着躺在地上，用手肘支撑着身体，右手拿着碗，就像画家所描绘的赫拉克勒斯在弗路斯山洞中的形象"①。赫拉克勒斯是体育的保护神。他不惧任何神祇、鬼怪，是英勇、无谓的象征。哲学家多是柔弱书生，更有甚者身体羸弱、面黄肌瘦。他们终日躲在书斋中，畏惧烈日和汗水，不可能拥有健硕的体魄，也难具备真正的勇气。可以说"哲学家"几乎就是"赫拉克勒斯"的反义词。然而，文中的阿尔西达马斯大言不惭地称赫拉克勒斯是自己的守护神，还毫不谦虚地赞美自己。琉善写他这样热衷于模仿赫拉克勒斯，也许是想点明其不自觉的愚蠢，又或者是要说明他有意在哗众取宠。总之，此人众目睽睽之下做出这样的举动，实在可憎。

在《宴饮》中，斯多葛派哲学家也没能逃脱琉善的讽刺。斯多葛派哲学家贺透伊默克勒斯（Hetoemocles）命仆人在宴饮过程中送来一封信。信的主要内容是谴责举办宴会者邀请了其他的哲学家，却没有邀请他，批评主人"无法区分好坏"和缺乏"直接理解力"，理由是贺透伊默克勒斯认为自己只用一个推理就可以让泽诺弑米斯和狄菲鲁斯缄口。贺透伊默克勒斯在信中说："上天啊，原谅我的夸耀吧！就请他们当中一个人说说什么是哲学，或者，回到更加基础的问题，说说属性（attribute）和偶有属性（accident）有什么区别。我也不必提到那些谬误了，例如'关于角'、'关于谷堆'或'关于割草者'②。"③事实上，文中故事的讲述者对于贺透伊默克勒斯没有被邀请给出了合理的解释："我认为阿里斯泰尼图斯不是不小心把他落下的，而是觉

---

① Lucian, *The Carousal*, 14.

② 斯多葛派在发明和解决谬误上投入了大量的研究。"关于角"指的是："所有你没有失去的东西，就是你拥有的。但是，你没失去角，因此你拥有它们。"关于谷堆，哲学家们证明一颗谷粒就是一个谷堆。关于割草者：一个说他会割一片草地的人，不会也不能割这片草地。另外几个谬误在 Lucian, *Philosophies for Sale*, 22 中有说明。参见 *Lucian* I, Loeb Classical Library, Cambridge, Massachusetts: Harvard University Press, 1913, p. 437.

③ Lucian, *The Carousal*, 23.

得他不会接受邀请。因为他从来不接受任何人的邀请，所以主人觉得干脆不请他比较好。"① 这是一场喜宴，按常理讲主人会在这种场合邀请与自家亲人有关的亲朋好友，考虑的是朋友的时间是否合适，而非从哲学造诣的角度去区分谁值得请，谁不值得。然而，贺透伊默克勒斯完全忽视了这一点，将之视为哲学论坛，在人家大喜的日子不仅不送上祝福，还带来枯燥的哲学论题和一通批评。更有趣的是，这里出现的矛盾不是学派之间的争执，而是斯多葛派内部的斗争。泽诺忒米斯、狄菲鲁斯和贺透伊默克勒斯都是斯多葛派哲学家。贺透伊默克勒斯觉得自己没有受到邀请的原因是：主人邀请了泽诺忒米斯和狄菲鲁斯，并认为他们更加优秀。他还自比月神阿尔忒弥斯，将自己的不满同她对俄纽斯的愤怒相比。② 更过分的是，为了打压狄菲鲁斯，他甚至暗示主人的儿子芝诺与其关系暧昧。贺透伊默克勒斯明知这样的一封信在那样喜庆的日子里会多么煞风景，破坏气氛，令主人尴尬，却还要求仆人一定要当众诵读以确保在场的人全都听到，可见其度量之狭窄，用心之险恶。

这封信犹如"不和女神"（Discord）扔出的金苹果，在整个宴饮的会场引发了混乱。③ 各派哲学家顿时争吵起来。各位德高望重的哲学家们开始互相辱骂、揭露。这还不够，"谦谦君子们"开始用肢体语言来表达自己强烈的情感和维护本门派的颜面。琉善用极富动感的语言描绘了这样的场面。堂堂哲学家却像泼妇一样争吵厮打，实在是有辱斯文。琉善诙谐的笔法更让其讥讽之意入木三分。酒宴陷入混乱，主人试图让客人们恢复平静而不能。

伊壁鸠鲁学派作为斯多葛派的对手，在席间的表现也有失风度。当宾客基本到齐，大家将要入座时，斯多葛派的泽诺忒米斯与伊壁鸠鲁派的赫蒙，就谁该坐在上位发生了争执。因为前者是一位年迈长者，

① Lucian, *The Carousal*, 28 – 29.
② 关于此故事，参见鲁刚、郑述谱编译《希腊罗马神话词典》，第182页。
③ Lucian, *The Carousal*, 35.

后者是狄俄斯库里①的祭司，出身城内显要家族。面对这种情况，赫蒙虽然做出了让步，但依然出言不逊："你入贵宾席吧，泽诺忒米斯。不过，你本应该把它让给我的。因为我是祭司（如果没有别的理由的话），尽管你非常轻视伊壁鸠鲁学派。"② 古罗马宴饮时的座位的确是身份的象征，但作为一位哲学家，一名狄俄斯库里的祭司，本应为世人的楷模，做儒雅谦让的表率，却为一个虚名而与人发生摩擦，不见哲人和祭司应有的脱俗潇洒。

在讲述了几场风波和穿插其中的小插曲后，琉善对知识分子粗鲁行为的讽刺和鞭挞迎来了高潮。在文中引发最终冲突的，不是哲学家们各自誓死捍卫的哲学信仰，而是一只小小的鸟儿。正是这只小鸟儿，让哲学家们变得如醉酒的马人一般疯狂，酿成了一场血案。原来，是哲学家赫蒙和泽诺忒米斯为争夺更加肥美的鸟儿打了起来。接着，哲学家们各显神通，各个武艺超群，心狠手辣。琉善用幽默的语言描述了知识分子们的战斗。打斗过程中他们丑态毕露，结果各个都挂了彩。在这惊心动魄的混乱场面中，还有人忙着趁火打劫，趁着混乱做出更加伤风败俗的事情：混战中阿尔西达马斯打翻了灯台。黑暗之中更多荒唐事上演了。当房内重新恢复光明时，人们看到阿尔西达马斯正试图强奸吹长笛的姑娘，而狄俄尼索多鲁斯则盗窃未遂——一只碗从其斗篷里掉了出来。

最后，一场原本应该快乐的聚会以悲剧收场；一间装饰豪华的餐厅被砸得一片狼藉；一群本应该举止儒雅、营造高雅气氛的人却都被打得鼻青脸肿。打斗过后的各个学者们，从衣冠楚楚变得惨不忍睹。欢庆的婚礼被搞砸了，用来迎娶新娘的马车送走的却是受伤的新郎。其余的人都是被抬回去的，而且还吐了一路。最极端的行为都是犬儒派的阿尔西达马斯做的。他还赖在东道主家里，因为无人能让他离开。

---

① 即卡斯托耳与波吕丢刻斯（宙斯的孪生子，两人又合称狄俄斯库里）。
② Lucian, *The Carousal*, 9.

琉善在《宴会》这篇文章中，通过一场婚宴集中展示了知识阶层当中无耻之徒的野蛮行径，将当时知识分子的愚蠢、粗俗描绘得淋漓尽致。他对他们的道德沦丧和行为不端进行了强烈的批判和辛辣的讽刺。琉善笔下哲学家的鲁莽行径多发生在宴饮当中。这一方面反映出，知识分子参加宴饮活动之频繁，同时也说明知识阶层是罗马社会文化生活堕落的"主力军"。

琉善通过讽刺文人苟合取容、不懂礼数，批评了 2 世纪罗马知识分子中有知识无修养者。这些人或许有些才学，却将这些知识用于讨好富人，以满足口腹之欲和个人虚荣。知识并没有提高他们的素质。他们在日常生活中思想和举止依然野蛮、粗鲁。琉善对他们给予了毫不留情的批判。

（二）言是人非 名实不副

琉善在很多作品中揭露了知识分子的虚伪和虚假。文人虚伪的重要表现首先是言是人非。在琉善的《双重审判》中，当宙斯劝公正女神重返人间时，公正女神感到很为难。宙斯安慰她说：现在那些哲学家们都在劝说人们更加相信她，而非"不公正女神"。此时，公正女神向宙斯抱怨说："那些人相互争吵，而且表现得非常不公正，哪怕是在谈论我的时候。"[①] 这里的"那些人"指的就是那些哲学家们。他们不仅仅说一套做一套，甚至就在言与行同时发生的时候，都存在着矛盾——以极不公正的方式讨论公正女神。不仅如此，公正女神还说："他们当中的大多数口头上声称与我有血缘关系，而实际上甚至连大门都不向我敞开，且明确表示如果我来的话，他们会将我锁在门外。因为他们很久以前就和'不公正女神'成了亲密的朋友。"[②] 琉善通过公正女神的所说的话，揭穿了那些人虚假的面目。

---

① Lucian, *The Double Indictment*, 7.

② Ibid..

很多哲学家满口正义、美德，宣扬哲学是自己的最高追求，但实际上却言方行圆，以物质享受为最高目标。《阉人》就讲述了两个哲学家怎样为了一个高薪职位而批评互相诋毁的。文中的目击者吕奇努斯嘲笑他们说："那些自称是哲学家，声称视金钱如粪土的人们，却像是为了保护危机中的祖国、祖先的圣殿，以及先人的坟墓一样，为了钱而战斗。"① 在《墨尼波斯》中，墨尼波斯（Menippos）对哲学家的虚伪也提出质疑："我观察这些人物，发现他们所做的事情都与所说的正相反。譬如有人劝我看轻钱财的，却是紧咬牙关抓住了它，争论利息，为着报酬教授，为了钱财肯忍受一切，又如那些说抛弃公众意见的人，却尽全力去迎合它……"② 另外，在《宴饮》中，哲学家们之间的争吵也暴露了自己言行不一的一面。琉善在这段文字中，并没有自己直接批评哲学家中的斯文败类，而是将武器交到他们手中，让他们彼此攻伐。伊壁鸠鲁派学者联合亚里士多德学派，攻击斯多葛派。斯多葛派的学者反击，并揭发伊壁鸠鲁学派的人——"双胞胎兄弟"的祭司赫蒙，说他"把'双胞胎兄弟'雕像的金头发剪下来"③；揭露亚里士多德学派的克里欧德姆斯（Cleodemus）与学生之妻有奸情，而且被人发现并狠狠地修理了一通。亚里士多德学派的克里欧德姆斯回击道："但是我没像你那样出卖自己妻子的爱，没有让我外邦的学生把津贴交给我保管。还有，向雅典娜·波丽亚斯（Athena Polias）发誓，我从没占有那些钱，也不在借钱给别人时每月收百分之四的利息，也不会在学生没有及时交出学费时欺压他们。"④ 斯多葛派的泽诺忒米斯（Zenothemis）说："但是你不能否认你卖给克里图（Crito）一剂毒药去害他父亲！"⑤ 亚里士多德学派的克里欧德姆斯质问斯多葛派哲学家为什么他们虽然说金钱并不重要，却又狂热追求财富，

① Lucian, *The Eunuch*, 3.
② 周作人：《路吉阿诺斯对话集》（下），第 537 页。
③ 古代雕像经常会带有金（或镀金的）头发。
④ Lucian, *The Carousal*, 32.
⑤ Ibid. , 33.

而且为了钱而讲学，谄媚富人，放高利贷？为什么他们痛恨娱乐，攻击伊壁鸠鲁学派，但所做一切都为了享乐？

在这样的混战当中，这些哲学家的言是人非显露无遗。如果这些哲学家们彼此指责的话是真的，那么这些人的言行无疑是自相矛盾的。他们以高尚的哲学家自居，大肆宣扬各自的哲学教义，所做之事却无异于作奸犯科，连一个公民所应具备的最起码的道德水准都没有。伊壁鸠鲁派的赫蒙身为"双胞胎兄弟"的祭司，其首要职责应该是献祭神灵，管理神灵在人间的财物。然而，他却监守自盗，居然敢将神像的金发剪下。这是对神灵极大的侮辱，简直是犯了盗窃神庙的罪行。伦理学是亚里士多德思想的重要组成部分。但是，亚里士多德派的克里欧德姆斯却与学生之妻行苟且之事，教唆他人毒害父亲。这种行为且不说其无法教人变得举止文雅、行为高尚，就连法律底线都难以达到。斯多葛派哲学主张恬淡寡欲，轻视外在事物。① 但他们的哲学家却狂热地追求财富，为了金钱招生讲学，谄媚富人，甚至放高利贷敛财。斯多葛派哲学呼吁人们发扬宽容的精神，泛爱一切人与物。② 但这些斯多葛派的哲学家们却与其他学派的哲学家吵得面红耳赤。事实上，当伊壁鸠鲁派的赫蒙一进屋，"斯多葛派的人就对其怒目而视，转过身背对他。他们显然很鄙视他，好像他是一个弑亲者或受到诅咒的人"③。这样的行为让人丝毫看不到民胞物与的精神。如果这些哲学家相互攻击的话是假的，那么也同样说明了其言行不一。因为不管其各自理念有多大差异，上述哲学流派中没有一派是主张对他人恶言相向、诽谤攻击的。它们都宣扬追求美德，或是提倡包容，或是主张高雅和谐。琉善就这样巧妙地让读者看到，倡导真、善、美的优雅语言与显露假、恶、丑的粗俗诳言，

---

① 参见［英］伯特兰·罗素《西方哲学简史》，文利编译，陕西师范大学出版社 2010 年版，第 135 页。

② "爱比克泰德认为我们应该去关爱那些不幸的人，即使是我们的敌人。"参见［英］伯特兰·罗素《西方哲学简史》，文利编译，第 140 页。

③ Lucian, *The Carousal*, 6.

从同一张口中吐出。

《海尔摩提莫斯》中也记述了类似的现象。斯多葛派哲学主张淡然接受命运的安排、淡薄物欲、保持冷静、忽视财富、不抱怨、不愤怒。文中斯多葛派的追随者海尔摩提莫斯，也说自己哲学老师做到了鄙视财富、光荣和享乐，没有愤怒、哀伤。但与之对话的吕奇努斯却让他了解了其老师在生活当中的真实面目："有一天，你的老师很暴躁地拉住这个人脖子上的斗篷，大吼大叫，把他拉到了法官那里。要不是那个年轻人的一个朋友跑到他们中间，把他从你老师的手中拉出来，那老先生肯定会抓住他，把他鼻子咬下来了。这老人当时愤怒至极。"[①] 文中所说的这个年轻人是那位哲学老师的学生。而让那斯多葛派老师失去冷静、变得狂怒的原因是这个人没有按时缴纳学费。琉善笔下的这位哲学家用自己的行为彻底推翻了自己的主张。此外，《海尔摩提莫斯》中的吕奇努斯还举了另外一个事例。这位哲学家在他人家中赴宴，由于纵酒过度，吃得太多导致其回到家中病倒了，第二天无法照常给学生们讲课。极具讽刺意味的是，在身体极度不适的情况下，这个斯多葛派的哲学家还不忘记"仔细清点并锁好自己交给站在身后的仆人的肉食"[②]，然后才倒头一睡不起的。他若真像自己宣传的那般淡薄物欲，又怎至于饮食过度？此时他不仅言行不符，而且让"行"打败了"言"——因吃得太多而没法讲课教导学生清心寡欲了。若真是忽视财富，怎么会对区区肉食，他还要强撑病体不忘清点，甚至锁好？琉善这些文字，瞄准的是那些做不到言芳行洁的哲学家。他批评这些伪君子言行不一。

琉善批判的另外一个现象，不是哲学家的"虚伪"，而是"虚假"。他攻击了哲学家队伍中，那些为谋得丰富的报酬而投身哲学领

---

① Lucian, *Hermotimus*, 9.

② Ibid., 11.

域的滥竽充数者。琉善将这些伪哲学家同真正的哲学家区别开来。他在《钓鱼人》中曾三次①明确表示将伪哲学家与哲学家区分开来，划清界限。琉善声明自己抨击的是伪哲学家，而绝非真正的哲学家："对于你们以及与你们相似的人——有的是真正热爱哲学、遵守你们的法则的人——我不至于疯狂到说些诽谤和粗野的话。……可是那些吹牛的人和那些为神所憎恶的人，我认为是可恨的。"② 琉善还邀请真正的哲学家站出来说话，让他们拒绝承认那些伪哲学家。在《钓鱼人》最后一部分，琉善就让各大哲学流派的创始人亲口否认与这些伪哲学家有关系。他笔下的"自由谈"从"女祭司"那里借来鱼竿、钓线和钓钩，并要来干无花果和金子作为鱼饵，坐在城墙上，将钓线放到城里垂钓，引得不同学派中的伪哲学家来咬诱饵。"自由谈"将这些人都拎起来给第欧根尼、柏拉图、亚里士多德和克吕西波看。这些哲学领域的泰山北斗都纷纷坚定地表示与那些伪哲学家毫无关系。

琉善用犀利的文字揭露了哲学领域伪哲学家横行的现象，抨击了伪哲学家的种种卑劣行径。第一，琉善指出这种假冒哲学家的现象非常普遍。他在《出逃者》中就曾说"各个城市都充斥着这样的暴发户"③。这里所说的"暴发户"指的就是那些冒充哲学家四处行骗敛财的人。在《钓鱼人》中，琉善用更加直观的方式展示了社会上伪哲学家泛滥的情况。"哲学"要惩罚这些盗用她的名义，给她带来侮辱的人，于是要求绪罗癸斯摩斯（Syllogismos）④ 将伪哲学家传唤来。绪罗癸斯摩斯用正常的方式召唤哲学家到卫城上，在美德、哲学和公正面

---

① 一次是借"哲学"之口说的："你们注意，他骂的也许不是哲学，而是那些盗用我们的名义干了许多坏事的骗子。"（罗念生、陈洪文、王焕生、冯文华译《琉善哲学文选》，第88页）；两次借"自由谈"之口："看见这种现象，我无法忍受，因此揭露他们，把他们和你们区别开来"（同上书，第97页）；（自由谈对苏格拉底、柏拉图等人说）"他们这种人和你们有什么相干？"（同上书，第98页）

② 罗念生、陈洪文、王焕生、冯文华译：《琉善哲学文选》，第98页。

③ Lucian, *The Runaways*, 16.

④ 绪罗癸斯摩斯意为"三段论法"，即"演绎法"。参见罗念生、陈洪文、王焕生、冯文华译《琉善哲学文选》，第100页。

前答辩。结果是只有很少一部分人上来了。然而，当"自由谈"以物质利益为诱饵发出召唤时，却有大批的人涌了上来。"哲学"见状惊叹道："啊哈！好多人！上行道上尽是人，他们一听见赏赐两谟那，就拥挤而来，有的从珀拉斯癸康墙上来，有的穿过医神的庙地上来，更多的人从战神山那边过来，有一些人穿过塔罗斯的坟地上来，有一些人把梯子搭在阿纳刻斯庙上往上爬，真是嗡嗡响，用荷马的话说，像'一群蜜蜂'；这一边许许多多，那一边'成千成万，多得像春天的叶子和花朵。'他们'乱哄哄地坐下'，一刹那卫城上满是人，到处是行囊——谄媚，胡子——无耻，棍子——饕餮，绪罗癸斯摩斯——贪婪。那少数响应第一次传唤而来的人不显眼，无标记，混杂在人群中，在同样的衣服之间分辨不出来。"① 琉善用精妙的语言，生动地描绘出伪哲学家从四面八方涌向卫城的景象。珀拉斯癸康墙（Pelasgicon）是卫城西北部的古城墙；医神的庙地在卫城南边；塔罗斯（Talus）的坟地在卫城东南边；阿纳刻斯庙②在卫城北边。③ 可见伪哲学家遍布各处，人数众多。与之形成鲜明对比的是应第一次召唤而上来的真正的哲学家们。这些哲学家人数寥寥无几，淹没于伪哲学家的洪水当中，显现不出来了。琉善用这样的对比显示出哲学领域中存在着太多滥竽充数者。

第二，琉善揭露了那些伪哲学家们的真实身份。这些伪哲学家很多原本是雇工或是逃跑的奴隶，在没有受过正规教育的情况下，只是穿戴上哲学家的行头便开始四处骗吃骗喝。在《出逃者》中，哲学女神曾控诉说："他们在童年的时候由于缺少闲暇而与我没有任何关系。他们要充当奴隶或雇工，或者学习你希望他们掌握的技艺——修鞋、盖房子、

① 罗念生、陈洪文、王焕生、冯文华译：《琉善哲学文选》，第 101 页。

② 即双胞胎兄弟的神庙（the temple of Castor and Pollux）。参见 *Lucian* III, Loeb Classical Library, Cambridge, Massachusetts：Harvard University Press, 1921, p.63 和 *The Works of Lucian of Samosata*, Volume I, translated by H. W. Fowler and F. G. Fowler, Oxford Ufiiversity Press, 1905, p. 224。

③ 参见罗念生、陈洪文、王焕生、冯文华译《琉善哲学文选》，第 101 页注释 2—5。

当漂洗工，或者梳理羊毛，好让妇女们干活时方便一些——当她们捻纱或纺线的时候，可以更容易地缠上和取下羊毛。他们在青年阶段忙着做这些事的时候，根本不知道我。"① 这些人成年后发现哲学家的生活高尚而富足，于是"求助于'绝望'，同时还邀请了'鲁莽'、'愚蠢'和'无耻'做他们的党羽，牢记下新的恶言恶语，以便做到可以信手拈来、脱口而出，作为其唯一的口令"②。在外表上模仿真正哲学家的穿着打扮——披着斗篷，挂着皮夹子，在手中拿些东西。就这样，这些胸无点墨、好逸恶劳的人，抛开原本从事的工作，摇身一变，就成了所谓的"哲学家"。琉善的《出逃者》就暴露了这些人的本来面目。《出逃者》讲述了赫尔墨斯陪同哲学女神下凡捉拿伪哲学家的故事。故事里，赫尔墨斯与哲学女神在人间抓到了三个逃跑的四处行骗的伪哲学家。他们变成伪哲学家之后的样子是："短发，留长胡子，肩上挎一个皮夹子，身披短斗篷"③。然而，事实上他们原本只是"长发，下巴上没胡子"④，在漂洗店中剪绒毛的奴隶。

　　第三，琉善批评了那些伪哲学家们的无耻勾当。琉善在《出逃者》中就详细描述了这类人的无耻行径。由于有了哲学家的行头，原本粗俗低下的人不再畏惧惩罚，因为"以往人们对这身行头的尊重，使他们免于为其行为而付出代价"⑤。于是，这些伪哲学家们开始肆无忌惮地勒索敛财；勾引俊美少年；做一切事均以享乐为目的，却在人前四处宣扬美德的高尚。这些人声称向往简朴的生活，寻求内心的幸福，但实际上却狂热地追求物质财富："'赫拉克勒斯啊！至于金子或者银子，我都不想拥有。对我来说，一枚古希腊银币就够了。我能用它购买羽扁豆。至于喝的，有泉水或小溪供我饮用。'随后他们要求

---

① Lucian, *The Runaways*, 12.
② Ibid., 13.
③ Ibid., 27.
④ Ibid., 28.
⑤ Ibid., 14.

的就不是古希腊银币或几德拉克马了，而是全部的财富。"① 琉善在
《出逃者》中用正面陈述的方式，让哲学女神直接批评这些人的罪恶
行径：他们表面上严肃可敬，实际上下流龌龊，欺骗玩弄女性；抨击
纵酒，却嗜酒如命；反对诌媚，自己却"这方面远胜过格纳透尼德斯
（Gnathonides）和斯特鲁提阿斯②（Struthias）"③。要求他人诚实，自己
却满口谎言；批评享乐，自己却沉浸其中。

伪哲学家们剔除哲学家身上之精华，吸取其糟粕。琉善以犬儒学
派内的伪哲学家为例，抨击他们说："那些声称追随第欧根尼、安提
西尼和克拉底斯，并且加入了'狗大军'的人们。这些家伙不学习狗
保卫财产、留守家园、热爱主人、铭记恩典这些优良品质。而狗的那
些恶习——聒噪不止、暴饮暴食、鬼鬼祟祟、拈花惹草、阿谀奉承、
向给它们好处的人献媚、围着桌子转——他们倒学得一点儿不差。"④
总之，这些人所到之处总有罪恶相随。

这些伪哲学家的终极目标当然不是为了获得美德，而是要聚敛钱
财。在《钓鱼人》中，当"自由谈"以物质利益为诱饵发出传唤令
时，伪哲学家们都从四面八方纷纷赶来。他们一到卫城上便发生了争
吵。柏拉图派、毕达哥拉斯派、亚里士多德派、伊壁鸠鲁派、学园派
和斯多葛派，全都各执一词，但目的都是一样的，那就是抢先领得奖
金和无花果。琉善在用这样的方式表达只有金钱才能引起这些冒牌哲
学家的兴趣。他们目标就是求财。在利益面前，这些人全然不知美德
为何物。事实上，这些人对用来伪装自己的工具——哲学，毫无兴趣。

---

① Lucian, *The Runaways*, 20.

② 新喜剧中贪婪的食客。斯特鲁提阿斯（意为"鸵鸟"——笔者注），他的名字很显然与
那贪嘴的麻雀［米南德的《诌媚者（Colax）》中的角色］有关。格纳透尼德斯所在的喜剧我们
不得而知，但是普鲁塔克曾经为了举例说明典型的食客提到过格纳透（"兆尔"）（*Symp.*，VII，
6，2），而泰伦斯将《诌媚者》中的部分内容用于自己的《宦官》时，将主角斯特鲁提阿斯的名
字改为格纳透。（参见 *Lucian V*，Loeb Classical Library，Cambridge，Massachusetts：Harvard Univer-
sity Press，1936，p. 75，note 4.）

③ Lucian, *The Runaways*, 18.

④ Ibid. , 16.

一旦拥有了足够的金钱，他们就会放弃哲学。在《出逃者》中，哲学女神在向宙斯控诉这些人时说："等他们聚敛了足够的钱财，便丢掉破烂的哲学家斗篷，不时地购买农场、奢华的服装、长发的侍童、整栋的住宅，告别了克拉底斯的皮夹子、安提西尼的斗篷和第欧根尼的罐子。"①

　　琉善对于这些伪哲学家的行为深恶痛绝。他坚决地站在了他们的对立面，表明决心要批评、打击这些"挂羊头，卖狗肉"的人："我决不会停止揭露和讽刺他们。"② 琉善在文章中将自己与伪哲学家们划清了界限。在《钓鱼人》中，"自由谈"就是琉善的化身。"自由谈"在文中遭到苏格拉底、柏拉图等人围攻时说："高尚的人，要知道，你们将杀死一个你们唯一应当称赞的人——你们的自家人、对你们怀好意的人、与你们志同道合的人，说句并非无礼的话，还是你们事业的拥护者……"③ 琉善在此处明确表示自己不同于伪哲学家，而是哲学的真正拥护者，是先贤的忠诚追随者。对于那些披上袍子便称自己是哲学家的人，琉善十分鄙视，并且不遗余力地予以讥讽。琉善曾多次将这些伪哲学家与动物相比。他在《出逃者》和《钓鱼人》中都将他们比作伊索寓言中的驴子，说这些人就像库麦的驴子一样，披上了狮子皮，就粗声嘶叫，声称自己就是狮子。又如，在《钓鱼人》中，琉善的化身"自由谈"说这些人"比狗易怒，比兔胆怯，比猴子谄媚，比驴子淫乱，比猫爱偷，比鸡好斗"④。另外，"自由谈"还将伪哲学家比作狗和猴子来讽刺他们见利忘义。他说：没见到钱的时候，这些人都相安无事，但是一旦有利可图的时候，他们就会像狗那样——"如果有人扔一块骨头到它们中间，它们立刻就会跳起来，你咬我，我咬你，朝着首先抢到骨头的那只狗狂吠。"⑤ "自由谈"关于猴子的比

①　Lucian, *The Runaways*, 20.

②　罗念生、陈洪文、王焕生、冯文华译：《琉善哲学文选》，第98页。

③　同上书，第84页。

④　同上书，第97页。

⑤　同上书，第98页。

喻就更具讽刺力度了。他讽刺伪哲学家打扮成哲学学者的样子，装作正人君子，就像埃及国王的猴子一样披上衣服，戴上面具，当众表演，还骗得了人们的称赞。然而，一颗坚果便可以将它们打回原形。猴子见了坚果便"忘记表演，不再是舞蹈家了。它们变成了原来的猴子，把面具打碎了，把衣服撕破了，彼此为了争夺果实而殴打起来"①。琉善对伪哲学家的讽刺巧妙而犀利，表达了他对这些人的强烈不满和鄙视。

琉善的《出售哲学》也意在讽刺伪哲学家。他在《出售哲学》中将各个哲学流派像拍卖奴隶一样贱卖掉了。在《出售哲学》中，琉善对伪哲学家的讽刺分为三个层次。第一，琉善将毕达哥拉斯学派、犬儒学派、学园派等哲学明码标价，公开销售。每个买主都会首先询问该商品有什么用，然后决定是否购买。然而，哲学作为一门学术，其意义不在于它具有怎样的"实用价值"。哲学最重要的是可以锻炼人的思维，使人聪明。古希腊哲学家欧几里得在讲授几何学时，曾有学生问他这学问能带来什么好处？欧几里得命仆人给他一块钱，讽刺道："这位先生要从学问里得到好处啊！"② 因此，用"实用"与否来衡量哲学的价值是极为荒唐的行为。琉善在《出售哲学》中通过买主和哲学流派之间的对话，讽刺了当时的哲学是世俗的、实用的，换句话说，是虚假的哲学。因为真正的哲学是无法用金钱和用途来度量的。故而那些购买哲学的人们，也是伪哲学家。第二，琉善笔下的各派哲学在耐心回答买主的问题时，讲述了自己的"作用"。这些各派哲学亲口承诺的，他们将会给买主带来的好处，反映了他们的卑劣和庸俗。例如，第欧根尼对买主说："你不需要教育、学说，以及各种废话。这是成名的结晶。即使你是个普普通通的人——鞋皮匠、咸鱼贩子、木匠和金钱兑换商，一点不妨碍你受人钦佩，只要你脸皮厚，胆量大，

---

① 罗念生、陈洪文、王焕生、冯文华译：《琉善哲学文选》，第98页。

② W. B. Frankland, *The Story of Euclid*, London: George Newnes, 1902, p. 56.

学会巧妙地骂人。"① 又如，当买主问克吕西波达到美德的最高境界后做什么时，他回答买主说："那时，我将享受自然所赋予的最主要的东西——我是说财富、健康什么的。"② 随后，克吕西波还论证了哲学家是最适合放高利贷的人，并且承认了作为"大学者"可以靠美德收取学费。琉善就是用这样的方法将伪哲学家虚伪、市侩的一面暴露出来。第三，在《出售哲学》中，琉善给各个学派规定的售价都极为低廉。例如，毕达哥拉斯学派只卖十谟那；犬儒派的第欧根尼只卖两个俄玻罗斯；学园派卖两个塔兰同。琉善用这么便宜的价格就将各派哲学卖了出去，说明在他眼中它们都没有什么价值。

琉善不仅攻击伪哲学家这个群体，还曾针对具体的案例进行抨击。佩雷格林就是琉善讽刺的一个对象。他很显然将之划入了伪哲学家的行列。在以批判伪哲学家为目的的《出逃者》中，琉善将文章前半部分设计为宙斯同阿波罗及哲学女神之间的对话。琉善利用这段对话讥讽佩雷格林，说他的自焚不是什么神圣的事情，只不过造成了宙斯鼻孔中的臭气，反而惹得宙斯生厌——宙斯跟阿波罗对话时说："我还记得当时不得不忍受人类身体燃烧所产生的讨厌的味道。事实上，如果我没有立刻前往阿拉伯，就被这熏天臭气给害惨了。你完全可以相信这一点。纵使在大量的香水、乳香精油，以及各种甜美气息的包围下，我的鼻孔仍然难以去除并忘记那臭气的味道。唉，即便现在，这种记忆还依然令我作呕！"③ 琉善还在文中写道：此人自焚的时候哲学女神根本不在现场。也就是说，琉善认为佩雷格林的自焚行为就是一场闹剧，与"哲学"一点关系都没有。另外，琉善说此人是"隐藏在哲学外衣下面的人"④。显然在琉善眼中，佩雷格林不是真正的哲学家。既然是伪哲学家，那么琉善对他的批评和讽刺必然不会手下留情。

---

① 罗念生、陈洪文、王焕生、冯文华译：《琉善哲学文选》，第 66 页。
② 同上书，第 75 页。
③ Lucian, *The Runaways*, 1.
④ 罗念生、陈洪文、王焕生、冯文华译：《琉善哲学文选》，第 208 页。

《佩雷格林之死》就是琉善专门为批判此人而写下的。

《佩雷格林之死》一文，讲述了佩雷格林卑劣的一生。琉善在此文中揭露了这个伪哲学家的虚伪奸诈。佩雷格林年少即与人通奸，后勒死亲生父亲。他在流浪到巴勒斯坦，懂得了基督教教义后，骗得基督教徒的尊重，被奉为耶稣第二，敬如神灵。在犯下诸多无耻罪行后，佩雷格林又伪装成哲学家来到意大利，以谩骂为业，妄图引人重视。最终，他为了追求虚名而在奥林匹克运动会上跳入火葬堆自焚。

琉善在文中除了揭露佩雷格林的卑劣、虚伪、狡诈、愚蠢，还仔细分析了此人如何成功地伪装成一名哲学家，以及他所谓的光荣的死亡背后所隐藏的谎言。琉善指出，佩雷格林之所以化装成哲学家之后迅速成名，原因就在于他胆敢肆意谩骂他人，尤其是元首。但是，由于元首宅心仁厚、知书达理，"不大计较他的辱骂，认为不值得为了几句话就惩罚一个隐藏在哲学外衣下面的人，特别是一个以谩骂为职业的人"①。所以佩雷格林的名声在普通民众中间反而提高了。后来一个明智的城市长官将其驱逐，却使之更加出名了："他作为一个由于直言无隐和过分自由而被放逐的哲学家被所有的人挂在嘴边"②。就这样，一个卑鄙小人依靠辱骂和放纵，借助一件哲学家的袍子就成功上位成名了。至于他为追求虚名而纵火自焚的行为，琉善更是提出了诸多质疑。首先，琉善认为佩雷格林应该等待死亡降临，而非逃避生命。即便非死不可，他也不必选择火葬这种暗含戏剧中的悲壮元素的方式，"他可以从无数的死法中挑选另外一种，以便离开尘世"③。再退一步讲，就算佩雷格林崇拜赫拉克勒斯，向往与这位英雄的死法相同，也不必非到人山人海的奥林匹克盛会上去自焚。他完全可以悄悄地在一个丛林中了却余生。因此琉善得出结论，佩雷格林所做的这一切无非是为了引人关注，以博得虚荣。其次，琉善在文章结尾更进一步说明

---

① 罗念生、陈洪文、王焕生、冯文华译：《琉善哲学文选》，第208—209页。
② 同上书，第209页。
③ 同上书，第210页。

了佩雷格林之死是一场骗局。琉善指出佩雷格林在死前不久就已因饮食过度而抱病，命将休矣。琉善在文中转述了医生与佩雷格林之间的对话："医生还说，我曾告诉他，既然死亡已经自动地来到了他的门前，如果他真是想死，跟它去非常方便，根本用不着火。他却回答：'可是那个死法不光荣，人人都做得到。'"① 这更说明了佩雷格林之死的欺骗性。不管是否自焚，佩雷格林都是死路一条。但是，对虚名的欲望驱使他就连死亡都要用来换取荣誉。这就是琉善眼中的佩雷格林——众多伪哲学家中的一员。他是一个道德败坏的骗子，连最后的死亡都是骗局。

综上所述，琉善对言是人非、名不副实的哲学家进行了揭露和抨击。琉善讽刺了他们表面上宣扬美德，而实际行为却毫无道德底线可言。这些哲学家的具体行动，与其秉持的哲学理念背道而驰。还有一些人，他们本身连哲学家都不是，而是一群披挂着哲学家行头的骗子。琉善对这批人也进行了犀利的讽刺和无情的披露，将他们称为伪哲学家。在琉善眼中，这些伪哲学家一文不值。

（三）空想说诳 争强好辩

琉善对 2 世纪罗马知识分子空想说诳、争强好辩提出了批评。光说不做、卖弄口才，是知识分子的通病。而 2 世纪罗马的文人则病得更加严重。琉善批评他们不仅信口雌黄，而且蛮横地坚持自己的主张。

琉善批评了哲学家仅凭主观臆断，便信口开河，得出十分荒谬的结论。在琉善的《云上人》中，墨尼波斯讥讽哲学家这种行为是"吹牛皮、耍花腔"②。墨尼波斯说那些哲学家并非目力过人，有些甚至老眼昏花，却"声称找到了天体的界限，测出了太阳的圆周，遨游了月亮以外的空间，好像他们是从星星上下来的，大讲星星有多大；其实，

---

① 罗念生、陈洪文、王焕生、冯文华译：《琉善哲学文选》，第 218 页。
② 同上书，第 4 页。

连梅加腊到雅典有多少斯塔狄翁他们往往也未必清楚，却大胆断言月亮与太阳的距离有多少肘尺；他们还测量了天有多高，海有多深，地的周围有多长；他们还画了些圆圈，在正方形上面加了些三角，绘出了各种球形，倒像真的懂得了宇宙的大小。他们谈论这些情况不明的事物，却又不声明他们是在假设，而且固执己见，不让人胜过他们；他们甚至发誓说：太阳是一块炽热的金属；月亮上有人居住；星星喝水——是太阳用绳子和吊桶从海里汲水，把饮料依次分配给它们的"①。琉善认为哲学家们这种行为既无知又荒唐。他表示这种琐碎、荒唐的讨论令人难以忍受。在《云上人》中，琉善借月亮女神之口表达了这一态度。月亮女神拜托墨尼波斯捎口信给宙斯，请宙斯惩罚那些终日妄想、空谈的哲学家，因为她对他们的议论感到厌烦极了："他们旁的事不干，专爱管我的事——我是什么，有多大，为什么变成半圆的或要圆不圆的形状。有人说我这里有人居住，有人说我像一面镜子悬在海上，又有些人把他们各自的幻想加在我身上。最近，他们甚至说，我的光是偷来的、是冒充的，是从上面的太阳那里来的；他们说太阳本身是石头，是炽热的金属，这还不算，还不断地使我同我的哥哥太阳起冲突，相争吵。"② 月亮神说哲学家们逼得她曾多次想迁到最远的地方去，以躲避他们"爱管闲事的舌头"③。哲学家们的荒唐无稽的讨论给月亮女神造成了极大的困扰，以致她为了获得安宁而要求宙斯："毁灭那些自然哲学家，封住那些辩论家的嘴，掘倒画廊，烧毁学园，制止散步道上的闲谈"。④ 琉善在此处利用月亮女神的不满，说明了哲学家不可凭信的荒诞言论已经使得人神共愤了。

琉善的《爱说谎的人》也批评了哲学家们信口雌黄，讲话不负责任的行为。哲学家作为"爱智者"，就算个人素养有限，不具备真正

---

① 罗念生、陈洪文、王焕生、冯文华译：《琉善哲学文选》，第4—5页。
② 同上书，第14页。
③ 同上。
④ 同上书，第14—15页。

高深的智慧，也至少应该做一个热爱真理，追求智慧的人。但是，太多哲学家讲话信口开河，编造一些怪诞不经的故事，暴露了他们的低俗、无知。琉善在《爱说谎的人》中讲述了各派哲学领袖齐聚一堂，谈论的内容却荒唐可笑。在此文中转述全部故事内容的人堤吉阿德斯（Tychiades）。他代表了琉善本人。堤吉阿德斯前去探访老哲学家欧克刺特斯（Eukrates），在后者家中遇到了亚里士多德派的克勒俄德摩斯（Kleodemos）、斯多葛派的得诺玛科斯（Deinomakhos）、学园派的伊翁和阿里格诺托斯（Arignotos）。在那里诸位哲学家信马由缰地发挥想象，编造故事，却个个做出严肃认真的姿态，宣称自己所言非虚。堤吉阿德斯讲述了各位哲学家编的故事。那些故事玄幻离奇，令人难以置信。例如，学园派的伊翁讲了自己年少时，家里护理葡萄树的园丁弥达斯（Midas）被毒蛇咬了的故事。故事中说一个巴比伦术士"把弥达斯救活了，用了咒语将毒气从他的身体里赶出，并且将一个已死闺女的墓石上打下一小片来，给他裹在脚上"[1]。于是，疗效立竿见影，弥达斯自己扛起抬他来的担架回农场去了。更神奇的是，巴比伦术士还用咒语将农场中全部的爬虫都召唤出来。只有一只老蟒蛇没到。术士慧眼一看便知，"便从蛇中间选了一条最年轻的做使者，差去叫那蟒蛇"。众爬虫到齐后，术士对它们喷了一口气。"它们就在这口气里都烧光了"[2]。又如，欧克刺特斯说自己家中有个人像雕塑，会在夜里从台基上走下，在屋里溜达，但与人无碍，时常洗澡，彻夜游戏。他还讲述了该人像如何惩罚一个手脚不干净的马夫的。那个马夫盗窃了人们献给该人像的钱币、礼物，结果整夜在院子里打圈子，像是困在迷宫中一般，直至天亮后被人抓住，人赃并获。就连毕达哥拉斯派的圣人，被堤吉阿德斯视为"解围之神"[3]的阿里格诺托斯，也与其

---

① 周作人：《路吉阿诺斯对话集》（下），第 657 页。

② 同上书，第 658 页。

③ deus ex machina，希腊或罗马戏剧中，用舞台机关送下来的消除剧情冲突或使主人公摆脱困境的神。

他哲学家同流合污，大讲自己在鬼屋收服鬼怪的故事。

对于这些虚妄诳言，哲学家的做法是相信和维护。但是，在文中代表琉善观点的堤吉阿德斯则持怀疑和讽刺的态度。例如，在伊翁讲述了巴比伦术士灭蛇的故事后，堤吉阿德斯就带着讽刺的口吻质疑道："伊翁，请你告诉我，那个年轻的蛇的使者，是用手搀着蛇，你说它是年老了，还是它有一根拐杖拄着的呢？"① 而此时亚里士多德派的克勒俄德摩斯却站出来说自己原本也不相信这些玄幻的事情，但是现在却相信了。不仅如此，他还另举一个"北风那边来的术士"为例来说服堤吉阿德斯。再如，欧克剌特斯讲完自己家中雕像的故事后，堤吉阿德斯讥笑他说：如此说来，那雕像要么是塔罗斯②那样的青铜人，要么就是代达罗斯雕刻的木头人③了。他意在讽刺欧克剌特斯说的事情像传说一样离谱。而伊翁的反应却是："那一定很厉害吧，因为他是犯了盗窃圣物的罪了。欧克剌特斯，他是怎么被罚的呢？我倒是很想听听，尽管这里的堤吉阿德斯要不相信也罢。"④ 文中伊翁感叹的语气，鼓励的态度，说明他愿意相信欧克剌特斯的话。此外，"盗窃圣物的罪"这个说法，更进一步地体现了他对欧克剌特斯的支持。因为"盗窃圣物罪"所针对的物品应是神灵之物，用了这个词就说明伊翁承认欧克剌特斯家中的"人像雕塑"是"神"。而正是由于他对那个关于雕塑的玄幻故事深信不疑，他才会认为那雕塑是神。

倘若编出这些空想诳言的是无名小卒、哲学的门外汉也就罢了。但是，琉善在文章开篇处做了铺垫，与后文的内容形成了鲜明的对比。第一，聆听堤吉阿德斯讲述并与之对话的菲罗克勒斯说："欧克剌特斯是很可信赖的人呀，没有人会怀疑他，拖着那么长的胡子，也有六

---

① 周作人：《路吉阿诺斯对话集》（下），第 658 页。

② 赫淮斯托斯制作的青铜人塔罗斯，送给国王弥诺斯守护克里特岛。《世界神话辞典》，辽宁人民出版社 1989 年版，第 899 页。

③ 传说雕刻家代达罗斯制作的木头人可以自由行动。参见鲁刚、郑述谱编译《希腊罗马神话词典》，第 72 页。

④ 周作人：《路吉阿诺斯对话集》（下），第 662 页。

十岁的人了，又是那么专心哲学，平常也不会容忍别人在他面前说谎，何况他自己去干这样的事情呢。"① 第二，堤吉阿德斯在介绍在场的哲学家时说："你看我说的是怎样的人物，全知全德，站在各学派的先头，都是可尊敬的，而且连看着也几乎是可畏惧的了。"② 琉善意欲通过这样的对比说明这种空想说谎的情况并非少见，而是已经浸染了主流哲学家群体，已然成为非常严重的问题。不过，琉善想要说明的还不仅仅是这种现象的存在。事实上，他更想表达的是该现象背后隐藏的事实——哲学领域充满谎言。众多哲学家明明是在信口开河，编造谎言，却信誓旦旦，声称自己句句属实。如堤吉阿德斯在文中所说的："朋友，你就不知道他说些什么，怎样竭力主张，并且对于大多数立誓保证真实，还引他的儿辈作证。所以我看着他，心里种种的想，是他发疯了么，有点失了常态，或者他本是一个骗子，在这样长的时间，我竟没有看出来，乃是狮子皮裹着的一个可笑的猴子：他所讲的那些故事乃是这样的荒唐。"③

作为知识分子，信口开河已是不妥，争强好辩则更加有辱斯文。然而，2世纪罗马帝国的哲学家在这方面也同样难逃批判。琉善反对哲学家们盲目地维护自己的哲学理念，动辄辩论、争吵，批评了他们的讨论从未得出统一的结论，讽刺了他们在辩论中暴躁、粗鲁的表现。

琉善笔下有一个叫墨尼波斯的人。此人分别在《云上人》和《墨尼波斯》中出现，并在这两篇文章里就各派哲学观点分歧严重、迷乱人心进行了批判。例如，在《墨尼波斯》中，墨尼波斯是这样解释自己到冥府探求真理的原因的：他想知道怎样才是好的生活，所以希望哲学家能够帮助自己走出迷惘，结果发现哲学学说的矛盾带给他更多迷惑："例如有一个人，劝我要常享快乐，在一切事情里追求这个，因为这就是幸福。但是别个却正相反，劝我去劳动吃苦，制服肉体，

---

① 周作人：《路吉阿诺斯对话集》（下），第653页。

② 同上书，第654页。

③ 同上。

服装污秽，囚首垢面，取人嫌憎，随口谩骂……别人却又劝我看轻钱财，以为有没有都没关系；同时却有人相反地说明有钱是件好事情。"① 而在《云上人》中，墨尼波斯同样通过讲述自己到天上去的原因，说明了哲学流派各执一词，难有定论："尽管他们意见不合，言论彼此冲突，互相矛盾，他们却都想说服我。"② 此处，琉善以哲学家关于"宇宙"和"神"的讨论为例，证明他们的观点是相互抵触的。对于宇宙，"有的人认为宇宙无始无终，有的人却大胆地谈论宇宙是谁创造的，是如何构成的"③；关于宇宙的界限问题，哲学家也发生了激烈的争论，"有些人给宇宙划定界限，有些人则认为宇宙是无限的；他们还断言宇宙很多，对那些说只有一个宇宙的人加以谴责"④。关于神，"有一些人说，神无非是数字，另一些人则凭鹅、狗和阔叶树发誓。还有人把别的神都轰走了，把统治宇宙的权力归于一位唯一的神……与此相反，有的人倒慷慨，宣称神很多，并且分门别类，管某一位叫第一等神，其他的则按品格分为第二等、第三等。此外，有一些人认为神是无体无形，还有一些人则认为神是有体的。他们并不都认为神照管着我们的事情；还有人豁免了神的每一种职责，就像我们惯于豁免老年人的公役一样……有几个人甚至走得更远，认为神根本不存在，任凭宇宙飘摇，没有神主宰，没有神引导"⑤。

哲学家们由于无法达成共识，因而时常陷入冲突和争吵。琉善对这样的情况也加以批判。在《食客》中，琉善就对伊壁鸠鲁提出了批评，说他"对于终极目标的问题，不断与他人发生冲突和争吵，这一切让他不仅陷入了人类的麻烦当中，还卷入了宇宙的麻烦当中"⑥。另外，在《阉人》中，当吕奇努斯告知潘费勒斯，到底是什么让他捧腹

---

① 周作人：《路吉阿诺斯对话集》（下），第 537 页。
② 罗念生、陈洪文、王焕生、冯文华译：《琉善哲学文选》，第 4 页。
③ 同上书，第 5 页。
④ 同上。
⑤ 罗念生、陈洪文、王焕生、冯文华译：《琉善哲学文选》，第 6 页。
⑥ Lucian, *The Parasite*: *Parasitic an Art*, 11.

大笑时，潘费勒斯对他说："说实话，有些问题，即便很重要，也应该在内部和平解决。可是那些哲学的追随者们总要闹到法庭上去争个究竟。"① 潘费勒斯的这句话，只从一个层面反映了哲学家们争强好辩。而他与吕奇努斯接下来的对话，则更进一步体现了哲学家在这方面的缺点。潘费勒斯问吕奇努斯："他们肯定是像往常一样，属于不同的流派，在为各自的学说争吵，对吗？"② 吕奇努斯的回答是："根本不是。这次有所不同。他们属于同一个流派，在学说理论方面是一致的。尽管如此，还是闹上了法庭。"③ 由此可见，在琉善眼中，当时的哲学家们的争强好辩已经不仅限于在哲学流派之间了，就连各派哲学内部的成员也互不相让，动辄唇枪舌剑，闹上法庭。

哲学家在争吵时，没有做到理性地表达自己的意见，而是粗鲁地反驳、争辩。他们缺乏涵养，举止鲁莽。琉善在作品中对他们这样的行为有所描述，表达了他的不满。例如，在《宴饮》中，伊壁鸠鲁学派的赫蒙一进屋，斯多葛派的人就对其怒目而视，转过身背对他。子曰："君子和而不同。"④ 意思是：君子可以与周围的人保持和谐融洽的关系，但对待任何事情都必须经过自己大脑的独立思考，不会人云亦云，盲目附和。但文中这些哲学家们却带着强烈的个人情感来反对与自己教义不符的哲学流派，待之如仇人一般，丝毫没有要和谐相处之意。哲学需要的是辩证的头脑和理智地思考，然而在文中，"他们显然很鄙视他，好像他是一个弑亲者或受到诅咒的人"⑤。这样的描写说明斯多葛派的哲学家们是从感性层面出发来对伊壁鸠鲁学派学者做出反应的——不需要思考，只要冠了伊壁鸠鲁学派之名，便是他们的敌人。琉善通过这样的描写，批评了这些哲学家思想狭隘且冲动，盲目地维护本派哲学，缺乏学者应有的冷静和气度。在《双重起诉》

---

① Lucian, *The Eunuch*, 1.

② Ibid. , 2.

③ Ibid. .

④ 《论语》：子路篇，第二十三章。

⑤ Lucian, *The Carousal*, 6.

中，潘对公正女神介绍哲学家时，讲述了他看到的哲学家争吵的景象："他们开始讨论的时候很温和。但是随着会议的进行，他们的声音高到了用假声的程度。由于谈话的时候异常激动和用力，他们的脸都变红了，脖子肿胀，血管暴出，就好像长笛手拼命吹一只闭合的笛子一样。实际上，他们打乱了争论，搞不清楚最初要探究的主题，在相互谩骂之后，用弯曲的手指擦着额头上的汗水走了。声音最大、最放肆、最后一个离开的人，则被认为是最厉害的。"① 另外，《云上人》中也提到了哲学家的这种行为："他们搜集尖刻的言辞，钻研新颖的骂人的话语，斥责旁人；他们中间谁最吵闹、最莽撞、最勇于诽谤别人，谁就名列第一。"② 所有这些举动都显然为琉善所不齿，受到他的批判。

综上所述，琉善十分鄙视 2 世纪哲学家的空想说诳和争强好辩。哲学家们不负责任地提出自己的主张。对于不同的观点，有的人不加判断，盲目拥护；有的人则盲目反对。于是，哲学家们经常各执一词，无法达成共识，因此相互争辩。而在辩论过程中，他们又无法做到理性地表达和接纳，总是陷入野蛮的争吵。对此，琉善都一一予以批驳和讽刺。总之，从哲学家们的信口开河，到观点分歧，再到激烈冲突，每个环节都受到了琉善严厉的鞭挞。

（四）学而不精

琉善讽刺了不学无术的知识分子，批评了他们胸无点墨却装作才华横溢。《假智者》一文就通过琉善与诡辩家的对话，讽刺了后者是才疏学浅的"假智者"。琉善在这篇文章中对无知的诡辩家的讽刺分为两个层次。第一，琉善在交谈中精心设计了一个圈套，将诡辩家一步一步引入陷阱：通过引导诡辩家犯下逻辑错误，证明了此人没有真才实学，逻辑学功底很差。第二，琉善通过描写诡辩家无法察觉他故

---

① Lucian, *The Double Indictment*, 11.
② 罗念生、陈洪文、王焕生、冯文华译：《琉善哲学文选》，第 21 页。

意频繁犯下语法错误，展现了诡辩家的不学无知。

琉善在对话开篇首先问了诡辩家三个问题：第一，"善于探查他人演讲时所犯的滑稽可笑的错误的人，是否能够避免自己出现同样的问题？"第二，"在自己的演讲中不能避免出现错误的人，也不能听出别人的错误吗？"第三，"你是否会说自己从不出现此类错误？"① 诡辩家对于这三个问题都给予了肯定的答案。于是，他掉入了琉善的陷阱。琉善接下来只要让这个诡辩家在交谈中做出错误的判断，就能说明此人身为诡辩家却在逻辑学方面并不高明。

诡辩家对这三个问题给予肯定，就等于做出了三个判断。② 第一，"如果一个人善于探查他人演讲时所犯的滑稽可笑的错误，那么他就能够避免自己出现同样的问题"。第二，"如果一个人在自己的演讲中不能避免出现错误，那么他就不能听出别人的错误"。第三，"诡辩家自己在演讲时从不出现此类错误"。在对话中，第一个判断是起点；第二个判断是从第一个判断推导出的，即

> 如果一个人善于探查他人演讲时所犯的滑稽可笑的错误，那么他就能够避免自己出现同样的问题。
>
> 一个人在自己的演讲中不能避免出现错误
>
> 这个人不能听出别人的错误。

这个推理③是正确的。这是一个充分条件假言推理④。这个推理的大前提是一个充分条件假言判断⑤："善于探查他人演讲时所犯的滑稽

---

① Lucian, *The Sham Sophist*, 1: "Ἆρά γε ὁ γνῶναι τὸν σολοικίζοντα δεινὸς οὗτος καὶ φυλάξασθαι μὴ σολοικίσαι δυνατός", "Ὁ δέ γε μὴ φυλάξασθαι οὐδὲ γνῶναι τὸν οὕτως ἔχοντα", "Σὺ δὲ αὐτὸς φῄς οὔσο λοικίζειν, ἢ πῶς λέγωμεν περὶ σοῦ".

② 关于"判断"的定义，参见张绵厘编著《实用逻辑教程》，第76页。

③ 关于"推理"的定义，参见张绵厘编著《实用逻辑教程》，第136页。

④ 关于"充分条件假言推理"的定义，参见张绵厘编著《实用逻辑教程》，第178页。

⑤ 关于"充分条件假言判断"的定义，参见张绵厘编著《实用逻辑教程》，第101页。

可笑的错误的人，能够避免自己出现同样的问题。"小前提是一个直言判断①："一个人在自己的演讲中不能避免出现错误。"该推理属于否定后件式②。所以这个推理的结论是"在自己的演讲中不能避免出现错误的人，不能听出别人的错误"。换言之，文中给出的第二个判断是正确的。

接下来琉善运用了第二个充分条件假言推理。这个推理的大前提正是上一个推理的结论："在自己的演讲中不能避免出现错误的人，不能听出别人的错误。"作为大前提，然后提出一个直言判断："诡辩家自己在演讲时从不出现此类错误。"作为小前提，得出的结论是"别人犯错，诡辩家听得出"。即

> 如果一个人自己的演讲中不能避免出现错误，那么他就不能听出别人的错误。
> <u>诡辩家自己在演讲时从不出现此类错误。</u>
> 诡辩家听得出别人犯错。

这实际上是一个错误的推理形式：小前提否定大前提的前件，结论否定大前提的后件。根据这种形式推出的结论是不可靠的。它违反了充分条件假言推理的规则，即"否定前件不能否定后件，肯定后件不能肯定前件。这是充分条件假言判断的性质决定的。充分条件③的特点之一，是无此条件不一定无此结果，即前件不存在后件不一定也不存在，所以否定前件不能否定后件"④。换言之，"自己不犯错的人，不一定能听出别人犯错"。由此可见，琉善此推理是错误的。然而，在诡辩家承认了大前提和小前提之后，琉善问他"那其他人犯错误的

---

① 关于"直言判断"的定义，参见张绵厘编著《实用逻辑教程》，第79页。
② 关于"否定后件式"的定义，参见张绵厘编著《实用逻辑教程》，第179页。
③ 关于"充分条件"的定义，参见张绵厘编著《实用逻辑教程》，第101—102页。
④ 张绵厘编著：《实用逻辑教程》，第179页。

时候，你也能捕捉到它们？"诡辩家的回答是："当然！"也就是说，在琉善①的引导下，诡辩家做出了上面这个推理，犯了一个逻辑错误。作为一名诡辩家，他的思维和表达能力本应极强，却连这么简单的逻辑错误都看不出来，可见其逻辑学水平是比较低的。

诡辩家在琉善的引导下，开始努力证明自己能够听出别人在演讲过程中所犯的错误。然而，琉善在与之对话时有意制造了很多语法错误，但诡辩家竟一个也没有发觉。例如，琉善说："看，这只野兔是我刚刚放出来的。"② 文中"野兔"一词应是单数宾格。由于 λαγώς（野兔）属于第二变格，所以其单数宾格应该是 λαγόν。然而，琉善在对话中使用的却是 λαγώ。又如，在"对于说'我宽恕了那个人'的人"中③，琉善用 στοχάζομαι 表示"宽恕"是错误的。στοχάζομαι 的意思是"以……为目标，追求"；而 φείδομαι 的才是"体谅、饶恕"的意思。琉善将各种类似的语法错误散播在每一句话中。但是诡辩家却一个错误都没抓住。琉善由此将诡辩家不通文墨的问题暴露出来。

总之，在《假智者》中，琉善通过推理引导和直接对话两个层面的夹击，揭露了所谓"诡辩家"的逻辑错误，讽刺了他的不学无术。

另一篇批评知识分子学而不精的作品是《演说术老师》。琉善的《演说术老师》全篇都在攻击好逸恶劳的知识分子。他们不肯勤奋学习，却妄图坐享演说术带来的荣誉和财富；胸无点墨，却在演讲台上恬不知耻地发表演讲。琉善在《演说术老师》中，表面上以演说术老师的口吻"指导"想通过捷径成为演说家的初学者，实际上批评了那些才疏学浅、头脑空空的演说家们。

---

① 琉善在转向哲学和讽刺文学之前是一名诡辩家。所以他一定受到过逻辑学方面的训练。因此对于这种简单的逻辑推理，琉善本人应该是很清楚的。

② Lucian, *The Sham Sophist*, 3：" Ἀλλὰ μὴν μεθῆκα θεῖν λαγὼ ταχέως."

③ Lucian, *The Sham Sophist*, 7："καὶ πρὸς τὸν εἰπόντα δὲ στοχάζομαι αὐτοῦ ἐπὶ τοῦ φείδομαι αὐτοῦ, Μή τι, ἔφη, διήμαρτες βαλών."

　　文中"演说术老师"传授给学习者两大"成功秘诀"：一是厚颜无耻；二是弄虚作假。首先，"演说术老师"告诉学习者学习过程中需要的装备是："无知""鲁莽"和"厚颜无耻"。① 这还不够，"老师"又进行了补充："你还需要洪亮的声音，大方的歌唱姿态，以及像我一样的步伐。……你的衣着要么色彩艳丽，要么就是白色的，要选用塔林顿工艺的布料，以使你的身体若隐若现；脚上要穿着高高的，有很多狭长切口的雅典女式凉鞋，或者镶着白毛毡边的西锡安靴子。记得要带很多随从，还要确保始终有一书在手。"② 拥有了靓丽的外表，接下来需要的是夸张的姿态："反复大声说'真伤心啊！'拍击大腿，大喊，在说话的时候清喉咙，然后扭着屁股迈大步走。"③ "老师"强调只要在外在形象、举止上做到哗众取宠，就无须担心胸无点墨了。倘若犯了语法错误，"厚颜无耻"就是演讲者的补救办法："立刻编造一个不存在的人，称他为诗人或历史学家，说他作为一名用词严谨的博学之士，也支持这种表达方式。"④ 有了"无耻"的庇护，演说者无论做出什么行为都不会有所顾忌了，因为很多人的注意力会被其外在形象和姿态所吸引，忽略了演讲的内容。

　　其次，"演说术老师"教育学习者，在演讲过程中，"弄虚作假"至关重要。在演讲开始后，演讲者要迷惑听众。该秘诀有两点精髓——那就是"快"和"乱"。"快"，就是"语速一定要快且不间断，要不停地讲话"⑤。"乱"就是"如果你在谈一件发生在雅典的，侵犯人身安全或通奸的案件，要提到在印度和爱克巴坦那（Ecbatana）的例子。你要涵盖所有关于马拉松和丘奈戈劳斯（Cynegeirus）的事情，否则根本无法成功。你可以没完没了地让人用船翻越阿托斯山（Athos），步行穿过赫勒斯滂；让米底人的箭遮蔽太阳；让薛西斯逃离战场，李奥

---

① Lucian, *A Professor of Public Speaking*, 15.
② Ibid..
③ Ibid., 19.
④ Ibid., 17.
⑤ Ibid., 18.

尼达收获赞誉；让欧特律阿戴斯（Othryades）的铭文得到破解"①。在这一"快"一"乱"的夹击下，听众会将此人错误地判断为辩论高手。不过，除了演讲虚假，听众反应也要作假。"演说术老师"让学习者在听众当中安插一些酒肉朋友，以为他的演讲烘托气氛，并及时帮助他化解哑口无言时的尴尬。

总体而言，这些就是琉善所总结的，不学无术的演说家发表演讲的办法。琉善的《演说术老师》批评了当时的一些演说家连修辞学和演说术的基本技巧都懒于学习，而是通过庸俗的方式取悦听众，以换取支持。这些人抛弃了知识和美德，仅剩下一个躯壳做粗俗的表演，让演说术的学习变成了空洞的仪态模仿。琉善在其作品中对他们进行了犀利的讽刺和批判。

琉善批评的另一个对象，存在于史学领域。166 年，帕提亚战争结束，维鲁斯班师返回罗马。此时，涌现出一批文人争相撰史记载这一事件，但所出作品良莠不齐，以奉承求荣者居多，兼有文笔、详略不当等问题。针对这种病态的现象，琉善写下《论撰史》。他在文中给一个名叫斐罗（Philo）的朋友写信，讽刺那些自诩为史家的无知文人，对不良史著提出批评，同时就史家应具有的素养，以及如何撰写历史给出了自己的主张。

琉善首先讽刺了当时的知识分子在帕提亚战争结束后，蜂拥而上撰写历史的现象："自从最近使人兴奋的消息传来——远征蛮族的战争，亚美尼亚之役，以及连续的胜利——几无一人不再撰述历史，你行见人人都成了修昔底德、希罗多德、色诺芬。古人说得很对：'战争是万物之父'，今日的战争就生育了一大窝历史家！"②

接下来，琉善批判了当时很多历史作品及史家所犯的错误。他首先批评了很多历史作家在写作观念上的错误。当时很多历史家其实并

---

① Lucian, *A Professor of Public Speaking*, 18.
② 缪朗山：《缪灵珠美学译文集》第一卷，第188页。

不知道如何写史，以为想到什么就写什么便可。对此，琉善认为撰史跟任何其他类型的创作相同，需要苦心经营。琉善指出拙劣的史家最容易犯的两类问题：一是"对史实不加以调查研究，而把大半篇幅用来歌颂帝皇将相，对我方的则极口赞扬，对对方的则恣意贬抑"①。二是像写作诗歌那样，任想象力信马由缰地发挥，结果"以诗歌的奇谈、谀颂、夸饰给历史涂脂抹粉"②。针对第一类问题，琉善认为"路逢侠客须呈剑，不是才人莫献诗"：好的史著是要给真正有判断力的读者欣赏的，而非为获得庸俗之人的好评。同时，历史作品不是献给当代人的赞词，而是要为后世读者服务。史家在撰写历史的时候，如果选择了错误的评判标准，那么最终他的作品将会变得不伦不类，丧失了历史应有的纯洁和特质。琉善认为，如果历史学家"鼠目寸光，只看到自己眼前的利益，企图以作品牟利，他们应该被人唾弃的。今人咒骂他们的露骨的无耻的谄媚，后人将咒骂他们的浮夸给史学带来污点"③。针对第二类问题，琉善批评当时很多历史家缺乏对史实应有的尊重，任意夸大叙述的内容。有的作家身为写史之人，却不知"求真"的重要性，为了论证自己的论点，或为了突出写作意图，将大量主观的情感加入其中。例如，"讲到塞弗里安之死，他责备其他作家把他写成刎颈自杀是大错特错，他认为绝食饿死才是最痛苦的方法"④；有的作家为了凸显罗马军队的战斗力，让作品起到谄媚的作用，甚至会捏造战争的情况，任意编造死伤人数："在欧罗巴斯一役敌方死者七万零二百三十六人，罗马死者二人，伤者仅七人！"⑤ 这样的作家对于历史应当尊重事实这一原则毫无意识。琉善对他们一一提出了批评。

琉善接下来指出了历史家在具体写作过程中所犯的错误。首先，

---

① 缪朗山：《缪灵珠美学译文集》第一卷，第190页。
② 同上书，第191页。
③ 同上书，第193页。
④ 同上书，第196页。
⑤ 同上。

在文字的运用方面，很多史家存在着问题。一些作家文化水平不高，却又好高骛远，意欲以修昔底德为模仿对象。然而，这样的人往往不了解优秀历史作品的成功之处，而只会生搬硬套地模仿："真的，今日有一种较为普遍的信仰：认为只要你照抄他的原话，应改动的稍为改动，你的作品就是修昔底德笔法！"① 即便是生硬地模仿，他们的水平也远远不够，因为这些人连希腊文字都难以灵活掌握，例如在写作过程中，"讲到武器和军械时用了许多拉丁字"②。琉善讽刺这种"阿提刻风格衬上拉丁文字，正像罗马长袍系上希腊绶带"一样可笑。③琉善认为史学作品虽不能以奉承为目的，以华丽的辞藻为追求，但跳向另一个极端也是不对的。有的作者"把历史大事罗列成一笔流水账，枯燥乏味，平淡的像私人的、木匠或小贩的日记"④。这样写出来的作品，让人读起来味同嚼蜡，无法感受到历史事件的伟大。

其次，在文章编排上，当时的历史作品也是乱象丛生。有的作家分不清历史和哲学的区别，用推理的方式写史："从序言的第一句开始就强迫读者接受一种辩证法教条，他的原理具有高度的哲理，主张只有哲学家能撰写历史；这之后就是接二连三的层层逻辑推理，其实全篇序言是一大堆辩证法术语。"⑤ 琉善指出史著就是史著，不是哲学论著，是要记录史实，而非以展示逻辑推理为目的。有的史作详略不当，主次不分：一些作家"由于不能掌握真正的要点，或者由于不知道历史应该写的甚么，他们就不得不乞灵于绘声绘色的写景，风光景物，岩洞花草等等"⑥。这些历史作者花大力气细致描绘城市、山川、田野等种种静态景物，却迟迟不肯切入正题叙述史实。琉善提醒他们历史是要记录史实的，而非为描摹山川景物而生。还有作家把

---

① 缪朗山：《缪灵珠美学译文集》第一卷，第194页。
② 同上。
③ 同上。
④ 同上。
⑤ 缪朗山：《缪灵珠美学译文集》第一卷，第195页。
⑥ 同上书，第195—196页。

历史内容变成了配角，说是在写史，结果满纸的漂亮文辞都是在写序言。"历史"却变成了文末的附录。针对这些现象，琉善指出写作历史时，历史家需注意"一部作品的结构必须安排得当，身首相称，轻重分明"①。

琉善在批评完当时出现的问题作品后，提出了一系列的改良建议。他详细阐述了史学家应该具有怎样的素养，在撰史过程中需采用什么样的方法。总体看来，琉善从"史才"和"史德"两个方面就历史学家提出要求。在"史才"方面，琉善指出史学家须兼具两类特质。一类是天赋。一类是技巧："我的理想历史家必须具备两种才能：一是政治眼光，一是表现才能。前者是天赋的才能，不可学得；后者是后天的修养，只要熟读典籍勤学苦练，便可学到。"② 琉善所谓的政治眼光就是"必须有洞察力，有从政才能——也就是说，他可能成为一个有才能的政治家——而且具有一些武人气质（当然这并不排斥文人气质）和一些军事经验"③。他认为只有这样的人才有具备学习写史的基础。

接下来，琉善阐述了有此类天赋的人应学习哪些写史的技巧。在文字方面，琉善认为史学家在语言运用上，不应专注于文字雄辩的力度，而应选择简单易懂、质朴无华的语言，"辞藻应该雅而不滥，毫无雕琢的痕迹"④。撰史要文笔简洁，要做到这一点就要做到详略得当，明晰轻重，抓住事件重点，"对主要的事件则予以充分的发挥；真的，许多枝节最好是省略"⑤。在写作文风上，琉善认为写作历史，可以有诗人的风度，但同时必须要有史家的限度。也就是说，史学家可以适当地激扬文字，但不能忘记历史应有的本分，不可随着灵感的牵引任意挥洒笔墨。在史料搜集方面，琉善认为史家应注意两点：一是秉持谨慎的态度；二是要有理性的判断："搜集资料不应粗心大意，

① 缪朗山：《缪灵珠美学译文集》第一卷，第197页。
② 同上书，第201页。
③ 同上书，第202页。
④ 同上书，第204页。
⑤ 同上书，第207页。

而必须惨淡经营，反复调查；如果有可能，历史家应该亲临其境，目睹其事；不然的话，他也应该采用不偏不颇的报告，选择那些不会因偏见而夸大或贬抑的口证。在这场合，历史家就得要运用他的判断力来衡量种种可能性了。"①

对于进入写作阶段后，历史学家容易遇到的问题，琉善也一一予以阐释。在序言的写作上，琉善指出，没有特别的需要的话，史家不必写正式的序言，只要"以事代序"，把历史大背景说清楚便可。史家的序言与演说家的不同，不必讨好读者，只要求读者做到"注意和虚心"即可。史家可以通过阐述自己所述事件的重要性来吸引读者的注意力，通过清晰顺畅的文字来令读者虚心阅读。达到这两点，序言就起到了其应有的作用。接着，琉善又给出了一系列正文写作的技巧。琉善指出，史家在记述历史事件时，要做到"平易流畅，首尾照应，不急不缓，始终如一"，记叙史实要环环相扣。② 行文中要慎重对待褒贬，"须知历史人物不是受审的罪犯"③。另外，史家要做到客观、中立，将判断的权力留给读者："你不得不讲到一些离奇的事迹，此种事迹你只须简单地提一提，让读者自己去判断，不必保证其属实；历史家不用负上此种责任，也不要表示偏信。"④ 这里并非与前文所强调的历史家要辨识素材真伪相矛盾，而应理解为当一件事情无法辨识真伪时，史家就该如实按照听说的去记录，让读者自己做出判断。此外，史家写作过程中应做到不偏不倚，详略得当。"他应该时而观察自己的同胞，高瞻远瞩，告诉我们，我们毕竟是怎么样，他又时而观察波斯人；然而在作战的时候，他就要同时注释两方。"⑤ 最后，琉善还提到，史家在遇到需要插入演讲词的情况时该如何处理："你必须插入一篇演讲词，第一个条件是它应该适合讲者的身份和情况的需要，第

---

① 缪朗山：《缪灵珠美学译文集》第一卷，第204页。
② 同上书，第207页。
③ 同上书，第208页。
④ 同上。
⑤ 缪朗山：《缪灵珠美学译文集》第一卷，第205页。

二个条件是（让我再说一次）'明晰清楚'。"①

在"史德"方面，琉善认为一名历史学家应该具有独立之精神，求真之信念。第一，史学家要服从史实，对历史事件要照实记述，要敢于直言不讳，直面现实。琉善在《论撰史》中说：要想成为一名历史学家，"首先而且最重要的是：他必须是一个有独立精神的人，无所畏惧，不仰赖他人，否则他就会优柔寡断，易受不正当的影响"②。一位优秀的史家一定不畏强权，不攀附权贵，要客观中立："他可能怀有个人的仇怨，可是他更加重视国家的利益，视真理重于私仇宿恨；他也可能有他所喜爱的人物，可是他不会饶恕他们的过失。"③ 第二，在独立正直的基础上，史学家要做到求真。求真，就是"历史家要讲的事件已经摆在他的面前，既然是真实的事件，他就不得不如实直陈；所以历史家的任务，是把现成的事实加以整理，用文字记录下来，他不需要虚构他所叙述的事情，而只需要考虑叙述的方法"④。历史的任务是"求真"。琉善对于这个观点不仅明确提出，而且反复重申："我再说一遍：历史唯有如此方为历史；一个作家一旦着手著史，他就必须只对真理馨香顶礼，绝不膜拜其他神灵；一切神灵都不在他眼内，他的唯一原则和坚定信念是：绝不考虑今日的听众，而只想到未来的读者。"⑤ 琉善在文中四次强调，写史不是为当代读者服务的，而是要着眼于未来的读者。⑥ 这样从正面直接反复强调的做法，在他的其他文章中并不多见。由此可见琉善对历史"求真"的重视。事实上，独立之精神与求真之信念是相辅相成的。要想做到求真，首先要有独立之精神。不奉承强权，是史学求真的必要条件。历史学家在追求真相的过程中，必然要回避外界力量的牵绊，否则也难以到达史学的净土。

---

① 缪朗山：《缪灵珠美学译文集》第一卷，第208页。
② 同上书，第201页。
③ 同上书，第203页。
④ 同上书，第205页。
⑤ 同上书，第203页。
⑥ 同上书，第191、193、203、208页。

因此，琉善在文章结尾总结说：历史家撰史应该"追求真理，而不阿谀显贵，应该把希望寄托于未来的世代，而不争取君主的恩宠"①。

琉善在《论撰史》中首先批判的失败的史学作品和错误的著史方法，然后提出了史家应有的素养，以及正确的写史方法。琉善强调历史的意义在于为后人记录下时间长河当中发生的重大事件，以免后人对自己的历史无知。历史的目的在于真实记录，而非献媚于个别人物。那些谄媚的文章不配被称为史作。琉善总结出历史应该具备的几大特点——求真、实用、平易。琉善说："历史只有一个任务或目的，那就是实用，而实用只有一个根源，那就是真实。"② 当有人将历史分为"欣赏的历史"和"实用的历史"，琉善认为这种观点是错误的。他认为歌颂不是历史的目的，让人欣赏也不是它的追求。因此历史的欣赏价值就在于其真实性。如果一篇史作流于奉承和歌颂，那么它也就丧失了被欣赏的价值。历史作品的本质既是求真，就不应是作者炫耀文采的舞台，其文字要做到简单易懂，朴实无华。作为一名历史学家，必须德才兼备：品德上，他要"无所畏惧，清廉正直，独立自主，坦白诚实是非分明"③；在才华上，他应当有深厚的文化底蕴，并能够在写作过程中做到收放自如，张弛有度。

综上所述，琉善对 2 世纪罗马帝国知识分子群体当中存在的无良学者和病态现象，进行了猛烈的抨击和犀利的讽刺。琉善指出，知识分子队伍中混入了很多伪哲学家。这些人对哲学全然不懂，只是一群披着哲学外衣的江湖骗子。同时，他认为，在真正受过教育的人当中，也存在很多无知、虚伪之徒。琉善批评他们有的不学无术，缺乏基本的学术素养；有的空想说诳，缺少严谨的求知态度；有的言行不一，欠缺起码的道德修养。琉善认为知识并没有提高他们的素质。这些人待人接物不懂礼数，行为粗鲁。他们没有用学识来修身，而是将其当

---

① 缪朗山：《缪灵珠美学译文集》第一卷，第 209 页。
② 同上书，第 191 页。
③ 同上书，第 204 页。

作换取财富和地位的工具，出卖了自己的尊严和自由。

二 世俗民众

琉善对普通民众精神状态的看法，渗透在其各部作品当中。不同的作品从各自不同的角度，展示了帝国居民的精神世界，但都同样承载了琉善批判的态度。琉善批评了 2 世纪罗马帝国世俗民众的迷失。从内容上看，他批判的现象主要分为以下两类。

（一）贪财贱义

琉善在诸多作品中讽刺了 2 世纪罗马世俗民众对财富的痴迷。在其作品《船》中，他曾讽刺人们种种愚蠢的愿望。其中，第一个受到批判的就是关于财富的空想。一个叫阿迪曼图斯（Adimantus）的人幻想自己拥有一艘巨大的货船，希望占有船上的一切——"货物、商人、女人、水手，还有世界上所有美妙的财宝"①。此人最大的愿望是获得无数的财富："这就是我梦想的生活，拥有大量的财富和奢侈品，最大程度地享受一切快乐。"② 文中吕奇努斯攻击了此人的白日梦，指出拥有财富不一定能享受生活，很多人"在有机会享用财富前就死掉了"③；此外还有很多有钱没健康的人痛苦地活着。琉善嘲笑人们对财富的热爱。他在《云上人》中，借墨尼波斯之口说："那些由于耕种西库翁平原、由于占有马拉松的俄诺厄乡区、由于在阿卡奈乡区获得一千亩地而自鸣得意的人"，以及"有八个金戒指、四只金酒杯，便因金子多而自豪"的人，非常可笑。④

琉善还通过描写冥界死人之间的对话，讽刺人们对物质财富的执着，批评了那些为了利益而相互伤害，为了财富而对富人百般谄媚的

---

① Lucian, *The Ship*, 18.
② Ibid., 25.
③ Ibid., 26.
④ 罗念生、陈洪文、王焕生、冯文华译：《琉善哲学文选》，第 12—13 页。

人。在《死人对话》中，琉善从第十五节到第十九节都在讲述关于谄媚者的故事。琉善通过这些故事讽刺了那些轻视道义、贪财慕势之徒，并且在文中让这些人都受到了应有的惩罚。第一段对话发生在普路同①与赫尔墨斯之间，谈论的是老富翁欧克剌特斯（Eukrates）的谄媚者。欧克剌特斯是一个单身而富有的老人，拥有众多谄媚者。那些谄媚者使尽浑身解数，就为能够继承他的家产。普路同首先指出了欧克剌特斯的谄媚者数量之多："那个富有的欧克剌特斯，他没有儿女，却有五倍一千的人在想猎取他的财产。"② 然后，普路同决定令富翁欧克剌特斯重获青春，而让赫尔墨斯将那些还很年轻的谄媚者抓入地狱。对此，普路同给出了理由：因为他们都觊觎那老人的财产，表面上巴结他，背地里却祈祷他快点死掉。所以普路同反而决定让那老人不死，使谄媚者们空忙一场。第二段对话发生在一个谄媚者与普路同之间。谄媚者忒尔普西翁（Terpsion）不满自己早早被召唤到地狱，而他谄媚的对象、九十岁高龄的图克里托斯（Thoukritos）却还活得好好的。普路同与他的对话揭示了他的死因是"失眠和那操心"。③ 因为他总以为图克里托斯快要死了，于是争着送他礼物，一直算计着与金钱有关的事情，以至于夜不能寐。普路同表示其他的年轻谄媚者也会因为同样的原因死在那老富翁之前。第三段对话发生在两个谄媚者之间。此二人死因都很奇特，一个是寄食在别人家里时，因吃得太多而噎死的；一个是为了牟得一位老人的财产，想要将其毒害时，自己却误饮了毒酒。第四段对话的主角也是一个谄媚者。此人为了成为一个膝下无子的富翁的继承人，不惜立下遗嘱将自己的财产全部给了对方，没料到房顶突然塌陷，自己死于非命。第五段对话的主角是一个名为波吕斯特剌托斯（Polystratos）的富人。波吕斯特剌托斯讲述了生前谄媚者对自己的追随，揭示了财富才是最具魅力的东西，令那些人痴迷。然而，

---

① 希腊神话中冥王哈德斯的别名。参见鲁刚、郑述谱编译《希腊罗马神话词典》，第 220 页。
② 周作人：《路吉阿诺斯对话集》（上），第 167 页。
③ 同上书，第 170 页。

波吕斯特刺托斯的诌媚者们的计划却落空了，因为他将所有的财产留给了一个蛮族的小厮。①

琉善在这几段对话中，让那些诌媚者的奸计失败。诌媚者基本都受到了惩罚。尤其是在第二段到第四段对话中，诌媚者们聪明反被聪明误，机关算尽，反倒害了自己的性命。这样的情节设置，表达了琉善对那些贪图钱财、卑鄙无耻之人的痛恨。琉善鄙视这些为了钱财讨好富人的诌媚者。他在《尼格里努斯》中曾这样评价这些人："这些人半夜起床，跑到城市各处，让仆人们给他们吃闭门羹，被别人唤作狗、诌媚者或类似的称呼。"② 与那些诌媚者一样，有钱人同样爱财；不同的是，他们拥有财富，享受财富带来的虚荣。琉善对此也嗤之以鼻。他讽刺了富人对人颐指气使、态度傲慢，荒唐而不自知。在琉善的《尼格里努斯》中，尼格里努斯在批评罗马有钱人的时候曾说："富人不是很可笑吗？他们展示自己紫色的长袍和戒指，显露出无尽低下的品位。你敢相信吗？——他们用别人③的声音来问候自己遇到的人，期待他人因其一瞥而感恩不已。而一些更为高傲的人，甚至要求别人向自己行礼——不过不是远远地行礼，或是波斯式的礼节。你必须走上前去，低下头，以谦卑的姿态看着他，亲吻他的前胸或者手掌……而那个人站在那里几个小时，任自己被欺骗着！"④ 尼格里努斯是琉善十分欣赏的哲学家。琉善对此人的观点持支持的态度。这段文字反映了琉善对有钱人的不屑和嘲讽。这些富人讲究的是物品的价格和虚礼、排场，只看见他人表面上的尊敬，便以为自己是最高贵的人。此外，在《摆渡》中，琉善通过克罗托对僭主墨伽彭忒斯的鬼魂讲的话，批评了富有者的愚蠢，告诉他们在财富的吸引下聚集起来的人不

① 周作人：《路吉阿诺斯对话集》（上），第 167—176 页。

② Lucian, *Nigrinus*, 22.

③ 报来客姓名的侍从：他的工作不是将客人引见给主人，而是代替主人接待客人。（*Lucian* I, Loeb Classical Library, Cambridge, Massachusetts: Harvard University Press, 1913, p. 121, note 1）

④ Lucian, *Nigrinus*, 21.

是真正的朋友："谁是你的朋友？怎么成为朋友的？所有拜倒在你面前、称赞你的一言一行的人，其所以这样做，都是出于畏惧和希求。他们是巴结你的权势，只着眼于自己的利益。你难道不知道吗？"①

琉善对贪财贱义者予以犀利讽刺，有其主观方面的原因。这个原因就在于琉善关于财富和地位的本质的观点和看法。第一，琉善认为，人生犹如舞台，剧情起起伏伏，贫富贵贱变幻莫测；悲喜皆有时，最终俱消散。在《摆渡》中，僭主墨伽彭忒斯与克罗托之间的对话，表达了琉善关于财富的看法。当墨伽彭忒斯的鬼魂恳求克罗托放他返回人间：

> 克罗托：你合当命尽，难以宽限。
>
> 墨伽彭忒斯：那么多金子都白扔了么？
>
> 克罗托：不会白扔。这件事你可以放心；你的堂弟墨伽克勒斯会继承的。
>
> 墨伽彭忒斯：啊，真是欺人太甚！这个仇人，我一时疏忽，没有先把他杀死。
>
> 克罗托：正是那人；他将比你多活四十岁多一点，还要夺取你的嫔妃、衣服和全部黄金器皿。
>
> 墨伽彭忒斯：克罗托，你太不公平，竟把我的财宝分配给我最大的仇人。
>
> 克罗托：我的好人，那些原来都是库狄马科斯的，你不是在刺杀了他，趁他没咽气宰了伏在他身上的孩子，抢过来的吗？
>
> 墨伽彭忒斯：可它现在属于我了。
>
> 克罗托：属于你的期限已经满了。②

---

① 罗念生、陈洪文、王焕生、冯文华译：《琉善哲学文选》，第30页。
② 同上书，第28页。

这段文字不仅讽刺了僭主生前为财富而互相厮杀，更说明了世间财富流转，从来就不真正属于任何人。人死后都要将这些东西交出，谁也带不走。琉善在《卡戎——观察者》里也表达了这样的观点。《卡戎——观察者》全篇都在讲述人间世事无常，其中提到了克罗顿（Croton）的竞技者弥隆（Milo）[①]，吕底亚的僭主克洛索斯（Croesus）[②]，波斯国王居鲁士一世及其子冈比西斯[③]，萨摩斯僭主波吕克剌忒斯（Polycrates）[④] 等人。他们都曾拥有令世人羡慕的幸福生活，也同样都以悲剧的结局结束人生。琉善在文中借赫尔墨斯之口，发表了自己的意见："要是人们一开始就明白，他们是凡人，只在尘世作短暂的停留，随即像梦境一样，抛开尘世的一切离去，他们就会比较清醒地生活，死时也会少一点苦恼。"[⑤] 此外，在琉善的《船》中，当萨米普斯（Samippus）荒唐地梦想自己建立伟大的军功，缔造庞大的帝国时，琉善的代言人吕奇努斯攻击他的幻想说："丢脸的是你会像所有普通人那样生病。你不会因为是国王就可以避免发烧。死亡不害怕的侍卫。他会随心所欲地降临，将你呻吟着带走，全然不尊敬你的王

---

① 弥隆是公元前6世纪末希腊著名的竞技者，在奥林匹克竞技会上六次获得优胜。后来，他在林中伐木，想用双手劈开大树，结果双手被大树夹住，为狼所害。参见罗念生、陈洪文、王焕生、冯文华译《琉善哲学文选》，第47页，注释2。

② 克洛索斯以富有财宝而著名，自认是世间最幸福的人。然而，他却晚年丧子。之后，克洛索斯欲与波斯开战，战前得到德尔菲神谕为：如果克洛伊索斯进攻波斯人，便可以灭掉一个大国。克洛索斯以为神谕所指的大国为波斯，没想到是自己国破人亡。奥维德的那句格言说的就是他："Sed scilicet ultima semper exspectanda dieshominis, dicique beatus ante obitum nemo supremaque funera debet."（Ovid, *Metamorphoses*. 3, 135）意思是，在死亡之前不应该说一个人是幸福的。参见罗念生、陈洪文、王焕生、冯文华译《琉善哲学文选》，第48、49页；周作人《路吉阿诺斯对话集》（上），第138页。

③ 居鲁士一世是波斯帝国的创建者，打败了克洛索斯，但在对西徐亚人的战争中被马萨革泰人的女王托密里斯所杀。参见罗念生、陈洪文、王焕生、冯文华译《琉善哲学文选》，第47页注释4，第51页注释4。冈比西斯是居鲁士一世的儿子，继承王位后占领了埃及，但结局却是在疯狂中死去。参见罗念生、陈洪文、王焕生、冯文华译《琉善哲学文选》，第52页注释1。

④ 波吕克剌忒斯是公元前6世纪末萨摩斯岛的统治者。波吕克剌忒斯前往撒狄观看波斯总督俄洛特斯所藏的大量黄金，被俄洛特斯杀害，尸体被悬于十字架上。参见罗念生、陈洪文、王焕生、冯文华译《琉善哲学文选》，第52页，注释3、4。

⑤ 罗念生、陈洪文、王焕生、冯文华译：《琉善哲学文选》，第54页。

冠。你要从多高的地方跌下来啊。你会从高贵的王位上被拉下来，以普通人的方式离开，在被驱赶的死人当中与其他人一样。在地上，你会留下高高的土丘、巨大的墓碑或者雕刻精美的金字塔，这些你自己无法看到的荣誉。各城市为讨好你而建造的那些雕塑和庙宇，还有你伟大的名字，全部都会悄悄地消失，不知不觉地不见了。就算一切都尽最大可能保留下来，对于一个没有感觉的人来说，会有什么快乐可言呢？你是否看到恐惧、忧虑和辛劳会给你的生活带来多大的麻烦？而你去世后又能带走什么？"① 琉善是想借吕奇努斯之口告诉世人，万物皆有时，不论财富、地位，还是权力、荣誉，都无法抵挡时间的侵袭。

琉善极为欣赏的两位哲学家——尼格里努斯和泽莫纳克斯，对于命运也有相同的感悟。尼格里努斯与琉善一样，喜欢在讨论关于命运的主题时，使用"舞台"这个意象："在生活的舞台上，上演着角色众多的戏剧，而剧中一个人出场时是仆人，后来又变成了主人；另一个，开始时是富人，旋即变成了穷人；还有的人刚才是乞丐，现在成了富翁或者国王；一个人是某人的朋友，另一个人是他的敌人；又有一个人被放逐者，当一个人看到这些他会轻视幸运的恩赐。而最奇怪的是，尽管命运女神证明了她根本不在乎人类的事情，并且承认世事无常，而人们虽然每天都看到这样的情况，他们还是坚持追求财富和权力。每个人都怀着不现实的希望。"② 琉善和尼格里努斯将人生比作舞台，因为他们认为世间的财富、地位，以及贫穷和痛苦，都像戏剧表演一样，是变幻的、短暂的、虚假的。尼格里努斯还说过："根据自然法则，我们不是任何事物的'所有者'，而只是通过习俗和继承，在一个模糊的时间段内使用它们，并且在短暂的时间内被视为是它们的主人。当分配给我们的风光的日子过去后，其他人会接手这些东西，并享有'主人'这个头衔。"③ 至于另外一位备受琉善青睐的哲学家——

① Lucian, *The Ship*, 40.
② Lucian, *Nigrinus*, 20.
③ Ibid., 26.

泽莫纳克斯，琉善在赞美他时，也转述了类似的看法："有些朋友似乎财运不错。泽莫纳克斯提醒他们：他们正在为虚假而短暂的幸福高兴。对于那些因贫穷而悲伤，为流放而苦恼，或者抱怨衰老和疾病的人，他笑着安慰他们，说他们没有看到自己不久之后就会停止悲伤，忘却命运（不管好的还是坏的），获得永恒的自由。"① 这些观点都是通过琉善赞美尼格里努斯和泽莫纳克斯的作品传达给读者的。不管这两篇文章是琉善自己创作的，还是如文中所说，转引自他们二人的讲话，其中的观点毫无疑问都为琉善所支持。

第二，琉善认为，物质财富是痛苦的根源。在琉善的《卡戎——观察者》中，当卡戎疑惑世人为什么赞美金子时，赫尔墨斯说："你还不知道，为了金子，发生了多少次战争、谋害、抢劫、伪誓、凶杀、监禁、买卖和奴役。"② 很显然，琉善认为金钱是万恶之源。他告诫人们，即便不择手段得到了财富，也不会享有真正的幸福，因为拥有得越多，就担忧得越多。琉善在《农神节》里就阐述了有钱人的忧虑。文中祭司写信给克罗诺斯，抱怨自己生活贫苦，而富人则终日享受快乐。克罗诺斯在给祭司的回信中说："你以为他们非常快乐，过着优质舒适的生活，因为他们可以拥有奢华的晚宴，尽享饮甜美佳酿，与美貌的男孩、女人混在一起，穿着柔软的衣服。你不了解事实真相。首先，这些东西会带来不少忧虑：他们不得不时刻警觉地注意每一个细节，以免干活的人粗心大意或手脚不干净却逃脱了责罚，以免酒馊掉，以免谷物生满了象鼻虫，以免盗贼偷走酒杯。他们还害怕当别有用心之人说其想要做僭主时，人们会相信。不仅如此，这些事情只是他们的一小部分烦恼。如果你了解了他们的恐惧和担忧，你就会觉得无论如何都应该躲避财富。"③ 同时，克罗诺斯还指出，穷人没有奢华的晚宴，也就同样不会有宿醉带来的头痛；没有机会与俊男美女厮混，

---

① Lucian, *Demonax*, 8.

② 罗念生、陈洪文、王焕生、冯文华译：《琉善哲学文选》，第49页。

③ Lucian, *Saturnalia*, 26 – 27.

也就不会因过度放纵而染上肺痨、肺炎或水肿病；没有那么多鱼可吃，也就不会患上痛风。① 琉善在《船》中，也传达了类似的想法。当萨米普斯（Samippus）幻想成为一个伟大的国王时，吕奇努斯提醒他，伴随权力而来的是无休止的辛劳和痛苦："你在单打独斗中受伤，并且日夜殚精竭虑——你要顾忌的不仅是敌人，还有成千上万来自你身边的人的阴谋、妒忌、憎恨和奉承。你一个真心的朋友都没有。所有人都出于惧怕或欲求而向你示好。你连享受快乐的幻觉都没有，只有表象——点缀着黄金的紫袍、额头上白色的缎带、走在你前面的侍卫，除此之外就是难以承受的困难和无数的不快乐。你还要应对敌人派来的使团，做出判决，对国民发布政令。一会儿这个部落反叛了，一会儿那个外邦来入侵了。你必须担忧并且怀疑一切。最终，除了你自己，所有的人都认为你是快乐的。"② 总之，琉善认为财富给人带来的痛苦多于快乐。首先，财富会让人贪欲膨胀，彼此迫害，损伤道德；其次，获得财富后，人们会堕入奢华，道德沦丧；再次，拥有财富的同时，人们也为焦虑和担忧所烦扰。因此，琉善认为一无所有人才有可能免受痛苦。琉善在谈论食客时，曾说过一个食客不会悲痛，"因为他从事的艺术为他提供了没有什么可悲哀的优势。他既没钱，也没房；既无妻，又无儿，也没有仆人。拥有这些的人，这一切当中的哪一样受到伤害，他都会感到非常哀伤"③。虽然《食客》的主旨意在讽刺哲学家和演说家，但是此处用于支撑该分论点的论据，却是符合琉善一贯的观点，即拥有越少则痛苦越少。

第三，琉善认为贫富之人社会地位不同，是穷人自己造成的。琉善认为穷人的艳羡是富人骄傲的原因。备受琉善推崇的尼格里努斯曾有这样的观点："在我看来，那些谄媚者比他们谄媚的对象还要过分。是他们导致了那些人的傲慢。当他们羡慕人家的财产，赞美人家的盘

① Lucian, *Saturnalia*, 28 – 29.
② Lucian, *The Ship*, 39 – 40.
③ Lucian, *The Parasite*：*Parasitic an Art*, 53.

子，清早拥挤在人家门口，像奴隶对主人那样上前去跟人家说话，你
觉得富人会有什么感觉？如果他们一致同意停止这种自我贬低的行为，
哪怕只有很短的时间，难道你不觉得桌子会翻过来，富人会来到穷人
的门前，请求他们不要无视并抛弃快乐；不要放弃享用美丽的桌子和
豪华的房子？比起拥有财富来，他们更加喜欢被人祝贺。实际上，生
活在豪宅里的人，体会不到房子的好，也感受不到象牙、黄金有多棒，
除非有人羡慕他拥有这些。人们应该做的是，通过这样的方式降低富
人的地位，面对他们的财富，树立起一道藐视的防线。但目前的情况
是他们选择了卑躬屈膝。"① 这段文字引自琉善的作品《尼格里努斯》。
琉善在赞美尼格里努斯的睿智时转述了这段话。这说明他对此观点持
赞同态度。在琉善的其他作品中，他自己也表达了类似的看法。在
《农神节》中，克罗诺斯在写给其祭司的信里说："你只看到他们的黄
金和紫色，而且每当见到他们以白色队伍开道出行时，你们都目瞪口
呆，向他们鞠躬行礼。现在，倘若你无视他们，既不转过头去看他们
银色的马车，也不在谈话时瞥他们戒指上的翡翠，或者触摸他们的衣
服，赞叹其材质柔软，而是就让他们自己富有去，他们肯定会主动向
你走来，请求你与其一同用餐，以便向你展示他们的沙发、桌子和杯
子。这些东西如果没人看到是归他们所有，就没什么用处。事实上你
会发现，他们所拥有的大量的东西都是因为你才置办的；不是为了他
们自己使用，而是为了让你们穷人印象深刻。"② 总体而言，琉善认为
富人的骄纵是穷人自轻的结果。没有了穷人的羡慕和谄媚，财富对于
有钱人而言也就失去了意义。缺少穷人欣赏的有钱人是寂寞的。换句
话说就是，富人更需要穷人。琉善该观点很显然不符合唯物主义史观，
而是一种理想化的观点。事实上，穷人的羡慕的确是让富人虚荣的一
个因素，但绝不是导致富人地位高于穷人的根本原因。贫富差别的存

---

① Lucian, *Nigrinus*, 23.
② Lucian, *Saturnalia*, 29.

在有其深刻的物质原因。

综上所述，琉善从不同角度对爱势贪财的罗马人进行了严厉的批判。他嘲笑这些人被贪婪蒙住了双眼，一心只向往财富；批评他们为了金钱不择手段，丧失了善良的品质，放弃了做人的尊严。在琉善的作品中，谄媚者机关算尽，结果却聪明反被聪明误，为自己的欲望付出了代价；而有钱人在接受谄媚、炫耀财富的时候，却暴露了自己的庸俗和愚蠢。

琉善讽刺和抨击了世人追逐钱财，贪财舍义。他认为财富是一切邪恶的根源。人们为了获得财富或为非作歹，或卑躬屈膝。而一个人即便真的获得了财富，也不一定就能拥有幸福，因为他会为失去这一切而担忧。同时，人间世事的根本特质恰恰就是变幻无常。对于财富的所有者而言，拥有是短暂的，失去是必然的，唯恐失去的过程是痛苦的，就连看似高于常人的地位也是穷人给予的。因此，物质财富并不重要，而贪财贱义者应受到批评。

（二）附庸风雅

1. 有钱人附庸风雅

琉善在诸多作品中讽刺了 2 世纪罗马富人附庸风雅的行为。在《论在富豪家中的雇佣职位》中，他攻击了有钱人"推崇"文化的目的和现实生活中对待文人的态度。第一，他指出富人雇佣文人并非出于对知识的渴望或对美德的向往。驱使他们这样做的真正原因是他们的虚荣心。例如，琉善在描述文人在富人家中的工作内容时说："因为你有长长的胡须，看起来很优秀，披着整洁的希腊斗篷，而且人人都知道你是文法家，或是修辞学者或哲学家。他认为在他的扈从当中应当有一个这样的人。这会让人们觉得他认真学习希腊文化，而且大体上是一个对文学有鉴赏力的人。"① 又如，琉善在讲述文人为贵妇充

---

① Lucian, *On Salaried Posts in Great Houses*, 25.

当家庭教师的情况时说："女人所热衷的就是另外一回事了——让一个受过教育的人领薪水住在她家里，跟随她的轿舆。如果人们说她们很有文化，对哲学感兴趣，写作诗歌不比萨福差，她们会将之视为一种装饰品。"① 另外，琉善在描述富人滥用追随者的方式时说："如果富豪要写篇诗歌或散文，并且在宴会上朗诵自己的作品，那么你一定得拼命为他鼓掌，奉承他，并且设计出新的赞美方式……富豪们必须既是哲学家，又是雄辩家。如果他们碰巧犯了文法错误，那么正是因为这个原因，他们的语言必须听起来充满阿提卡和伊米图斯（Hymettus）的味道，而且将来人们都必须得按照这种方式说话。"② 琉善这些话揭露了富人将文人当作装饰品，讽刺了有钱人只是向往文化人的光环，装作才华横溢，希望别人称赞自己有文化，其实不学无术，胸无点墨。

第二，琉善在《论在富豪家中的雇佣职位》中告诉年轻人，富豪对于知识分子实际上并不会予以重视。他们宠爱的其实是那些从事低俗行业的人："我想，你一定恨不得自己变成一个编淫词艳曲的人，或者可以唱别人编出的这样的曲子。因为你看到了宠爱和优先权集中在哪里！如果你充当巫师或占卜者——那些预言富人会获得上千的遗产、地方长官的职位以及巨额财富的人，你就可以容忍这一点。你会看见这批人也跟富人交情不错，很受重视。于是，你也很想去扮演那样的角色，不要再遭人嫌弃，毫无用处。"③ 富人们表面上推崇知识，而实际生活中真正喜好的是荒诞、庸俗的事物。因此他们对知识分子的态度十分冷淡。琉善在文中讲述了斯多葛派哲学家瑟马普利斯（Thesmopolis）的故事，批评了有钱人对知识分子的蔑视。瑟马普利斯曾在一个贵妇家中任职，在出行时被安排与一个受宠幸的人坐同一辆车。那人涂脂抹粉，举止轻佻，令人厌恶。不仅如此，女主人还要求哲学家瑟马普利斯照顾她的宠物狗。于是就发生了极为荒诞的一幕：

---

① Lucian, *On Salaried Posts in Great Houses*, 36.

② Ibid. , 35.

③ Ibid. , 27.

"在他的胡须底下，一只小狗从其斗篷里露出眼睛向外看，会时不时地尿到他的身上，吱吱地吠叫，舔着哲学家的胡须。"① 琉善通过这个故事告诉读者：一名哲学家在富人家中的地位与一个不男不女的受宠幸者相同；而他们的职责不是传播知识，而是服务于家政，无异于一个普通仆人的工作。琉善由此批评了富豪们对文化的"推崇"并不能提升他们的素质和品位。他们依然缺乏高雅的情趣，追求低俗，同时对知识分子也缺乏最起码的尊重。

琉善《论在富豪家中的雇佣职位》这篇文章，批评富人对文化的喜好是装出来的。他们在雇用了知识分子之后，并未真正接受文化，其行为和修养也没有受到教化。他讽刺富人们真正在意的是财富和享受："毫无疑问，富人雇佣你的目的和所谓的对知识的渴求，对他来说无足轻重。就像俗语说的，'一个愚蠢的人与七弦琴有什么关系？'……如果把黄金、白银，以及他们对这些金银的担忧，从其灵魂中挪走，剩下的就只是骄傲、温柔、任性、纵欲、傲慢和粗野了，那么对荷马的智慧，德摩斯梯尼的口才或柏拉图的高尚的强烈渴望就会将其吞噬！"②

另外一篇批判富人不学无术、附庸风雅的文章是《无知的藏书家》。琉善在《无知的藏书家》中犀利地讽刺了一个热衷于藏书的有钱人。他批评这个人通过收集大量书籍来装作知识渊博，实际上在学识方面才疏学浅，在修养方面极为低俗。琉善认为此人占有书籍就等于是自取其辱。他在这部作品中，通过塔林敦人幼安格劳斯（Evangelus）③、暴君庇塔库斯（Pittacus）之子尼安图斯（Neanthus）④，以及狄奥尼修斯

---

① Lucian, *On Salaried Posts in Great Houses*, 34.

② Ibid., 25.

③ 幼安格劳斯希望可以在皮提亚运动会上获得演奏七弦琴和唱歌方面的胜利，于是穿着华丽的服装，带着奢华的乐器参加比赛，但依然一败涂地，被评委赶出了会场。参见 Lucian, *The Ignorant Book-Collector*, 8 – 9。

④ 莱斯博斯岛的尼安图斯听说俄耳甫斯的七弦琴可以奏出美妙的音乐，因而花重金购得。他由于缺乏音乐素养，所以弹奏出的声音杂乱无章。结果狗群被噪音吸引了过来，将他撕成了碎片。参见 Lucian, *The Ignorant Book-Collector*, 11 – 13。

（Dionysius）① 等人的故事，阐明了拥有书籍不等于拥有知识。此外，琉善还揭露了此人极力收集书籍的目的是得到元首的青睐："你对书如此狂热的原因显而易见……你怀抱着渺茫的希望，期待身为学者且尊重知识的元首有一天会发现你。你觉得，如果他听说你购买书籍并且藏书无数，那么你会很快就从他那得到你想要的一切。"②

《无知的藏书家》的言辞十分激烈。这部作品有其特定的攻击对象——一个拒绝借书给琉善的有钱人。③ 虽然琉善在这部作品中只围绕着此人的行为展开批判，但他的文字实际上也给了其他有钱人一记响亮的耳光，有力地抨击了他们对文化的虚假的热爱。

2. 普通人附庸风雅

因附庸风雅而受到琉善批评的，不仅仅是有钱人，还有普通民众。《海尔摩提莫斯（或论宗派）》是琉善最长的一篇文章。琉善在这篇文章里，就罗马民众对哲学的盲目追求，进行了一连串的攻击。海尔摩提莫斯是斯多葛学派最虔诚的弟子。他追随该哲学流派的目的和动机，受到了吕奇努斯的质疑和盘问。最终，发问者吕奇努斯获胜。追随哲学的海尔摩提莫斯，决定放弃努力，回归普通人的生活。

这篇文章从三个方面论证了盲目追求哲学的错误性。第一，琉善提出哲学之路的终点到底是否是"幸福"，无人知晓。"你又怎么知道在那高高的顶端的就是幸福，值得你忍受这一切去追求？你自身还没有到达那里，我想？"④ 当海尔摩提莫斯说他相信自己的哲学老师已经到达了终点，并且所言非虚时。吕奇努斯用一个简单的例子就推翻了海尔摩提莫斯的信念。海尔摩提莫斯的哲学老师声称哲学之路的终点

---

① 叙拉古的暴君狄奥尼修斯写作的悲剧非常愚蠢、荒唐，受到他人嘲笑，于是费劲心力寻找埃斯库罗斯用来写字的蜡片，觉得自己也会通过这些蜡片而获得灵感。然而，他写在蜡片上的作品却比以前的还要荒唐。参见 Lucian, *The Ignorant Book-Collector*, 15。

② Lucian, *The Ignorant Book-Collector*, 22 – 23.

③ 毕舍普·阿瑞塔斯（Bishop Arethas）批注说："如果我可以猜想一下的话，琉善，是你向他借一本书，但是遭到了拒绝，于是便用这样'极端的'敬意来回报他！"参见 *Lucian* III, Loeb Classical Library, Cambridge, Massachusetts：Harvard University Press, 1921, p. 173。

④ Lucian, *Hermotimus*, 7.

是"幸福";而"幸福"就是"智慧、勇气、美、公正、了解一切事物本质的确定性。财富、光荣、愉悦和肉体上的东西,都是攀登者在开始之前就要摆脱掉并且扔在下面的"①。但是吕奇努斯却亲眼看见了这位老师为了一点点学费"很暴躁地拉住这个人脖子上的斗篷,大吼大叫,把他拉到了法官那里。要不是那个年轻人的一个朋友跑到他们中间,把他从你老师的手中拉出来,那老先生肯定会抓住他,把他鼻子咬下来了"②。琉善要表达的意思是:事实证明,这位老师并没有抛却"财富"。这说明他尚未开始攀登哲学的高峰,更不必说到达哲学的终点了。既然此人没有到达终点,那么他所宣扬的哲学终点的"幸福"就不可信。琉善由此否认了"幸福"作为哲学之路的终点的必然性。

第二,琉善指出,就算哲学的终点是幸福,人们也无法确定哪一条路可以通往幸福。这导致对正确哲学道路的选择成为不可能。每一个哲学上的"向导"都在极力推荐自己的道路,让人无法做出抉择。吕奇努斯说:"因为不管我走近他们当中的哪一个,每个站在各道路入口处的,非常值得信任的人,都伸出他的双臂,敦促我走上他的路。而且他们都说只有自己知道径直通往那里的路线,其他人的道路是歧途,因为他们既没有去过那里,也没有追随可以引导他们的人。如果我走到旁边的人那里,此人也会做出同样的承诺,并贬低其他人的道路。挨着他的另一个人也有同样的行为。以此类推,所有人都是如此。道路的数量,道路间的差异,以及向导对自己的过分褒奖(每个派别都表扬自己),都令我极为担忧,使我无法确定。我不知道该选择哪一条路,或者该选择哪个向导前往那座城市。"③ 这样就意味着,人们要亲自经历过每一条哲学道路之后,才能做出判断。然而,一个凡人在有生之年,不可能研习并深刻掌握那么多门哲学。吕奇努斯做了一个

① Lucian, *Hermotimus*, 7.
② Ibid., 9.
③ Ibid., 26.

假设，计算出一个人深入学习所有门派的哲学所需要的时间："先从毕达哥拉斯开始。如果这么做，我们估计要用多长时间能够习得毕达哥拉斯学派的所有教义？请不要省去那五年的缄默。包括这五年，我想三十年应该够了，或者最少二十年……然后是伊壁鸠鲁，接下来是其他的学派……让我们首先统计一下：我们要在学习毕达哥拉斯学派上用二十年，在柏拉图学派上也是二十年，其余学派也是二十年。假设只有十个哲学学派的话，最终需花费的时间总共是多少？……要二百多年。"[1] 当海尔摩提莫斯想要节省时间，选择以小见大的方法，通过部分研习来判断某派哲学是否是正确的道路时，吕奇努斯指出以小见大在哲学领域是不可能的。因为学习哲学不同于品酒，喝上一口便知整桶酒的质量。哲学像装满了各种各样谷物的桶，不同的谷物各占一层。"你想来买一些谷物。他从放小麦的地方拿出少许小麦作为样品放到你手中让你检验。你能通过观察小麦说出豌豆是否纯净，小扁豆是否柔软，豆荚是不是空的吗？"[2] 琉善由此阐明，一个凡人想要通过自己的判断，选择正确的哲学道路是不可能的。因为准确的判断不是通过个人努力或选用某种技巧就能做到的。

第三，选择正确的哲学导师也是不可能完成的任务。倘若放弃道路的选择，而从选择导师入手，人们依然无法做出正确的判断。琉善笔下的吕奇努斯说："我亲爱的朋友，因为就算我们找到了一个人熟知验证的技巧，并且可以将其传授给他人，我想，我们也不能立即就相信他，而是找到另外一个可以确定前者所言非虚的人。而就算我们找到了这个人，我们也无法确定这位裁决者就知道如何辨别这个人的判断是对是错。而对于此人，我想我们还得寻找另外一位裁决者。我们自己怎么知道如何选出能够判断哪派哲学最优的人呢？"[3] 这样的推衍是循环往复以至无穷的。因为人们可以找到的

---

① Lucian, *Hermotimus*, 48.

② Ibid. , 61.

③ Ibid. , 70.

证据，全部缺乏确定性，需要更深一层的证明。故而一切追寻哲学的努力又回到了原点，通过选择导师来选择道路的方法同样陷入了困境。

琉善通过这篇文章批评了当时的罗马人在不明确哲学的终点到底是什么，不知道哪条道路是正确的，不清楚哪位老师值得追随的情况下，狂热地追求哲学。他们为之付出了极大的艰辛，投入了大量的时间和精力，牺牲了自己原本拥有的幸福。文中吕奇努斯对海尔摩提莫斯说："如果我没记错的话，我见你大概二十年来除了去听老师讲课外什么都不做，总是捧着一本书，记录讲座内容，经常因学习而苍白、消瘦。你如此沉浸于其中，我猜你就连做梦都不休息。"① 在这样辛勤地付出之后，哲学追求者换来的却是一场空，完全不知道自己是在一条没有尽头的坎坷道路上摸黑前进。琉善用苏格拉底式的盘问来使民众清醒，让他们意识到，盲目地追求哲学是错误的。

琉善抨击有钱人热爱文化只是做表面文章，实际上不学无术，讽刺他们金玉其外败絮其中。同时，他也教育了向往哲学，却缺乏判断力的普通民众，让他们认识到应当理性地看待哲学。总之，不管是有钱人对文化的虚假推崇，还是普通人对哲学的盲目追求，都是附庸风雅的行为。琉善在其作品中都对之予以批判。

三 宗教生活

琉善对传统希腊罗马宗教的看法，渗透在其各部作品当中。不同的作品从各自不同的角度，传达着琉善批判的态度。他的文章对传统神灵加以讽刺，推翻了祭祀的合理性，揭露了神谕的欺骗性，痛斥了预言者的虚伪和奸诈。

1. 批判祭祀

琉善认为献祭没有意义。他通过两种方法反驳了"神灵能够干

---

① Lucian, *Hermotimus*, 2.

涉人类"这一观点，推翻了祭祀的必要性。第一种方法是"用事实反驳"①。琉善列举现实中存在的"善无善报，恶无恶报"的社会现象，直接驳斥了神灵干预人类生活的说法。在《被盘问的宙斯》中，昔尼斯科斯（Cyniscus）②向宙斯提出了一系列尖锐的问题，反映了人间"善恶无报"的现象："你到底为什么放过盗庙者、强盗，还有那么多无耻、暴戾、背信弃义之徒，却一遍遍地用雷轰一棵橡树、一块石头或一艘毫无过错的船的桅杆，还不时地击打一个老实、虔诚的路人？""为什么诚实的福喀昂（Phocion）③，还有早于他的阿里斯提得斯（Aristides）④，在穷困潦倒中死去；而卡利阿斯（Callias）⑤和阿尔西比阿德（Alcibiades）⑥这两个目无法纪的年轻人，以及目空一切的墨狄阿斯（Midias）⑦和埃癸那人（Aegina）淫荡卡洛普斯（Char-ops）⑧（他把自己的母亲活活饿死了）却富可敌国？还有，为什么是苏格拉底而非墨勒托斯（Meletus）⑨被交给十一人委员会？为什么阴

---

① 关于"反驳"的定义，参见张绵厘编著《实用逻辑教程》，第318页。

② 昔尼斯科斯是昔尼克派（犬儒派）哲学家的别名，意思是"小狗"。参见罗念生、陈洪文、王焕生、冯文华译《琉善哲学文选》，第27页注释1。

③ 福喀昂是公元前4世纪雅典的政治家，曾被送交法庭审判，后来被驱逐。参见罗念生、陈洪文、王焕生、冯文华译《琉善哲学文选》，第145页注释1。

④ 阿里斯忒得斯是公元前5世纪雅典的政治家，生活非常贫困，后来被驱逐。他和福喀昂曾被认为是廉洁的典范。参见罗念生、陈洪文、王焕生、冯文华译《琉善哲学文选》，第145页注释2。

⑤ 卡利阿斯是公元前5世纪的雅典富豪，曾被控接受波斯的贿赂。参见罗念生、陈洪文、王焕生、冯文华译《琉善哲学文选》，第145页注释3。

⑥ 阿尔西比阿德是苏格拉底的弟子和爱友，为伯罗奔尼撒战争期间雅典政治家和将军，曾经背叛雅典，投靠斯巴达，最后逃往波斯。参见罗念生、陈洪文、王焕生、冯文华译《琉善哲学文选》，第119页注释4。

⑦ 墨狄阿斯是公元前4世纪的雅典富豪。参见罗念生、陈洪文、王焕生、冯文华译《琉善哲学文选》，第145页注释4。

⑧ 关于卡洛普斯，别无记载。参见罗念生、陈洪文、王焕生、冯文华译《琉善哲学文选》，第145页注释5。

⑨ 墨勒托斯曾起诉苏格拉底。参见罗念生、陈洪文、王焕生、冯文华译《琉善哲学文选》，第86页注释2。

柔的萨达那帕罗斯（Sardanapalus）① 霸占了王位，而才华出众的戈刻斯（Goches）② 只因对他不满，就被钉死在十字架上？……邪恶、自私者幸福快乐，好人却到处漂泊，受到贫穷、疾病和其他不计其数的苦难的折磨。"③ 在《演悲剧的宙斯》中，琉善也提及了诸多类似现象。当众神为人类可能不再崇拜他们而恐慌时，摩摩斯（Momus）④ 又证明了神不理会人间事务，致使善者遭受苦难，恶者横行于世："……他们当中好人被忽视，在贫穷、疾病和奴役中日益衰弱，而卑鄙、恶毒的家伙却广受尊重，拥有巨大财富，凌驾于比他优秀之人；盗庙者逃脱了惩罚，而最为无辜的人却时常被钉死在十字架上或被鞭打致死。"⑤ 此文另一处，琉善借哲学家达弥斯（Damis）之口，将人间比作一艘船，神比作舵手。达弥斯指出，舵手应该了解船上谁是好人，谁是坏人；把甲板上的好位置分给好人，把底舱的坏位置分给坏人；给予好人尊重，给懒惰者惩罚；让称职的水手担任重要的工作。⑥然而，现实生活的大船却是另外一副模样："前桅支索被拉向船尾，两根帆脚索都被拉向船头；有时船锚是金的，而船首雕饰却是铅的；船体的水下部分全都绘满图画，水上部分的做工却不堪入目……在船员当中，懒惰无能、无心工作的人有保障，甚至是职权；而一个善于潜水，爬横桅杆也在行，而且了解每一件需要做的事情的人，却被派去抽舱底水。乘客的情况也是如此：胆小鬼在后甲板上坐在船长身旁，格外受关照；荒淫者、弑亲者、盗庙者得到极高的礼遇，占据了整个

---

① 萨达那帕罗斯是亚述的国王，以奢侈而闻名，死于公元前880年。参见罗念生、陈洪文、王焕生、冯文华译《琉善哲学文选》，第117页注释1。

② 关于戈刻斯，别无记载。参见罗念生、陈洪文、王焕生、冯文华译《琉善哲学文选》，第145页注释6。

③ Lucian, *Zeus Catechized*, 16–17.

④ 琉善找摩摩斯做代言人实在很合适。他本人简直就是人间的摩摩斯。摩摩斯是夜神的儿子，喜欢嘲笑和辱骂。参见罗念生、陈洪文、王焕生、冯文华译《琉善哲学文选》，第21页注释2。

⑤ Lucian, *Zeus Rants*, 19.

⑥ Ibid., 49.

船甲板；而众多好人则挤在底舱的角落，被比他们低级的人践踏。"[1]由此，事实证明人间这艘大船并没有一个舵手"观察和指挥一切"[2]。琉善因此驳斥了"神灵干涉人类事务"的谬论。既然神灵无视人间事物，那么向神献祭则于人无助。

琉善使用的第二种方法是"用推理反驳"中的演绎反驳法。[3] 琉善从正反两个方面论证了神灵不干涉人类事务，祭祀没有必要。一方面，如果神灵是全知全能的，那么一切祭祀活动就都没有必要了；另一方面，如果神灵并非全知全能，是有局限的，那么太多事情是其力所不能及的，他们又如何能为人类解决一切问题？

首先，琉善在其作品中论证了如果神灵是完美无缺的，那么人类就不应该向神灵献祭。在《论献祭》中，琉善提出应该将献祭者称为"反宗教的败坏风俗的人"，理由是"他们认为神灵是如此平庸和低俗，依赖人类，乐于被谄媚，而且会怨恨怠慢他们的人"[4]。琉善这句话的意思就是说：人类不应该认为神依赖于人，喜欢谄媚之人。前半句可以推出"神不需要人献祭"；后半句可以推出"神不喜欢人献祭"。接下来，琉善在文中进一步指出，献祭会给神灵带来的侮辱。全知全能的神如此伟大，应该是胸怀宽大、不计报酬的，但是人们却通过献祭祈祷，期盼神明显灵。这种行为简直是"以小人之心度君子之腹"，有损神威。另外，当世人对神有所求时，神灵在接受祭品后展示的威力又算什么呢？岂不成了用来交换的商品吗？如果是商品，那么神灵就变成了一个商人。至高无上的神灵充当商人已是身价大跌，更过分的是，他们还是低端的商贩，因为他们的等价物实在是不怎么值钱："一个人可以从他们那里用一头小牛买到

---

① Lucian, *Zeus Rants*, 48.

② Lucian, *Zeus Rants*, 49. 达弥斯在文中说了如果"有"一个舵手"观察和指挥一切"，那么这艘船应该是什么样子。

③ 关于"用推理反驳"，参见张绵厘编著《实用逻辑教程》，第323页。琉善进行的反驳运用的是假言推理。

④ Lucian, *On Sacrifices*, 1.

健康，用四头牛换来财富；用一百头牛能购得王位……"① 是故献祭是辱没神灵的行为。由此，琉善证明了面对全知全能的神灵，人类是不应该献祭的。

其次，如果神灵有局限性，那么就意味着有很多事情是其力所不能及的。第一，神灵并非全知全能，无法改变人类命运，甚至还需依靠人类。琉善在《伊卡洛墨尼波斯——云上人》中写道，在墨尼波斯来到天上后，宙斯曾向他询问人间的事情："先是问一些一般性的问题，希腊小麦多少钱，去年冬天的严寒对我们打击大吗，庄稼是否需要更多的雨水。然后他问起菲迪亚斯（Phidias）还有后人吗，雅典人为什么这么多年都没过蒂亚西亚节（Diasia）② 了，他们到底打不打算为他把宙斯神庙修成了，在多多那（Dodona）盗窃他神庙的人已经被绳之以法了吗？"③ 宙斯询问这些问题，就意味着他并不了解人间的情况。就连与其直接相关的事情，例如节日和神庙的情况，他还都得向一个来自人间的凡人询问。这说明神灵远远不是全知的。在写宙斯听人类的祈祷时，《云上人》中有这样一段描述："航海者中，一个人祈求刮北风，另一个祈求刮南风；农民祈祷下雨，而浣衣工则祈祷晴天。"④ 这好比中国那首古诗："做天难作四月天，蚕要温和麦要寒。行人望晴农望雨，采桑娘子望阴天。"琉善通过对人类愿望的列举，指出做神跟做人一样难，哪怕是神灵当中的最高统治者也不可能做到全知全能。

同样，神灵也无法改变人类命运。在《被盘问的宙斯》中，琉善论证了人类的命运由"命运女神"决定，生来便已注定，神灵也无力扭转。文中哲学家昔尼斯科斯（Cyniscus）对宙斯提出了一系列犀利的问题，令宙斯无力招架。在文章开篇，宙斯便说："万事皆由命运

---

① Lucian, *On Sacrifices*, 2.
② 雅典城的宙斯节。
③ Lucian, *Icaromenippus*, 24.
④ Ibid., 25.

女神处置。任何事情都为她们的纺锤所控制，而且其结局从其发生的那一刻就已被纺定，绝不会变换轨迹。"① 对此，昔尼斯科斯提出："如果是命运女神掌控着一切，一旦她们做出了决定，谁也不可能改变什么，那我们人类为什么要向你们神灵献祭，为你们奉上像牛这样丰厚的祭品，祈祷从你们那里获得福佑？如果我们通过祈祷既不能改变厄运，又不能得到神的赐福，我实在看不出这样谨小慎微有什么好处。"② 随着文章内容的展开，琉善引出了更进一步的观点，即掌控世人命运的命运女神也无法改变凡人的命运——文中的昔尼斯科斯说："我认为就连命运女神们也无法改变或扭转她们对每个人命运的最初的决定。无论如何，阿特洛波斯（Atropos）是绝对不会容许任何人倒转纺锤，破坏克罗托（Clotho）的劳动成果。"③ 然后，昔尼斯科斯又指出，如果凡人的一切命运都属于不可抗拒的必然，那么当人类犯错时，应该受到惩罚的就是命运女神，而非犯罪者自身："如果一个人杀了人，那么真正凶手是命运女神；如果这个人盗窃神庙，那他只是在奉命行事。"④ 既然任何人的命运都不可能发生改变，那么为神灵献祭祈祷就没有意义了。此外，在《在演悲剧的宙斯》中，当宙斯为人间哲学家的辩论而感到忧虑，担心伊壁鸠鲁派哲学家获胜时，海神波塞冬建议他用雷电击毙此人。而宙斯的回答是："你在说笑吧，波塞冬。难道你忘记了这些事根本不取决于我们？一个人该被雷击毙，另一人该被剑杀死，第三个要死于发热或肺痨，都是由命运女神的纺锤决定的。"⑤ 总之，琉善认为，如果人的命运早已注定，神灵也无法改变，那么人们向神灵献祭祈祷和求取神谕都没有用。

再进一步讲，神还要依赖人类才能存在。在《双重起诉》的开篇宙斯就大谈做神之苦，历数了赫利乌斯、塞勒涅、阿波罗、阿斯克勒

---

① Lucian, *Zeus Catechized*, 1.
② Ibid., 5.
③ Ibid., 11.
④ Ibid., 18.
⑤ Ibid., 25.

庇俄斯、风神、睡神和梦神，每天的工作有多繁杂。随后，他又抱怨了自己有多忙。① 即便这么辛苦，神灵们也片刻不敢松懈。对此，琉善笔下的宙斯道出了缘由："如果我打瞌睡，哪怕只有一瞬间，伊壁鸠鲁就会立刻证实其观点——我们对于地球上发生的事情没有先见之明。如果人们由此相信他所说的话，其危险是不可小觑的：我们的神庙将不再有花环；我们在路旁的神龛将失去佳肴的香气；我们酒碗中将不再盛满奠酒；我们的祭坛将变得冰冷。简言之，人们将不再祭祀和供奉我们，饥馑将席卷我们这里。"② 这说明，神灵必须依靠人类祭祀才能存在。哪怕是获得祭祀的前提是要让他们如此辛劳，他们也不得不承受这样的痛苦。事实上，宙斯在《双重起诉》开篇的第二句便说："如果他们③知道我们是依靠人类才坚持下去的话，他们就不会相信荷马，羡慕我们的神酒和仙果了。"④ 在《演悲剧的宙斯》中，琉善也借宙斯之口表达了同样的看法："我们所有的尊严、荣誉和收入都来自于人类。如果他们被说服⑤相信根本没有神灵，或者神灵不关心人类，我们就会失去祭品、礼物和世人的尊敬，无所事事地坐在天上忍饥挨饿，再没有往昔的节日、庆祝、竞赛、献祭、（节日前夕的）祈祷仪式和游行了。"⑥ 既然神要依靠人类，又怎能说他们优于人类呢？倘若神不比人类自身优越，那么人也就没有必要祈求获得他们的庇佑了。

　　第二，琉善指出神灵也受到外力的掌控。在琉善的作品中，诸神主要受到两个因素的操控：一个是"爱"，一个是"命运"。在《诸神对话》中，有一场对话是在厄洛斯⑦和宙斯之间展开的。文中宙斯谴

① Lucian, *The Double Indictment*, 1 - 2.
② Ibid., 2.
③ 文中指"认为能从神那里获得保佑哲学家"。
④ Lucian, *The Double Indictment*, 1.
⑤ 即被伊壁鸠鲁派哲学家说服，相信神不干预人类事务。
⑥ Lucian, *Zeus Rants*, 18.
⑦ 即"eros"，也就是"爱"，在古希腊通常被理解为对某事物或某人的强烈欲望。参见裔昭印《萨福与古希腊女同性恋》，《史林》2009 年 3 月。

责厄洛斯，说自己是受到了他的愚弄，才变成羊、公牛、金雨、天鹅和鹰的。① 随后，在赫拉与宙斯的谈话中，赫拉批评宙斯说："'爱'是你真正的主人。他拉着你，像人们说的，牵着你的鼻子。你就乖乖地跟着他。他让你变成啥样，你就变成啥样。唉，你不过是'爱'的奴隶和玩具罢了。"② 在阿芙洛狄忒与厄洛斯之间的对话中，阿芙洛狄忒无奈地责怪厄洛斯："你让宙斯不断变幻模样，随你当时的心意来改变他；你让月亮女神从天上降下；时而又让太阳神逗留在克吕墨涅（Clymenes）③ 的身边，忘记了驱赶马车。你那么放肆地戏弄你母亲我也就罢了④，但居然胆大到敢操控瑞亚（Rhea），让她去爱男孩子，为那个弗里吉亚少年⑤倾心——她都一把年纪了，还是那么多神灵的母亲！"⑥ 这些内容讲述了神灵在爱情的驱使下，做出的诸多荒唐之事，说明神灵受到"爱"的操控。

神灵也逃脱不了"命运"的掌握。在《被盘问的宙斯》中，昔尼斯科斯问宙斯："你们神灵是否也得服从命运女神的规则，也被她们的线牵引着？"⑦ 对此，宙斯给出的答案是肯定的。随后，昔尼斯科斯提到了荷马描述宙斯威胁众神的诗句⑧，嘲笑宙斯说："你自己，还有你的绳索和你的威胁都是被谣言之线吊着的。事实上，我认为克罗托更有资格夸口，因为她掌控着你。即便是你，也得悬挂在她的纺锤上，就像鱼儿被渔夫挂在鱼竿上一样。"⑨ 事实上，就连命运女神自身的命

---

① Lucian, *Dialogues of the Gods*, 206 – 207.

② Ibid. , 218.

③ 希腊神话中的海洋女神。

④ 指阿芙洛狄忒和凡人安喀塞斯相爱的故事。

⑤ 弗里吉亚的自然之神阿提斯。

⑥ Lucian, *Dialogues of the Gods*, 233.

⑦ Lucian, *Zeus Catechized*, 4.

⑧ 宙斯曾夸口说自己可以将世界上的一切都吊在一根金链条上，如果众神往下拉这根链条也不能把他拉下来，但他可以将众神与大地、海洋一起拉上去。（［古希腊］荷马：《伊里亚特》第8卷，罗念生、王焕生译，人民文学出版社1994年版，第24行）

⑨ Lucian, *Zeus Catechized*, 4.

运也很悲惨，无法改变。昔尼斯科斯在文章的结尾处感叹："她们[①]只有三个，如何能这般细致地处理这么多事情？我看，她们日子过得很辛苦，也不怎么幸运。而且看样子天意（Destiny）在她们三个降生的时候对她们也不太仁慈。总之，如果有机会选择的话，我是不会跟她们交换生活的。我宁可一辈子受穷，也不愿坐在那里，捻弄负担着那么多事情的纺锤，小心照看每一件事。"[②] 通过这些内容，琉善论证了神灵也有很多做不到的事和无法打破的束缚。他们自己都难以克服自身局限性，有太多事情是其力所不能及的。因此，神灵无力拯救人类命运；世人向神灵祭祀祈祷是无用的。

　　琉善不仅用演绎反驳法取消了祭祀神灵的必要性，还正面批判了献祭行为本身，揭示了祭祀活动的诸多不合理之处。古希腊罗马传统宗教仪式上最神圣的一个环节是举行动物祭。动物祭，即一只动物并将其身体的一部分在祭坛上燃烧献给神灵，是罗马祭祀仪式的核心内容。[③] 牺牲可以是牛、羊或鸡。这个仪式分为六个步骤：第一，将牺牲引到祭坛前；第二，主祭进行祈祷，并在祭坛献酒、焚香；第三，由主祭将酒和粮食倒到动物头上；第四，让奴隶杀死动物；第五，检查内脏以观察预兆；第六，在祭坛上燃烧动物，随后参加者通常会举行一个宴会。[④] 人们将动物带到祭坛杀死，随后由祭司及其助手将牺牲的内脏烧烤分食。骨头和脂肪则焚烧献给神灵，肉分给参加祭祀者。他们相信虽然神吃不到这些美味，但会享受脂肪燃烧的香气。在《论献祭》中，琉善引导人们对献祭行为进行反思。他指出，如果按照人们所说的，众神享受祭品燃烧时的香气，那么在山上就会看到这样一番景象："'众神聚于宙斯之殿'……鸟瞰大地，凝视四周，俯身观察是否有地方燃起火焰，或是'伴随袅袅烟雾'飘到他们那里的蒸汽。

---

① 即命运女神。

② Lucian, *Zeus Catechized*, 19.

③ MaryBeard, John North & Simon Price, *Religions of Rome*, *Vol. II*: *A Sourcebook*, Cambridge: Cambridge University Press, 1998, p. 148.

④ Ibid. .

如果有人献祭，他们就歆享盛宴，像苍蝇一样张开大嘴吸取烟雾，喝下在祭坛上溢出的鲜血。"① 在琉善的描绘之下，众神的形象变得如此丑陋、不堪，犹如动物一般，连人类的基本素养都没有，更无所谓神灵之高尚了。对于人们祭拜圣所当中神祇的雕像的举动，琉善也展开了攻击。他批评人们从没见过神灵，却一厢情愿地将神雕刻成那个样子，明明面对的就是雕刻成不同形象的物质材料，却以为那就是神灵："走进神庙的人，认为自己看见的既不是来自印度的象牙，亦非色雷斯出产的黄金，而是克洛诺斯和瑞亚的儿子本尊。"② 琉善还批评说，人们在祭坛前将哀号的牺牲杀死，那场面如此悲凉，但他们却还用笛声来伴奏，相信众神乐于见到这一幕；另外，有规定称双手不洁净的人不可接近净水缸，然而祭司自己却满身是血地肢解献祭用的牺牲，将鲜血洒在祭坛周围。③ 祭祀活动本身就有诸多不合理之处，对这种行为不加判断地全盘接受，是古人盲目迷信的典型表现。琉善批判传统的祭祀活动，不相信献祭真的具备通达神灵之功效。他的讽刺作品向我们证明了，不管是从客观事实出发，还是从逻辑推理考虑，人类都没有必要向神灵献祭。

除了传统的奥林匹亚信仰，罗马人另外一个更为古老的信仰也受到了琉善的讽刺。"在古人的思想中，每个死人都是一位神。"④ 近代法国史家古郎士在《希腊罗马古代社会研究》中指出，根据古代希腊和意大利的信仰，灵魂在人死后依然与身体在一起，一同去往第二世界。因此古人相信灵魂仍生活于地下，能够感受到幸福和痛苦，"故葬时绝不遗漏殉以衣服、尊敦、兵器，以供所需；奠酒于墓以止其渴，供设食物以疗其饥饿，扼死马匹、奴婢，而殉于墓中，深信可以服役

---

① Lucian, *On Sacrifices*, 9.

② Ibid., 11.

③ Ibid., 12 – 13.

④ ［法］古郎士：《希腊罗马古代社会研究》，李玄伯译，中国政法大学出版社 2005 年版，第 9 页。

如其从前"①。约翰·弗格森在《罗马帝国的宗教》中也明确提到，罗马人广泛相信人死后在坟墓中会继续生活，坟墓是死者的居所，因此会将墓主人生前最珍视的财产用来陪葬："士兵陪葬的是他的武器，工匠陪葬的是其工具，女人是她的盥洗室设备，孩子是其玩具。"② 随之出现的还有雕刻精美的石棺和烦琐的祭奠活动。③

这样的传统在 2 世纪的罗马依然存在。针对这种现象，琉善在《论葬礼》中曾说："至于坟冢、金字塔、墓碑、墓志铭，这些保存不了多久的东西，岂不是很多余，像小儿把戏一样?"④ 人们不仅花钱来修造坟墓，而且将大量钱财花在保护坟地和墓园上。对这种悉心经营身后事的做法，琉善视之为"人间喜剧"。⑤ 在琉善的《尼格里努斯》中，尼格里努斯说，这些人活着的时候"荒唐"，死后也不愿放弃"荒唐"："他们当中有些人留下遗愿，要把其生前喜爱的衣物也一起火葬掉；还有人吩咐仆人守在其墓旁；用鲜花装点墓碑的要求更是随处可见。"⑥

死者如此，而生者也没逃脱批评。罗马人相信人在死后依然眷恋尘世中的各种享受，于是就像《论葬礼》中所写的那样："用马匹、情妇，有时甚至是倒酒人，给死人献祭，把衣服及其他饰品也一起烧掉或者埋葬，就好像死人在地下也可以享用它们似的。"⑦ 为了批评此类做法，琉善在文中安排死去的年轻人对其父亲演讲，通过理性分析告诉他死亡以及没有享受到那些生活中的快乐，没什么大不了的。同时，琉善还借这个年轻人的演讲指出，繁复的葬礼仪式是一种浪费，毫无意义："你那恸哭，应着笛声的捶胸，以及那

---

① ［法］古郎士：《希腊罗马古代社会研究》，李玄伯译，中国政法大学出版社 2005 年版，第 4 页。

② John Ferguson, *The Religions of the Roman Empire*, New York: Cornell University Press, 1970, p. 134.

③ Ibid. , pp. 134 – 135.

④ Lucian, *On Funerals*, 22 – 23.

⑤ Lucian, *Nigrinus*, 30.

⑥ Ibid. , 30.

⑦ Lucian, *On Funerals*, 14.

哀伤女子的夸张举动，对我有何益处呢？我能从我坟墓上用花环装点的石头上，得到什么好处呢？你们把纯正的酒倒出到底有什么用？你不会认为它们能一直流到我们这里，一路流到哈德斯这儿吧？至于燃烧祭品，我想你们自己也看到，食物中最有营养的部分被烟带到了天上，对我们这些在地下世界的人没有任何益处，留下的只是没有用的灰烬，除非你们相信我们吃灰。"① 此外，琉善在《卡戎——观察者》中也嘲讽了这样的祭奠行为。当卡戎（Charon）②来到人间看到坟墓时，问赫尔墨斯（Hermes）：为什么人们把花放在石头上，给石头涂油，在坟前焚烧昂贵的食物，还倒酒和蜜乳？赫尔墨斯表示自己也不理解人们为什么会相信幽灵能够享受那些。于是，卡戎嘲笑那些人是"愚人""白痴"，并且对赫尔墨斯说："他们头盖骨干得都快点火就着了，还能吃能喝？……我要是不仅把他们送下去，还得把他们送上来喝东西，那我的麻烦就没完没了了"③《论葬礼》也批评人们"给尸体涂上极好的香水，戴上漂亮的花冠，穿上华美的衣服，停灵供人吊唁"④。在琉善眼中，这种行为显然是没有必要的。他嘲笑那些人，说他们这样做，为的是让死者在路上不致受冻或者赤裸着身体见到地狱守门的三头狗。

琉善对葬礼仪式的批评还在继续。他讽刺生者在仪式上不仅自己哀号，还特意雇人来哭丧。那个所谓的"悼词专家"，"收集了全部古老的丧亲之痛，给他们愚蠢演出的搭档和推进者，等他一声令下，他们便哀怨吟叹起来！"⑤ 遭到讥讽的还有在葬礼仪式上举行的竞技比赛和演说。古希腊人很重视竞技，凡是重要仪式都要上演竞技比赛。古

---

① Lucian, *On Funerals*, 19.

② 卡戎是冥河上的船夫。古希腊人认为，人死后，其阴魂由赫尔墨斯送至冥河，然后乘卡戎的船到冥都的门口。阴魂渡船时要付钱，为此古希腊人在死者口中放上一枚钱。古代人认为幽明两界是被水隔开的，因此才出现了有关冥河上的船夫卡戎的神话。参见鲁刚郑述谱编译《希腊罗马神话词典》，第144页。

③ Lucian, *Charon*, 22.

④ Lucian, *On Funerals*, 11.

⑤ Ibid. , 20.

代战争中有英雄死去，人们就会在其坟前举行竞技比赛以示纪念。[1]此时，受希腊文化影响颇深的罗马人，在举行奢华的葬礼时，也会在仪式当中进行竞技。逝者不必是什么英雄，也可以享有如此崇高的待遇。对此，琉善说："有些人甚至还要在墓碑前举行竞技比赛，发表葬礼演说，就好像是在地下的法官面前替死人辩护或证明。"[2]另外，还有一种可笑的行为引琉善攻击：那就是有的人会违背死神的意愿，要将逝者强行"留在"身边。琉善的《泽莫纳克斯》中曾讲述了这样一个故事："赫罗德斯为波吕丢刻斯的夭折而难过，要求照常为这男孩备好双轮马车，就好像那男孩准备去驾车一样，而且还要像往常一样为他准备食物。"[3]对于此事，泽莫纳克斯的态度令琉善倍加赞赏。泽莫纳克斯对赫罗德斯说："我给你带来了波吕丢刻斯的消息。"赫罗德斯非常开心，以为泽莫纳克斯像别人一样迁就他的心情，便说："好吧，波吕丢刻斯的消息是什么，泽莫纳克斯？"他说："他怪你不赶快去陪伴他！"[4]琉善用他的文字大胆挑战了古罗马人奢华的葬礼和对逝者过分的追忆。他反对祭奠死人，认为厚葬之举全无意义。

2. 批评预言

与献祭一样，向神灵求取预言的做法也受到了琉善的批评。在《被盘问的宙斯》中，琉善笔下的昔尼斯科斯说："既然人们完全无力做出改变，那么提前预知未来没有什么好处。难道你认为一个人提前知道自己将死在铁矛头之下，就能够靠把自己关起来逃过一劫？这是不可能的，因为命运女神会引他出去打猎，将他带到矛尖前。"[5]琉善在《泽莫纳克斯》中，也表达了类似的意思。琉善在转述他所欣赏的泽莫纳克斯（Demonax）的事迹时，曾写下这样一段话："泽莫纳克斯看到一个预言家公开进行预测以赚取钱财，他说：'我看不出你收取

---

[1]　周作人：《路吉阿诺斯对话集》（下），第630页注释22。

[2]　Lucian, *On Funerals*, 23.

[3]　Lucian, *Demonax*, 24.

[4]　Ibid..

[5]　Lucian, *Zeus Catechized*, 12.

这些费用的理由是什么——如果你认为你有能力改变命运，那你收的钱就太少了；如果一切都是上天注定的，无法改变，那你的预言又有什么用呢？'"① 再者，预言不仅无法为人解忧，还会给人带来更多的困惑。在《演悲剧的宙斯》中，当宙斯命阿波罗预言人间两个辩论的哲学家谁会赢时，阿波罗的神谕是：

> 请听预言者阿波罗的宣示吧，
> 关于一场令人胆寒的争吵，
> 絮叨言辞当武器，忽低忽高，
> 激烈战斗不间断，狂呼尖叫，
> 这边那边，震动尖尖的耕犁柄。
> 当弯爪的秃鹫捕捉飞蝗的时候，
> 唤雨的乌鸦发出最后一声嘎嘎。
> 驴子踢了它的巧女儿，胜利属于骡子。②

这条神谕始终在东拉西扯，完全没给出任何有效信息。因此，琉善在文中的代言人摩摩斯说："宙斯啊，听到这么清楚明了的预言，我怎能不笑呢？"③ 而他所谓的"明了"指的是："……这个神示清楚地告诉我们，这个家伙是个骗子，而你们这些相信他的人则愚蠢而顽固，笨得连蚱蜢都不如。"④ 在此文中另一处，琉善谈到了克洛索斯（Croesus）的悲剧⑤，借伊壁鸠鲁派哲学家达弥斯之口讥讽德尔菲神庙的神谕，批评阿波罗的神示如同赫尔墨斯的脸一样，从哪个角度看都

---

① Lucian, *Demonax*, 37.
② 罗念生、陈洪文、王焕生、冯文华译：《琉善哲学文选》，第182页。
③ Lucian, *Zeus Rants*, 31.
④ Ibid. .
⑤ 克洛索斯欲与波斯开战，战前得到德尔菲神谕为：如果克洛伊索斯进攻波斯人，便可以灭掉一个大国。克洛索斯以为神谕所指的大国为波斯，没想到是自己国破人亡。

可以。① 另外，在《诸神对话》中，赫拉与勒托（Leto）对话时说："阿波罗装作无所不通，不论是箭术、竖琴，还是医药、预言。他在德尔菲、克拉洛斯（Claros）、克罗丰（Colophon）和狄狄玛（Didyma）设置神示所，用虚假的答复和模棱两可的回答欺骗他的主顾，以规避犯错的风险。他由此聚敛了很多钱财，因为有大批蠢人甘愿来被他骗。然而，有智慧的人看穿了他的故弄玄虚。这个预言家，他不知道自己会用那个铁环打死自己的爱人，也没能预见到以他的美貌和长发，达芙妮（Daphne）居然会逃开他。"② 琉善通过上述内容批评了神谕的模糊性和欺骗性，讽刺了太阳神阿波罗终日为他人发布预言，却对自己未来的命运一无所知。

在预言方面，琉善批判的另一个重要对象是假预言者亚历山大。琉善在《亚历山大——假预言者》中详述了骗子亚历山大的斑斑劣迹，揭穿了他制造的种种骗局，用很多事例证明所谓"神谕"之可笑。例如，儒提里阿努斯（Rutilianus）询问自己继承了谁的灵魂时，得到的答案是："最初你为珀琉斯之子；其后是米南德，现在是你当下模样，此后你会化作一道阳光。你一百岁之后还能有八十年的寿龄。"③ 然而，此人70岁的时候就去世了。又如，一个人问亚历山大自己应该给正青春年少的儿子请一个什么样的老师。亚历山大给出的神示说："成为毕达哥拉斯；啊，还有那位优秀的诗人④，写作战争者。"⑤ 谁知几天后这孩子就死了。于是，神示的骗局被事实揭穿。琉善的作品让人们看到，这个当时受到广泛推崇的预言家，其真实面目竟是这般模样："信口雌黄、诡计多端、背信弃义、心肠歹毒；华而不实、厚颜无耻、胆大妄为、无恶不作、口蜜腹剑、花言巧语、虚情假意、矫饰伪行"⑥。琉善对亚历山

① Lucian, *Zeus Rants*, 41.

② Lucian, *Dialogues of the Gods*, 244.

③ Lucian, *Alexander the False Prophet*, 34.

④ "诗人"指荷马。

⑤ Lucian, *Alexander the False Prophet*, 33.

⑥ Ibid., 4.

大的攻击和讽刺毫不留情。他说要讲述亚历山大的种种诡计和骗局，比清理奥吉厄斯的牛舍（Augean Stables）① 还困难。在他眼中，亚历山大比强盗还野蛮，就连讲述他的故事都令人感到羞愧。②

琉善还在文中指出，"神示"造成的恶果不仅令人损失钱财，甚至可能会伤人性命，危及国运。在《亚历山大——假预言者》中琉善提到，骗子亚历山大曾"派遣神谕贩子到罗马帝国各地，警告各城邦防备瘟疫、火灾和地震。他承诺将亲自予以他们可靠的帮助，以使他们免遭这些灾祸"③。在瘟疫流行的时候，这个亚历山大还送给各民族一道神示，作为避疫的符咒。结果适得其反，贴着符咒的人家多家破人亡。琉善指出，出现这种现象的原因是："……人们因信赖这道符咒而忽略了预防措施，生活得太大意了，觉得有符咒来保护他们并且'长发的福玻斯'会用其箭矢驱走瘟疫，于是便没协助这条神谕对抗疾病。"④

亚历山大曾怂恿塞威里阿努斯（Severianus）进攻亚美尼亚（Armenia），结果导致塞威里阿努斯及其军队全部被消灭。⑤ 在日耳曼战争期间，当元首奥理略准备与马克曼尼人和夸德人作战时，亚历山大发出神示：

> 我命令你们把库柏勒女神的两个侍者——
> 山上养大的走兽⑥和印度气候培育的

---

① 厄利斯国王奥吉厄斯的养了三千头牛，牛圈有 30 年未打扫。清理奥吉厄斯的牛舍是赫拉克勒斯的第五大功绩。

② Lucian, *Alexander the False Prophet*, 1 - 2.

③ Ibid. , 36.

④ Ibid. .

⑤ Lucian, *Alexander the False Prophet*, 27. 帕提亚人对亚美尼亚的王位继承问题进行干涉。小亚细亚东部卡帕多细亚省的罗马总督塞威里阿努斯，于 161 年带一小股军队进入亚美尼亚，结果惨败。（Lucian, *Lucian*, Vol. IV, Loeb Classical Library, Cambridge, Massachusetts：Harvard University Press, 1925, p. 213, note 2）

⑥ 即狮子。

各种香花香草扔到天上降下的

雨水形成的河流伊斯特洛斯的漩涡里，

那就会获得胜利、荣誉和可爱的和平。①

　　然而，当罗马人根据这条神谕的指使将狮子和香草扔入伊斯特洛斯河，狮子却游到了对岸敌人那里，被蛮族人当作奇怪的狗或者狼打死了，而罗马军队大败，损失惨重。

　　面对预言失败，亚历山大极力粉饰自己的错误，厚颜无耻地拿克洛索斯的故事为自己开脱，妄言神示只是说会有胜利和和平出现，但并未讲明谁是胜利者。这两次荒唐的预言给罗马帝国带来了巨大的损失。除了上述直接影响，琉善的作品还将迷信活动对政治生活产生的隐性影响展现了出来。例如，琉善在《亚历山大——假预言者》中说："如果在拆开和阅读那些呈上来的卷轴②时，他看到一些危险或大胆的问题，便会将它们扣下不送回去，让提问者受制于他，因恐惧而成为他的奴隶，因为他们知道自己都问了些什么。你也知道特别富有和有权势的人爱问什么问题。"③　由此可见，作为神的代言人，迷信活动的组织者往往可以掌握统治阶层内部不为人知的秘密。对秘密的掌控，就等于对人的掌控。这说明宗教迷信是一只隐形的手，在幕后悄然影响着国家的命运。这一隐患在琉善的作品中被揭示了出来。

小　结

　　观察和抨击盛世罗马的社会生活，是琉善作品的重头戏。琉善分别批判了 2 世纪罗马帝国居民在物质世界和精神世界中存在的问题。在物质方面，琉善讽刺了 2 世纪罗马人的生活状态；在精神方面，他

①　罗念生、陈洪文、王焕生、冯文华译：《琉善哲学文选》，第 241 页。

②　卷轴内写的是问卜者向神灵提的问题。

③　Lucian, *Alexander the False Prophet*, 32.

批评了知识领域出现的种种问题，以及世俗民众在思想层面的迷失。他讽刺了 2 世纪帝国居民的生活状态，批评了当时罗马人对待财富、文化和宗教的态度，总结了在繁盛的罗马帝国中民众的精神状态。在琉善眼中，2 世纪罗马帝国的居民业已迷失在浮华的生活当中，失去了质朴向上的品质。

第二编

盛世罗马的精神世界

第三章 世俗生活领域

第一节 浮华的罗马

一 经济发展

琉善在作品中所批评的，富豪考究的服装，奢华的宴会，以及前呼后拥的仆人，反映出当时罗马帝国经济已达到十分发达的水平。实际上，在琉善生活的时间段里，罗马帝国内部较为稳定，外部相对和平。稳定的政治环境推动了经济的发展。帝国行省日益繁荣。很多城市经济开始复苏。上层市民生活越发富足。

琉善讽刺的对象主要是城市居民。他作为当时社会的观察者，既然选择了以市民生活为主要观察对象，就说明城市中聚居了大量的民众，其生活状况构成了罗马帝国居民生活的主旋律。可见此时罗马帝国城市发展有了巨大进步，城市化水平已经很高。在琉善生活的时代，伴随着经济的发展，帝国的城市变得更加繁荣。科瓦略夫这样评价该时期的罗马城市："帝国时代（特别是 2 世纪）城市生活的非常繁荣是使我们吃惊的。在此之前，地中海从来没有过这样大量有文化的和设备良好的城市。而且就是在后来，地中海各国的城市生活也长时期不能到达罗马的水平。"① 在意大利半岛上，不仅有发达的罗马城，还

---

① ［俄］科瓦略夫：《古代罗马史》，王以铸译，第701页。

有普提奥里、奥斯提亚、卡普阿、帕塔维优姆和阿克维列亚；在帝国东部有科林斯、以弗所、帕尔米拉和亚历山大里亚；在北非有迦太基和乌提卡；在帝国西部有西班牙的伽底斯；在帝国北部的高卢地区有阿列拉斯、路格都努姆。

此外，还有一批新兴城市是由于罗马驻军形成的，"在这些城市中我们应当指出的有波恩纳（波恩）、摩恭提亚库姆（麦因茨）和阿尔根托拉特（斯特拉斯堡）（以上在莱茵河畔）；文多博那（维也纳）、阿克温库姆（布达佩斯）和辛吉都努姆（贝尔格莱德）（以上在多瑙河畔）"①。雅典奈乌斯在《智者盛宴》中称罗马为"世界民族集散地"，又说道，若有人说罗马城是文明世界的缩影，他的话没有什么偏差。因为放眼望去，你会发现世界所有城市都坐落于此。他对大多数城市的特征作了恰如其分的概括，如"黄金"之城亚历山大里亚，"美丽"之城安条克，"可爱"之城尼科美底亚（Nicomedia），以及"宙斯所创造的最辉煌的城市"——雅典。② 这些城市均配备有完善的给水和排水系统，铺设了平坦的街道，搭建了供市民集会的广场，还建设了华美的浴场和宏大的竞技场，此外还有雄伟的神庙和祭坛。每座城市尽管各不相同，却都具有一些共同的特征，都致力服务于居民生活。③

琉善在其作品中讽刺富人讲究排场，走到哪里都要有大批仆人随行。富人这种行为，反映了当时罗马帝国奴隶制的发展。罗马奴隶制发展成熟的第一个表现就是奴隶数量巨大。奴隶在当时被视作财产。购买奴隶的成本低于雇佣工人，因此一个普通的罗马人都占有非常多的奴隶。"有人发现曾有过如此悲惨的情况：在罗马的一间大厅里共生活着四百个奴隶。这四百个奴隶原属于非洲的一个极为普通的寡妇，

---

① ［俄］科瓦略夫：《古代罗马史》，王以铸译，第703页。

② Athenaeus, *The Deipnosophists*, 20 b.

③ 参见［美］M. 罗斯托夫采夫《罗马帝国社会经济史》（上），马雍、厉以宁译，商务印书馆2005年版，第207—208页。

她把他们赠给了她的儿子，而自己却还保留着更大一部分财产。"① 帝国初期奴隶制成熟的第二个表现是奴隶的生存环境有所改善。主人越来越多地用温和的方式管理奴隶，鼓励奴隶结婚。例如，科鲁美拉建议奴隶主关心奴隶的居住环境、卫生和健康状况，用和气的态度对待奴隶。哈德良和安敦尼·庇护斯当政时期，实施了一系列的措施保护奴隶，并通过立法禁止主人杀死自己的奴隶：哈德良"禁止主人杀死奴隶，并且颁布命令说任何应该被杀死的奴隶都需经过法庭宣判。他禁止任何人毫无理由地就将奴隶或女奴，出卖给拉皮条者或角斗士教练。"② 安敦尼·庇护斯规定，如果主人无缘无故杀死自己的奴隶，受到的惩罚就要像杀死别的普通人一样。③

奴隶制成熟的第三个表现是使用奴隶的方式变得更加多样化。罗马人对奴隶的使用是有所区别的，有的奴隶在田间务农，一些看起来聪明伶俐的奴隶就被送去学习各种技艺，以服务或娱乐主人。在富有的罗马人家中，"为排场和声色的享乐服务的人员成倍增长，简直超过了现代奢侈生活所能想象的程度"④。琉善在《宴饮》《论在富豪家中的雇佣职位》和《农神节》等作品中，也都提到了在宴会当中提供服务的奴隶。事实上，"在'罗马和平'时期⑤的宴会上，数量最多的人不是饮宴者，而是提供服务的奴隶。奴隶几乎承担了宴会上所有的工作，他们分别担任厨师、侍者、表演者等角色"⑥。奴隶主也开始实

---

① ［英］爱德华·吉本：《罗马帝国衰亡史》（上），黄宜思、黄雨石译，商务印书馆1997年版，第41页。

② *Scriptores Historiae Augustae* I，Hadrianus，xviii.

③ 杨共乐：《罗马史纲要》，第226页。

④ ［英］爱德华·吉本：《罗马帝国衰亡史》（上），黄宜思、黄雨石译，第40页。

⑤ "公元1、2世纪是罗马帝国最为繁荣稳定的时期。西方人自豪地称这稳定祥和的两个世纪为'罗马和平'（Pax Romana）。这一盛世的开创者是奥古斯都，因此又称'奥古斯都和平'（Pax Augusta）。具体而言，这段时期始于公元前27年奥古斯都建立元首制，终于公元180年马尔库斯·奥勒利乌斯逝世。"（李艳辉：《"罗马和平"时期宴会研究》，博士学位论文，北京师范大学，2010年，第1页）

⑥ 李艳辉：《"罗马和平"时期宴会研究》，博士学位论文，北京师范大学，2010年。

行析产奴隶制。① 将一部分财产，可以是土地，也可以是其他形式的财产，承包给奴隶独立经营，每年收取租金。这样的管理方式，一方面让奴隶主进一步脱离劳动，不再为管理财产费心；另一方面则刺激了奴隶的劳动积极性，使之看到通过勤劳改变生存状况的希望。这时期还有一个特殊的现象，那就是主人经常释放奴隶。其实，主人释放奴隶并非全部出于仁慈，更有经济原因在其中。例如，由于奴隶的价格非常便宜，被视为最廉价的工具，所以当奴隶病重或老朽时，为供养奴隶所支付的费用，有可能要超出购得新的健康奴隶的费用。这一时期释放奴隶的情况出现极为频繁，以至于国家出台法令对此类行为加以限制。"主人的仁爱常常完全是出于虚荣和贪婪这类实际并不很正派的动机，因而使人感到国家法令有必要阻止，而不是鼓励那种过火的不分青红皂白的慷慨行为，以防止它成为一种危险的滥用。"② 这种经常释放奴隶的现象，也是 2 世纪罗马奴隶制繁荣的表现。

琉善对人们追求精美食物和高档物品的批判，说明当时物质生产水平已然很高，让人们在日常基本需求得到满足的前提下，有可能进一步追求更加精致甚至奢华的生活。这反映了当时农业和工商业的进步。此时，行省的农业得到了前所未有的发展，为意大利提供了大量的物资，其中最重要的就是粮食。为意大利输送粮食的主要是西西里、多瑙河地区、阿非利加和埃及。③ 每年有大量的粮食从这些地方运往罗马。琉善在其作品《船》中就描述了一艘从埃及出发，前往意大利的巨大的运粮船。文中一个叫萨米普斯的人看了这艘船感叹说："真是艘大船啊！一百二十腕尺长；据造船工说，宽度超过长度的四分之一；从甲板到底部，在舱底最深的地方，有二十九腕尺。还有，

---

① 杨共乐：《罗马史纲要》，第 227 页。

② ［英］爱德华·吉本：《罗马帝国衰亡史》（上），黄宜思、黄雨石译，第 39—40 页。

③ 杨共乐：《论早期罗马帝国农业的变革》，《北京师范大学学报》（社会科学版）2004 年第 4 期。

那桅杆真高啊，支撑的帆桁多大啊！固定桅杆的前桅支索真大！船尾那么缓缓地卷起，下面还有一只小金鹅！而且相应地在对面，船首向前突起，两端都有女神伊希斯的雕像。这艘船就是以她的名字命名的。其他的装饰物、喷漆、像火焰一样闪耀的上桅帆、在它们前面的锚、绞盘、起锚机，还有船尾上的船舱——在我看来都非常宏伟。估计水手的数量得相当于一支军队。据说，这艘船承载的谷物足够全阿提卡的人吃一年。"① 除了粮食生产外，帝国其他类型的农业经济，也在该时期取得了很大的进步。吉本在《罗马帝国衰亡史》中，将这些进步归纳为五个方面：第一，有大量不同种类的花、草和水果得到了引进；第二，意大利和高卢的葡萄种植技术取得了巨大进步，葡萄在品种和产量上都有所突破；第三，人工培植橄榄获得了成功，橄榄种植得到推广；第四，亚麻种植技术同样得到推广，并产生了良好的经济效益；第五，农民普遍人工种植牧草，促进了畜牧业的发展。② 所有这些进步，都是 2 世纪罗马帝国农业经济水平提高的表现。

　　琉善所批判的，人们对精致生活的追求，反映了此时工商业的进步。事实上，2 世纪行省工业发展达到顶峰，其中以高卢成就最大，那里的玻璃生产、黄铜制品以及陶器制造排挤了帝国其他地区的同类产业。西部行省最为发达的是冶金技术。东部小亚细亚制造的精美的半丝织品得到了广泛的传播。③ 该时期帝国境内的水路、陆路交通也都得到了进一步的建设。"……大道从罗马的运动场出发，穿过意大利，遍布各省，然后一直通到帝国边疆的尽头。"④ 海运方面出现了浦泰俄利、奥斯提亚、布隆图辛等重要港口；河运方面出现了科隆、卢泰提亚和卢格图努姆等河港。⑤ 行省工业的进步，

---

①　Lucian, *The Ship*, 5.

②　［英］爱德华·吉本：《罗马帝国衰亡史》（上），黄宜思、黄雨石译，第 51—52 页。

③　参见 ［俄］科瓦略夫《古代罗马史》，王以铸译，第 694—695 页。

④　［英］爱德华·吉本：《罗马帝国衰亡史》（上），黄宜思、黄雨石译，第 49 页。

⑤　参见杨共乐《罗马史纲要》，第 231 页。

帝国道路交通的发展，促进了商业的繁荣。帝国内部流通的商品种类繁多，包括玻璃制品、青铜器，还有厨房用具、烛台、葡萄酒、黄油等。①

罗马不仅在帝国内部商品交换活跃，其对外贸易也极为繁荣。"从1世纪末开始，罗马的对外贸易达到了本身发展的顶峰。"② 罗马在东方与中国、印度商业往来频繁——进口的依然有奢侈品，但已转为以棉花和调味品为主了；在西方与非洲地区有象牙交易，还输入一些野兽用于娱乐民众③；在北方与北欧地区也有贸易往来④。阿里斯提德斯赞美了罗马商业的繁荣："帝国周围，各大洲往外无限伸展，它们总是竭力为你们提供一切物产。任何季节的产品，任何国家、河流、湖泊的物产以及希腊和非希腊的艺术品都漂洋过海，源源涌来。因此，如果有人打算一饱眼福，他要么去周游整个文明世界，要么亲临这座城市。因为任何民族中生长和制作的产品全都汇聚于此，无时无刻、络绎不绝。一年四季，不同地域的物产通过商船运抵此处，于是该城市似乎成了世界贸易中心。"⑤ 吉本这样形容盛世罗马的贸易情况："古代世界，最遥远的国土也常被掳掠一空以满足罗马的排场和高雅生活。西徐亚的森林能提供高级毛皮。琥珀是从巴尔干海边陆运到多瑙河地区来的；野蛮人发现一些完全无用的商品竟能卖那么高的价钱感到惊奇不已。巴比伦的地毯和其他一些东方的手工艺品销路甚好；但最为重要却鲜为人知的一种国际贸易却在阿拉伯和印度之间进行。"⑥ 除了进口外，罗马也出口很多商品。罗马的工业产品甚至远销斯堪的纳维亚半岛和波罗的海沿岸。帝国向东方出口的商品也包含了

---

① 参见杨共乐《罗马史纲要》，第235页；[俄] 科瓦略夫《古代罗马史》，王以铸译，第791页。

② [俄] 科瓦略夫：《古代罗马史》，王以铸译，第698页。

③ 参见 [美] M. 罗斯托夫采夫《罗马帝国社会经济史》（上），马雍、厉以宁译，第224页。

④ [俄] 科瓦略夫：《古代罗马史》，王以铸译，第699页。

⑤ Aelius Aristides, *The Roman Oration*, 11. (James H. Oliver, "Translation of the Roman Oration", *Transactions of the American Philosophical Society*, New Series-Volume 43, Part 4, 1953)

⑥ [英] 爱德华·吉本：《罗马帝国衰亡史》（上），黄宜思、黄雨石译，第53页。

大量的工业产品，此外还有原料和食物。①

简言之，琉善所在的 2 世纪罗马帝国，经济发展取得了巨大进步。此时罗马帝国城市化水平已经很高，奴隶制发展成熟，农业和工商业也都呈现出前所未有的繁荣景象。

二　贫富差距加大

琉善在作品中讽刺了面对奢华生活，富者乐在其中，贫者垂涎企盼的现象；批评了为了能够分一杯羹，贫者拼命巴结富人，甚至为达目的不惜放弃理性和尊严。不管是有才华的还是无才华的人，都努力挤入朱门，巴望着从富人那里得到点好处。事实上，这些内容都说明了罗马社会贫富差距的拉大。在诸多有钱人享受帝国经济进步带来的好处时，还有大批的下层民众终日过着食不饱腹的贫苦生活。在《死人的对话》中，琉善反复强调冥间的一切是平等的，不管美貌、财富，还是权势，到了阴间都同样化为枯骨。B. 鲍尔温指出，这篇对话主要传达的信息是：当时的人间充满着等级矛盾；穷人与富人之间存在着尖锐的冲突；经济压力是大多数悲剧的原因。② 琉善在《农神节》中，化身祭司与神灵对话时说："如果没有看到富人生活得那么幸福，我们也不会对此感到那么难过。那些富人们，尽管在保险箱中存有黄金、白银，尽管拥有华美的衣衫、奴隶、马车、房子和农场（而且还不少），但是不仅从不与我们分享，而且甚至不屑于留心于普通人。"③又如，"克罗诺斯，最令我们如鲠在喉，难以忍受的是：当这样一个人卧在紫色寝具之上，大嚼美食，打着饱嗝，接受客人们的祝贺，灯红酒绿不停歇；而此时我等却在梦想着何处能够弄到四个欧宝，以便在伴着水芹、麝香草或洋葱往肚子里填了点面包或者大麦后，能找个

---

① 参见［美］M. 罗斯托夫采夫《罗马帝国社会经济史》（上），马雍、厉以宁译，第223—225 页。

② B. Baldwin, "Lucian as Social Satirist", *The Classical Quarterly*, New Series, Vol. 11, No. 2 (Nov., 1961), pp. 199 – 208.

③ Lucian, *Saturnalia*, 20 – 21.

地方睡觉。"① 这些内容也都反映了当时罗马社会贫富差距之严重。法国学者菲斯泰尔·德·古朗士，在形容古代城市中的富人和穷人时这样说："在每个城市中，富人与穷人都是共处一城的敌人。穷人要获得财富只有剥夺富人。富人想守卫自己的财富只能靠技巧或武力。他们彼此仇恨，在每个城市中都有两套阴谋，穷人的阴谋出于贪欲，富人的阴谋则出于恐惧。"② 这样的斗争在 2 世纪的罗马帝国城市中同样存在。富人为保管好自己的财富殚精竭虑，寝食难安，穷人因渴望过上富足的生活而上下求索。③

在 2 世纪的罗马，工商业的发展在给富人阶层带更高生活品质的同时，也让穷苦人的命运更加悲惨。奴隶的生存环境虽有改善，但依然处在无权的地位；雇佣工人虽地位略高于奴隶，却因后者产生的大量廉价劳动而工资微薄。城市是巨富和赤贫的聚集地，那里人们生活水平形成鲜明的对比，是贫富差距最为凸显的地方。在城市中，富有者生活日益奢靡，贫穷者难以度日。城市内还有大量生活悲惨的奴隶。罗斯托夫采夫说："它们（城市经济）的社会景况不如它们外貌之动人。从我们的史料中所得的印象是这样：城市繁华是由城市居民中相当少的人创造出来的，也是为他们而存在的；然而就是这一小群人的福利也是建筑在相当薄弱的基础之上；而绝大多数城市居民群众则或者收入极为菲薄，或者生活贫困不堪。总而言之，我们千万不要夸大城市的繁华富丽：它们的外貌是迷眩人的。"④

在罗马这样的公民社会，同为罗马公民，就意味着应具有相同或者相似的社会地位。但为什么有人富甲一方，却有人食不果腹？如果原因在于富者比贫者优秀，那么贫富差距的社会矛盾就可以找到化解的出口，同时还能够促使更多的人成为优秀者。然而，琉善

---

① Lucian, *Saturnalia*, 20 – 21.

② ［法］菲斯泰尔·德·古朗士：《古代城市——希腊罗马宗教、法律及制度研究》，吴晓群译，上海人民出版社 2012 年版，第 354 页。

③ Lucian, *Saturnalia*.

④ ［美］M. 罗斯托夫采夫：《罗马帝国社会经济史》（上），第 274 页。

在作品中论述了上流社会与普通民众本质上并无差异。① 因此这一理由被推翻了。当时社会应该尚未就贫富分化加剧的现象，做出明确的解释。因为琉善并未就其他原因展开讨论，而是给出了缓解这一矛盾的建议。

由于没有理由来说服穷人接受这样的贫富差距，所以就应该尽量缩小这个差距以求缓和矛盾。既然无法找到穷人穷，富人富的原因，那么也就无法做到从根本上将穷人变成富人。因此通过让穷人发生实质性的变化成为富人就是不可能的，就连神灵也做不到——琉善在《农神节》中对农神克罗诺斯说："就连您，我的神，也不会终止这一切，做出更加合理的安排。"② 因此唯一的方法只能是缓解穷人的困苦。既然连神灵都无法解决社会收入初次分配的状况，那么只能依靠富人进行再次分配，将多余的财富拿出来一点，支援生活在苦难当中的人。这就是琉善所提出的解决社会矛盾的方法。关于这方面，他在《农神节》中给出了具体的建议。琉善在文中指出，应制定节日当中的行为规范，使富人不能独自过节，而要将其好东西与穷人分享。首先，节日期间富人要送给穷人礼物。例如，"早在节日到来之前，富人们需将所有朋友的名字制成表格，准备好其一年收入的十分之一的现金，一些多余的衣服和对他们来说已太简陋的家具，以及大量的银器。他们必须将这些都准备好。"③ 又如，"富人不能送给富人礼物，或在克洛诺斯的节日中款待与其财力相当的人。他不得留下已经准备送出的东西，也不应就礼物改变主意。对于前一年由于缺席没拿到礼物的人，其礼物应作为附加礼品在这一次一同送去……富人需为其一文不名的朋友还债（包括他们的租金，如果他们拖欠租金且无力支付的话）。总之，富人有责任事先就搞清楚这些朋友最需要什么。"④

---

① 详见本书第二章第一节。
② Lucian, *Saturnalia*, 11.
③ Ibid. , 14.
④ Ibid. , 15 – 16.

其次，节日期间富人要邀请穷人参加宴会。琉善也具体给出了宴会上的一些规则，例如，"每个人都应落座其身边的长椅。等级、家族或财富，都不会带来特权。所有人都应饮用相同的酒。富人不得以胃不舒服或头疼为由单独喝质量更好的酒。每个人吃的肉品质也都应一样。侍者应不偏不倚，既不能行动太缓慢，也不能在客人选择要带什么东西回家之前解散；不能把一大块肉放在一个人面前，却把一小块放在另一个人那里；也不能给这个人火腿，却给另一个人猪下巴——一切都应公平对待。"①

琉善提出这样的建议，不仅反映了 2 世纪罗马贫富差距确实很大，也说明了当时存在着富人贡献财产以及捐赠的行为。内因是根本原因，事物的外因通过内因起作用。如果富人从根本上就不喜欢分享、捐赠和施舍的话，不管琉善如何呼吁都是无济于事，甚至可能琉善自己都不会有这样的想法产生。只有富人本身是乐于施舍的，琉善作品才有可能对富人产生实际影响。事实上，2 世纪的富裕市民本就乐善好施。一座城市的日常开销很大，要有大量资金用于给低级官吏发放工资，修缮公共建筑，保证对市民的粮食供应，对公共教育和民众体育锻炼方面进行支出，还要对各种宗教事务给予资金支持。为了应对这样的经济负担，城市在很大程度上要依赖于富有市民的帮助。2 世纪的罗马各城内富豪云集，"我们可以说，东方城市和西方城市中大多数美丽的公共建筑物都是他们所捐献的。遇到饥荒的时节，也就是靠这些人博施普济来赈救饥民。在平常年代里，他们付出大笔金钱使市行政方面所举办的竞技游戏增光显耀，或者自己出资举办游艺竞赛。他们也时常布施，或施金钱，或施酒食，无论贫富都能受到施舍"②。

---

① Lucian, *Saturnalia*, 17 – 18.
② ［美］M. 罗斯托夫采夫：《罗马帝国社会经济史》（上），第 216 页。关于富豪乐于捐赠的情况，参看［美］M. 罗斯托夫采夫《罗马帝国社会经济史》（上），商务印书馆 1985 年版，第 216—218 页。

在富人愿意捐赠的前提下，琉善进一步推动他们分享自己的财富，改变他们对穷人的看法和态度，让他们看到了穷人的力量，劝其不要将穷人逼上绝路，否则他们自己的生活也将变得不幸。琉善在文章中对富人假设性的威胁，说明了当时的下层民众已不仅仅是心存不满，而是开始走向反抗了。贫富分化引发的社会矛盾有激化的趋势。例如，琉善在文中说：

克罗诺斯，如果您能纠正这一切，您会让生活真正成为生活，节日真正成为节日。如果你不这样做，那就让他们过他们的节日去，我们则坐在那里祈祷他们洗浴出来时，男孩会把酒坛打翻在他们身上；厨师会把汤烧焦，而且心不在焉地把鱼放到布丁中；然后，当仆人们在厨房中忙于其他准备工作时，狗会冲进来，把香肠和半个蛋糕全都一扫而空。猪肉、鹿肉和乳猪在烹制的时候，可能会像荷马笔下赫里乌斯的牛那样①——或者不只是爬走，而且还是跳起，冲到山上去。而肥硕的鸟，尽管已经扒光了毛即将呈上了，却也展翅飞走了，就是为了不让富人们独享。

以下尤其会给他们带来麻烦：我们会祈祷他们的黄金被蚂蚁，像印度的那种，从隐藏的地方挖了出来，在夜里搬到公共金库中去；他们的衣服因管理者的疏忽，被老鼠这种美妙的生物嗑得如筛子般满是窟窿，就像金枪鱼网那样。那漂亮的、长发飘飘的侍童们，在将酒杯递给他们时，被他们唤作许阿锉托斯、阿喀琉斯或那喀索斯。我们祈祷那些侍童都变得秃顶，头发脱落，长出尖锐的，就像喜剧里的那种楔形的胡须，让他们太阳穴周围坚硬的毛发丛生，头顶上却光秃秃的。如果富人们不肯改变自己极端自私的做法，拒绝用其财富来给大家带来好处，适当地与我们分享，那么我们就会祈祷这样的，以及更过分的事情发生。②

---

① 荷马：《奥德赛》，xii，395。

② Lucian, *Saturnalia*, 23－24.

这些内容都是对穷人的消极反抗的描写。这说明社会中很有可能已经出现此类现象，贫富差距造成的矛盾已经越来越明显地走向激化。就像鲍尔温所说的：“琉善既意识到了贫穷的广泛性，也注意到受压迫群体的愤怒昭示着社会巨变的到来。”①

综上所述，琉善的作品展现了 2 世纪罗马帝国社会经济的繁荣，城市的发达，奴隶制经济的发展，农业、工商业的进步，同时也反映了繁华表象下隐藏的危机。就像琼斯在评价琉善的作品时所说的：“罗马，其公民和制度，经常出现在琉善的作品中。《论在富豪家中的雇佣职位》和《尼格里努斯》两部作品构成了一幅首都的残忍的肖像画。”② 在 2 世纪的罗马，繁荣的经济带给有钱人的是奢靡、腐化的生活，带给穷人的是难以忍受的贫困和嫉妒的烈火。贫富差距导致的矛盾，在城市浮华的生活下不断积聚着势能。

第二节　堕落的精神

2 世纪的罗马帝国，社会经济取得了长足的进步，但同时也存在很多问题。当人们都沉浸于罗马和平带来的欢愉时，琉善看到了繁盛中的衰败因素，并用其作品予之有力的批判。透过他的作品，我们可以看到在发达的经济条件下，罗马享乐之风日盛，上至元首，下至平民，都热衷于追求享受。

一　元首

琉善生活在罗马帝国鼎盛时期。他曾写下三篇逢迎当时的元首维鲁斯（Lucius Verus）的文章，分别是《舞蹈》《论肖像画》和《关于

---

① B. Baldwin, "Lucian as Social Satirist", *The Classical Quarterly*, New Series, Vol. 11, No. 2 (Nov., 1961), p. 199.

② C. P. Jones, *Culture and Society in Lucian*, p. 78.

肖像画的辩护》。这三篇文章反映了维鲁斯对享乐的追求。

在《舞蹈》中，琉善借吕奇努斯之口，通过阐述舞蹈悠久的历史、神灵和贤哲对舞蹈的推崇、舞蹈的长处和作用，证明了舞蹈作为一门艺术并不庸俗，值得欣赏。接下来，他又分析了舞蹈演员在思想和形体两方面应具备怎样的素质，证明了舞蹈是智慧与美的结合，从事舞蹈表演的人值得赞美。吕奇努斯明确指出其"讨论的主要目的是：赞美当下存在的舞蹈，展现它所具有的有益和令人愉悦之处"[1]。琉善写作这篇文章的时间是公元 162—165 年，地点应该是在安条克（Antioch）。[2] 当时正在忙于帕提亚战争的元首维鲁斯也在那里[3]。维鲁斯十分喜爱舞蹈。于是琉善写作了这篇文章，深层次挖掘舞蹈艺术的高尚和神圣性。歌颂舞蹈，无疑就是在赞美喜爱舞蹈的人志趣高雅。[4]

琉善在另外两篇作品——《论肖像画》和《关于肖像画的辩护》中，极力赞美了一个士麦那女子的外表和内在。[5] 这名女子就是深得元首维鲁斯宠爱的潘缇亚（Panthea）。琉善首先写下了《论肖像画》以赞美潘缇亚的如花美貌、谦虚的性格以及对神灵的虔诚。但是潘缇亚读过后表示琉善对自己赞誉过高，将此作品退回令其修改，以证明自己真如他所称赞的那么谦虚。于是，琉善又写下《关于肖像画的辩护》为这篇文章申辩，顺便给予潘缇亚更高的赞美。

琉善迎合元首心意的方式迂回而巧妙，避免了直白的吹捧、歌颂。

————————

① Lucian, *The Dance*, 34.

② Edited by E. C. Quiggin, *Essays and Studies Presented toWilliam Ridgeway*, Cambridge：Cambridge University Press, 1913, p. 180.

③ 在马尔库斯·奥理略（Marcus Aurelius）担任元首之后，亚美尼亚（Armenia）爆发了战争。卢奇乌斯·维鲁斯（Lucius Verus）率兵前往前线。维鲁斯 162 年出发，第二年到达安条克，将总部设在安条克，直到 166 年战争结束。（C. P. Jones, *Culture and Society in Lucian*, Harvard University Press, 1986, p. 17）

④ 琉善的文章是为了取悦元首维鲁斯。（*Essays and Studies Presented to William Ridgeway*, p. 180. ）

⑤ 《舞蹈》《论肖像画》和《关于肖像画的辩护》都成文于元首维鲁斯在东方作战的时候。（Lucian, *Lucian*, Vol. V, Preface, p. 209；Lucian, *Lucian*, Vol. IV, Preface, Loeb Classical Library, Cambridge, Massachusetts：Harvard University Press, 1925, p. 255）

一方面，潘缇亚是元首维鲁斯心爱的情人。她得到赞美一定会令元首高兴。琉善称赞元首宠爱的人美若天仙、品质高洁，就是在歌颂元首慧眼识珠、趣味高雅。这自然会博得维鲁斯的欢心。另一方面，琉善将潘缇亚描述得越美好，就越衬托出维鲁斯的幸运。文中赞颂了潘缇亚的外表和内在的种种美丽之后，又赞美了她对爱情的忠贞。如此完美的女人这样忠贞不渝地爱着维鲁斯，从侧面反映了元首本人也是魅力无穷。而当他人对此女子的爱恋变成了坦塔罗斯（Tantalus）般的折磨时①，维鲁斯却在独享她的爱情。这说明他是备受神灵眷顾才会如此幸运。

琉善的作品以讽刺和批判为最大特点，少有奉迎之词。所以如果他写此类型的文章，就意味着此文对他会有很大帮助。故而他在讨元首欢心时，必定会选择最佳的谄媚方式，赞美元首最喜爱的事物。因此琉善作为敏锐的观察者，他所选定的两个赞美的对象——舞蹈和潘缇亚，一定是维鲁斯在当时的最爱。维鲁斯对他们的重视程度，很可能甚至超越了对政治和战争的关注。否则琉善大可选择歌颂维鲁斯的文治武功。然而，当时罗马的政治环境，并未稳定到四海晏然的程度，使得元首可以高枕无忧地享受生活。

维鲁斯来到安条克的原因是 161—162 年叙利亚地区出现了叛乱。帕提亚战争爆发。战争之初罗马失利：卡帕多西亚省（Cappadocia）的帝国总督塞威里阿努斯（M. Sedatius Severianus）入侵亚美尼亚（Armenia）并在伊里吉亚（Elegeia）遭到帕提亚军队伏击。塞威里阿努斯自杀，其军队被消灭。在来年夏天到来之前，叙利亚的总督也被帕提亚军队打败了。② 维鲁斯就是在这样的形势下来到帝国东部的。他的责任是率领军队反击。事实上，此时帝国的问题不仅仅是东部的

---

① 文中吕奇努斯（Lycinus）因见到潘缇亚而被她深深地打动了，说自己"因惊讶而变得全身僵硬，几乎要变成石像了"。珀利斯特拉图斯（Polystratus）嘲笑他"就像坦塔罗斯的女儿那样"。（Lucian, *Essays in Portraiture*, 1）"石像"暗指尼俄柏的故事。吕奇努斯将潘缇亚的美貌带给人的震撼与尼俄柏的丧子之痛的刻骨铭心相比，以说明潘缇亚美丽至极。

② 参见 Jaap-Jan Flinterman, "The Date of Lucian's Visit to Abonuteichos", *Zeitschrift für Papyrologie und Epigraphik*, Bd. 119 (1997), p. 281.

叛乱。在帕提亚战争还在进行时，马科曼尼战争（Marcomannic）就爆发了。"罗马在那里的负责人通过外交斡旋拖延了很久，以避免马科曼尼战争在东方战事结束之前就爆发。甚至在发生饥馑的时候，元首就向人们暗示这场战争的降临。"① 可是通过琉善的作品，我们可以看到：在这样严峻的情况下，维鲁斯并没有专注于战争，而是醉心于丝竹、美人。这折射出了维鲁斯的玩忽职守和缺乏责任心。其他作品的相关记载也说明了这一点。例如，《剑桥古代史》中说："L. 维鲁斯于 162 年夏不紧不慢地出发了，在前往布鲁恩迪苏姆（Brundisium）的路上'宴饮于沿途的乡村别墅里'，并且在卡努苏姆（Canusium）生病了。维鲁斯向东行取道科林斯和雅典，行军方式颇具'贵族风范'，一路上都有音乐家和歌手随行。"② 又如，"事实上，维鲁斯没做什么配得上那些光荣称号的事。他虽然基本上一直在安条克，但冬天的大部分时间待在拉奥迪西亚（Laodicea），夏天就待在达芙妮（Daphne）——安条克郊区的度假胜地。他还觅得了一个情妇……就是琉善用痴迷的语言所描述的那个美丽的潘缇亚。"③ 由此可见，在罗马东方战事告急之时，维鲁斯依然沉浸在享乐之中，在东征过程中状态懒散。这反映了在长期相对稳定的环境下，帝国失去了战争时期的味道，领导者已然不见军人强硬的性格。

二　民众

走向堕落的不只有元首，还有普通民众。琉善在《犬儒主义者》中，借犬儒主义者之口说："色彩斑斓的外衣根本不会产生更多的热

---

① Aelius Spartianus, Julius Capitolinus, Vulcacius Gallicanus, Aelius Lampridius, Trebellius Pollio, Flavius Vopiscus, *Scriptores Historiae Augustae*, Vol. 1, XII, 13 – 14, Harvard University Press, Cambridge, Massachusetts, 1921, pp. 165 – 167.

② Alan K. Bowman, Peter Garnsey, Dominic Rathbone, *Cambridge Ancient History*, Volume 11: The High Empire, A. D. 70 – 192, Cambridge: Cambridge University Press, 2000, p. 161.

③ *Cambridge Ancient History*, Volume 11, p. 162.

量"①，"我认为金灿灿的王冠和紫色的袍子只不过是浮华无用之物，而且我嘲笑穿戴它们的人"②。在《尼格里努斯》中，琉善讽刺人们为了口腹之欲，大费周章地烹制美食③，反映出在饮食方面，罗马上层社会对食物的要求越来越高，因此从餐厅到食材，从厨师到奴隶，宴会的各个细节都非常考究。同时，《尼格里努斯》也提到了罗马有钱人追求稀有和反季节的产品④，批评他们"……不知道该如何利用自己的欲望，而是一头扎进去，抛开底线，将灵魂彻底交给奢侈品去践踏"⑤。此外，琉善在《尼格里努斯》中还有这样一段描述："这类行为是在城市和浴场里广泛流传的一种习俗。有些仆人的职责是走在主人前面，在其主人将要路过某个凸起或低洼的地方时，高声大喊，让他们注意脚下，以提醒主人：他们正在走路。这真够新鲜的……这些人在吃东西的时候不用别人的口或手，在听东西的时候不用别人的耳朵。但是尽管他们自己的眼睛健康得很，却要用别人的眼睛来看路，让他人像指引不幸的盲人那样为他们带路。"⑥ 可见日常起居有大批仆人服侍是有钱人炫富的重要方式。

上述琉善批判的现象，说明当时罗马社会上享乐之风炽盛。富有市民都沉溺于奢侈的生活之中，抛弃了祖先艰苦朴素的传统。在罗马，财富和权势成为衡量快乐的标准；口腹之欲、丝竹之乐，成为人们的重要追求。几乎与琉善同时代的，著名的诡辩学家和哲学家金嘴迪奥（Dio Chrysostom），对罗马社会的奢侈之风也有所描述。他在《尤卑亚

---

① Lucian, *The Cynic*, 9.

② Ibid. , 19.

③ Lucian, *Nigrinus*, 33.

④ Lucian, *Nigrinus*, 31："他们购买昂贵的食物，待在布满了藏红花和香水的环境中，任美酒随意挥洒；他们在仲冬时节，食用大量的玫瑰花，爱的是它们的稀有和反季节，对应季和自然的东西，却因其便宜而加以鄙视；饮用没药的就是他们。"

⑤ Lucian, *Nigrinus*, 31.

⑥ Ibid. , 34.

演说》①中讲述了自己航行时遇险被一户猎人搭救的故事，描绘并赞美了他们的淳朴生活，教育生活在城中的人，不要过度看重财富，并且指出染色业、香料业、装饰品业和装潢业的兴盛正是源于城市居民的奢侈享乐。②另外，迪奥在《雅典演说》中也提到：黄金、白银和象牙、琥珀家具，水晶、香橼木、黑檀木、女性装饰品、刺绣和各种染料，是世人珍视和竞争的目标。③略早时期的普鲁塔克在《道德论集》第七卷的《论爱财》中说："我们传统的节日酒神节，在以前只是一次朴素而欢乐的游行。首先行进的是一大壶酒和一根葡萄枝，然后是一名祭司牵着一头公山羊，再后面是一个祭司拿着一篮干无花果，最后是一个扛着男性生殖器像的人。然而，这些在今日都不再受到重视并且消失了。代之而起的是成罐的黄金运过，华丽的服饰、车马走过，还有一个个戴着面具的人……"④迪奥和普鲁塔克的论述，进一步证明了当时罗马社会奢侈享乐之风盛行。在浮华的世界中，人们关注的是感官的享受，并且投入了大量的财力、物力来打造精致的生活。

对享乐的追求，导致很多人丧失了道德底线。琉善的文章折射出罗马人对金钱的狂热。在其《农神节》一文中，扮成克罗诺斯的祭司与克罗诺斯展开对话。当克罗诺斯回忆自己统治时期的美好时光时，他的祭司提到了那个时代的"金人"，并且设想假如一个金箔人被带到他们的世界当中展示给世人看，那么"人们一定会涌到他面前，把他大卸八块，争抢最大的一块，就像酒神的女祭司肢解彭透斯（Pentheus），色雷斯人肢解俄耳甫斯（Orpheus），还有群狗肢解亚克托安

① Dio Chrysostom, *Euboean Discourse*, in Dio Chrysostom, *Discourses*, Vol. I, 7, Loeb Classical Library, Cambridge, Massachusetts: Harvard University Press, 1932, pp. 287 – 373.

② Dio Chrysostom, *Euboean Discourse*, 117 – 118, in Dio Chrysostom, *Discourses*, Vol. I, 7, p. 353.

③ Dio Chrysostom, *In Athens*, *About His Banishment*, 34 – 35, in Dio Chrysostom, *Discourses*, Vol. II, 13, Loeb Classical Library, Cambridge, Massachusetts: Harvard University Press, 1939, p. 119.

④ Plutarch, *On Love of Wealth*, 527. 8, in Plutarch, *Moralia*, Vol. VII, Loeb Classical Library, Cambridge, Massachusetts: Harvard University Press, 1959, p. 33.

（Actaeon）那样"①。在《死人对话》中，赫尔墨斯与卡戎之间有一场对话。在谈话过程中，赫尔墨斯说古时候的人都是男子汉，多是战死沙场者。但是如今他们只能得到几个被儿子或妻子所毒死的，或者是因奢侈生活肚子和小腿都肿胀了，颜色憔悴，不成样子的人。而这些人多是为财而亡。② 这段对话反映了在当时的和平年代里，罗马人丧失了古代的勇武精神，社会风气堕落。从冥界阴魂的死因就可以看出，尘世间繁荣的表面下隐藏着各种邪恶和腐败。有人不惜为了钱财而戕害亲人，得到钱财后便用它来换取穷奢极欲的生活。

罗马人的传统美德是淡泊名利，追求质朴。罗马著名史学家李维在《罗马史》的序言中曾写道："从没有一个国家能对简朴的生活方式和节约如此重视，并且这么长时间以来对之一直保有敬意。"③ 然而，通过琉善的作品我们可以看到，在 2 世纪的罗马帝国，民众不再歌颂朴素，而是崇尚奢华；人们追求浮华和虚名，爱慕权势，贪图钱财，为物质利益不惜互相伤害。就像琉善在《卡戎——观察者》中所写的那样："他们的城市像蜂窝。住在里面，每个人都有自己的毒刺，都螫自己的邻居；少数人像马蜂一样掠夺、抢劫比较软弱的人。"④ 对奢侈生活的追求，导致社会道德败坏，致使罗马的传统精神和美德丧失。

---

① Lucian, *Saturnalia*, 8.
② 周作人：《路吉阿诺斯对话集》（上），第 166 页。
③ Livy, Vol. I, Book 1, 11.
④ 罗念生、陈洪文、王焕生、冯文华译：《琉善哲学文选》，第 53 页。

第四章　宗教生活领域

第一节　传统宗教

通过对琉善思想的全面整理和归纳，我们看到其最大特点就是"疾虚妄"，即对虚幻的事情具有高度的批判性。琉善以严密的理性思维，攻击传统宗教内容当中一切脆弱的环节。在这个过程中，他虽然运用了哲学的思维，但并没有将自己划归到任何一个流派当中。

对琉善而言，任何理性的工具都可以用来批判任何非理性的事物。例如，琉善所说的"神灵是完美的，不需要献祭"，是柏拉图主义哲学的体现。柏拉图眼中的神，最重要的特点之一就是尽善尽美，永远处于最好的状态当中。① 而琉善作品中反映出的"神灵不干涉人间事务"的观点，符合伊壁鸠鲁学派的神学思想。因为在伊壁鸠鲁学派看来，"那种危及神的永存福祉的信念，确切说来就是相信诸神会对人类事务产生兴趣的信念"②。至于琉善对人类迷信行为的讽刺，更是符合犬儒主义的传统。③ 纵观琉善的批判，可以看到，这是哲学对传统

---

① 叶秀山、王树人总主编：《西方哲学史》（学术版），第二卷，凤凰出版社 2005 年版，第 647 页。

② ［英］安东尼·肯尼：《牛津西方哲学史》第一卷，王柯平译，吉林出版集团有限责任公司 2010 年版，第 357 页。

③ J. Bremmer & A. Erskine, "Lucian's Gods: Lucian's Understanding of the Divine", page 6 of 15: "There was, long before Oinomaos, a Cynic tradition of mocking those who placed their faith in certain superstitious practices such as the wearing of amulets."

宗教的围攻。

如上所述，琉善曾追随罗马元首，对帝国政府也表示拥护。而面对官方极为重视的传统宗教，他却选择了批判，这是否与其一贯的对罗马上层的支持态度相矛盾呢？事实上，二者并不矛盾。琉善不是无神论者，他的批判也并非与传统希腊罗马宗教决裂。因为琉善的目的不是彻底否认信仰存在的必要性，而是要将传统宗教提升到一个新的神学高度，为宗教活动寻找理论基础。①

其实，琉善这一行为并非个例，2 世纪的其他学者也有类似的做法。例如，与琉善同时代的斐洛斯特拉图斯（Philostratus）的《阿伯罗尼乌斯传》（*Life of Apollonius of Tyana*）和波菲利（Porphyry）的《论节制》（*On Abstinence*）也各自提出了对传统宗教活动的看法。② 同时，琉善探讨神谕的作品，还得到同时代学者奥诺玛奥斯（Oenomaos of Gadara）的呼应。奥诺玛奥斯在《揭露骗局》（*Exposure of Frauds*）中讲述了他咨询分配之神（Clarian Apollo），得到的神谕似乎是说他将过着安定的生活，但后来却发现同样的神谕此前已经发给了一个本都商人，后者将之视为告诫他停止进一步活动的禁令。而且奥诺玛奥斯也曾跟琉善一样，用克洛索斯的例子来证明神谕的歹毒和含混不清。③

在 2 世纪的罗马帝国，出现这个现象并非偶然。此时，罗马文化繁荣，哲学得到极大的推广和发展，帝国上下都对思辨思维有所了解。当时的元首马尔库斯·奥勒留本人就是一位著名的哲学家。而琉善的《论在富豪家中的雇佣职位》《海尔摩提莫斯》《出逃者》等文章，则反映了当时罗马社会上流行的哲学热，普通民众也都热衷于追捧哲学。在思辨的思维下，人们不可能用旧时的眼光和思维来对待宗教了。故而琉善对传统宗教的批判是人类思维发展到该时期的必然。如吉本所言："一名哲学家怎么可能把诗人的无稽之谈和不合逻辑的古代传说

---

① J. W. Knust & Z. Varhelyi, "A Satirist's Sacrifices", page 1 of 15.

② Ibid. , page 5 of 15.

③ C. P. Jones, *Culture and Society in Lucian*, p. 44.

当作神圣的真理接受；他也不可能将那些就算当作是人，也都会为他所鄙视的，不完美的形象视为神灵？"① 如果在神学高度上没有一个新的提升，传统宗教会被快速地解构掉。而琉善对宗教的批评和探讨从这个角度讲，是以其独特的方式寻找传统宗教的新出路。他抨击传统宗教的不足之处，在否定的同时勾勒出了可以被肯定的宗教或神灵的形象。而这个形象正与与其同时代的基督教学者——贾斯丁（Justin）、塔提安（Tatian）、克莱门特（Clement of Alexandria）和奥利金（Origen）的作品中上帝的形象相似。② 这并非说明琉善倾向于基督教③。相反，是基督教借了哲学的东风使自己的神学理论更加成熟而有高度。④而这一点正是当时传统宗教所欠缺的，也是琉善想要着力对其提升的。然而，传统宗教的原始性、迷信性和实用性，决定了它们的神学理论不可能提高到琉善等哲学家所预期的高度。这就意味着传统宗教不得不留在人类的童年当中，当人类社会发展到成年阶段，思维趋于成熟时，等待它们的只能是被更具神学高度，更符合人类思维发展的宗教所取代。

　　关于传统多神教在 2 世纪罗马的发展情况，不同学者有不同的看法。吉本认为，通过琉善的批判可以看出，此时在罗马帝国传统宗教已经开始走下坡路。⑤ 然而琼斯则主张这时期传统宗教是十分繁盛的："当时的文学作品或历史遗迹并没有反映出奥林匹亚宗教信仰的

---

① E. Gibbon, *History of the Decline and Fall of the Roman Empire*, p. 53.

② J. Bremmer & A. Erskine, "Lucian's Gods: Lucian's Understanding of the Divine", page 10 of 15.

③ 琉善应该在 2 世纪留意到了基督教，但对其没有很大兴趣。这个教派在《佩雷格林之死》和《亚历山大——假预言者》中的出现是个偶然现象。如果基督教徒与琉善论述的主题没有关系的话，他可能根本不会提到他们。（B. Baldwin, *Studies in Lucian*, p. 102）

④ 翟志宏：《早期基督教与古希腊哲学的相遇》，《世界宗教研究》2011 年第 2 期："一旦确定哲学作为基督宗教信仰合理性辩护的基本原则之一，希腊哲学的众多观念与方法就会以不同方式进入到基督宗教之中。其结果是既提升了早期教父的辩护水平，同时也在较高的理论层面上促进了基督宗教神学思想体系的建立。""在（基督教）神学体系的建构过程中……希腊哲学对这种建构方式起到了非常重要的指向作用。"

⑤ ［英］爱德华·吉本：《罗马帝国衰亡史》（上），黄宜思、黄雨石译，第29—30 页。

滑坡……如果传统神话并不为民众所重视的话，就很难解释为什么琉善同时代的基督教的护教者如此猛烈地攻击它们。"① 对此，我认为，此时的传统多神教处于由盛转衰的临界点上，表面上依然繁荣，但民众内部对待宗教的态度已悄然分化，出现了两类人群：一类是迷信者；一类是觉醒者。迷信者的主体依然是普通民众，其中不乏不学无术的知识分子和保守的上层统治者。觉醒者，应以哲学家为代表，同时也包括上流社会中推崇希腊文化，尤其是深受希腊思辨哲学影响的人们。哲学家对神灵和神话故事的质疑，当然更直接地表明了罗马传统宗教地位的下滑。琉善对传统宗教迷信的讽刺一针见血，毫不留情。反过来，"除非一个作家已发现他的国家所信奉的神灵早已成为上流社会和知识界暗中鄙弃的对象，他是绝不会随便把他们拿来让人公开加以嘲笑的"②。琉善是一个与罗马上层交往较多的学者，能够探知上层的主流倾向，同时也愿意在一定程度上避免与之相逆。他的生平和作品都说明了这一点。③ 当然，琉善作为一名高级知识分子，本身也属于罗马上层社会。因此他的观点具有一定代表性。总之，琉善对传统宗教的批判，表明此时繁荣表象下的传统宗教，开始要走上下坡路了。

第二节　基督教

　　2 世纪帝国的历史舞台上还活跃着另外一派宗教，那就是基督教。琉善在《佩雷格林之死》中，讲述了佩雷格林（Peregrinus）混入基督教并被捕坐牢后的情况。这部分内容反映了当时基督教的发展状态。琉善在文中说："有人从亚细亚各城市前来营救他，支持他，安慰他，

---

① C. P. Jones, *Culture and Society in Lucian*, p. 35.
② ［英］爱德华·吉本：《罗马帝国衰亡史》（上），黄宜思、黄雨石译，第30页。
③ 琉善曾为逢迎元首而写下奉承的文章。

这些人是基督徒用他们的公共基金派来的。当他们又这类的公众事务的时候，他们表现出料想不到的快速，在短短的时间内把一切花光。"① 这一方面说明了当时基督教已经广泛传播于很多地方，拥有不少信徒；另一方面反映了基督徒已经有自己的公共基金。这就意味着基督教内部经济状况已经很好，说明它已得到很大发展。

琉善在其作品中流露出的思想，说明他很有可能受到了基督教的影响。首先，琉善在其作品中曾反复谴责人间少有"善有善报恶有恶报"的情况。② 这说明他主张应该善恶有报。这一点与《旧约》所传达的思想相一致。《旧约》中经常强调"善有善报，恶有恶报"。例如在圣经《出埃及记》（Exodus）中，摩西十诫里就有这样的内容："恨我的，我必追讨他的罪，自父及子，直到三四代，爱我，守我诫命的，我必向他们发慈爱，直到千代。"另有，"当孝敬父母，使你的日子在耶和华你神所赐你的地上得以长久"。③ 其次，在琉善的《普罗米修斯》中，普罗米修斯在被钉到山上前，就创造人类为自己辩护时说："在我看来，没有对立物作为必要的比较，以证明神更幸福一些，神就还缺少点什么。"④ 另外，文中的普罗米修斯指出，没有人类也就没有了神灵的崇拜者。琉善所表达的意思是：人类的重要作用，就是衬托神灵的伟大和崇拜神灵。而基督教中也有类似的观点。《以赛亚书》（Isaiah）的第四十三章第七节说："就是凡称为我名下的人，是我为自己的荣耀创造的，是我所作成，所造作的。"⑤ 其意思是上帝为了自己的荣耀而创造了人类，也就是说上帝造人的目的是要表彰他的光荣，把他的圣洁、慈爱、伟大彰显出来。另外，《创世记》（Genesis）的第

① 罗念生、陈洪文、王焕生、冯文华译：《琉善哲学文选》，第 206 页。

② 参见琉善《演悲剧的宙斯》，《被盘问的宙斯》（罗念生、陈洪文、王焕生、冯文华译《琉善哲学文选》）。

③ 《出埃及记》，20.5 - 6，20.12——http：//springbible. fhl. net/Bible2/cgic201/read201. cgi? na = % A5X&chap = 20。

④ 罗念生、陈洪文、王焕生、冯文华译：《琉善哲学文选》，第 161 页。

⑤ 《以赛亚书》，43.7——http：//springbible. fhl. net/Bible2/cgic201/read201. cgi? na = 0 & chap = 722 & ver = big5 & ft = 0 & temp = - 1 & tight = 0。

一章第二十七节说：上帝"根据自己的形象"制造了人，拉丁文的翻译是"creavit hominem ad imaginem Dei"①，这里的"ad"意思是"toward"，即"朝、向"。因此人类生活的"方向和目标"就是上帝。这一点也包含了人应该崇拜上帝的意味。所以上帝在创造人的时候就已经埋下了人类要崇拜上帝的种子。②由此可以看出，琉善的观点与基督教的主张有异曲同工之妙。再次，如前所述，英国简·布雷默和安德鲁·厄斯金教授指出："琉善在《论献祭》中所传达的关于神的观点，即神灵是全知全能的，完全可以自给，不依赖于外界③，与琉善时代的基督徒贾斯丁、塔蒂安、圣克雷芒（亚历山大里亚的）和奥利金等人的主张一致。"④这些也很有可能意味着琉善受到了基督教思想的影响。若真如此，那么基督教的思想至少已经渗透到了知识阶层。

基督教弥补了罗马传统宗教的不足。"因为宗教的定在是一种缺陷的定在，那么这种缺陷的根源就只能到国家的本质中去寻找。"⑤宗教是应人们的精神需求而生，为人们的精神需求服务的。基督教的发展说明它可以满足当时罗马人的精神需求。人们有需求就意味着有缺失；有缺失就可见传统宗教存有不足之处。在2世纪的罗马帝国，质朴务实已成过去，追求物质享受变成了时尚；金钱至上观念的流行促使许多人放弃道德底线。同为罗马公民，富人沉浸在财富带来的幸福中；穷人则在物质上的匮乏和精神上的妒忌这两团烈火中煎熬着。无力改变现实的人们，在绝望当中需要精神的慰藉。那么，如何才能摆脱现实的痛苦，重建往昔公民平等的尊严呢？基督教的出现解决了这

---

① ［奥］雷立柏编：《古希腊罗马及教父时期名著名言辞典》，宗教文化出版社2007年版，第205页。

② 此处要感谢中国人民大学（奥）雷立柏教授的启发。

③ 参见罗念生、陈洪文、王焕生、冯文华译《琉善哲学文选》，第148页。

④ Jan Bremmer and Andrew Erskine, *Lucian's Gods*: *Lucian's Understanding of the Divine*, "The Gods of Ancient Greece: Identities and Transformations", Edinburgh Scholarship Online, 2010, Sep - 12, Page 10 of 15.

⑤ 马克思：《论犹太人问题》（1843年），《马克思恩格斯全集》第3卷，人民出版社2002年版，第169页。

个难题。它缓解了当时穷人当中普遍存在的痛苦。例如，穷人面对自己拮据的生活感到难过，而基督教倡导朴素生活，可以令人们欣慰。又如，穷人看到富人奢侈生活而心生嫉妒，由此产生痛苦。然而，基督教主张惩罚富人，对穷人施以经济帮助。"按照圣经，任何一个基督徒都没有权利独自占有任何财产；财产共有是唯一适合于基督徒社会的状况；一个善良的基督徒不得向其他基督徒行使权力或发号施令，不得担任任何政府职务或享有世袭权力；相反，既然一切人在上帝面前都是平等的，那么在人间也应该是平等的。"① 再如，穷人对于自己所处的社会地位和面临的种种困境无力改变，深感绝望。对此基督教倡导来世的美好。"它认真地对待彼岸世界的报偿和惩罚，造出天国和地狱。一条把受苦受难的人从我们苦难的尘世引入永恒天堂的出路找到了。"② 由此可见，基督教的教义可以抚慰人心。

　　与此同时，罗马的传统宗教却无法完成上述任务。罗马宗教强调实用："罗马宗教在目的上显然更具政治性，较少具有人道主义。它的作用不是颂扬人类，或使人在世间感到自在……罗马人的道德，几乎与宗教没有关系。罗马人不请求其神灵让自己变得高尚，而是希望神可以给予其家庭及社会共同体物质上的恩赐。"③ 因此，罗马传统宗教无法满足人们的精神需求。当宗教无法满足人们的精神要求时，人们就会将之抛弃。故而基督教伴随着人们对传统宗教的抛弃，逐渐发展起来。不仅如此，基督教从诞生之初就特立独行，将自己置于罗马传统宗教和帝国的统治力量之外。这个排斥传统宗教的一神教，在此阶段得到了很大的发展，争取到了更多的教众。

---

① 恩格斯：《大陆上社会改革的进展》，《马克思恩格斯全集》第 3 卷，人民出版社 2002 年版，第 485—486 页。

② 恩格斯：《论原始基督教的历史》，《马克思恩格斯选集》第 4 卷，人民出版社 1995 年版，第 473—474 页。

③ E. M. Burns, *Western Civilizations*：*Their History and Their Culture*，New York：Norton，1968，pp. 214 – 215.

第五章　文化生活领域

琉善在其作品中对帝国知识分子的堕落也展开了批判。通过他的作品，我们可以看到此时罗马帝国文化阶层的情况。首先，琉善批评知识分子苟合取容，反映了当时一些文人为饱口腹之欲而巴结富人，用腹中诗书娱乐和服务有钱人。如马克思和恩格斯所指出的："要评价古代世界崩溃时代的晚期古代各家哲学学说的现实意义……只须注意一下这些学说的信徒在罗马称霸世界时的真实处境就行了。……可以在琉善的著作中找到这样的详细描述：人民如何把他们看作出当众洋相的丑角，而罗马资本家、地方总督等如何把他们雇来养着作为诙谐的弄臣，要他们在餐桌上为几根骨头和面包屑而和奴隶们争吵不休，在争得一勺酸酒之余，就专管用'不动心'、'忘言'、'快乐'等逗人的话来使大臣和他的客人们开心。"[①] 这些知识分子虽无多少真才实学，却练就了一身攀鸿附骥的本领。同时，琉善的作品揭露了很多所谓的"哲学家"道德沦丧、行为不检、举止粗鲁。在《宴饮》中，琉善在文章前半部分表扬宴会的组织者说："阿里斯泰尼图斯（Aristaenetus）真是不错。他在庆祝最重要的日子的时候，选择了邀请最博学的人，挑选了各个学派的领袖，一个学派都没落下，毫不歧视地邀请了所有的学派。"[②] 他表面上是在感叹和赞扬，实际上是嘲笑这些来

---

① ［德］马克思、恩格斯：《德意志意识形态》，《马克思恩格斯全集》（第3卷），人民出版社1960年版，第148—149页。

② Lucian, *The Carousal*, 10.

宾，进而暗讽各个哲学流派都不乏此类低俗货色，其中有些还是学界领袖。事实上，琉善在行文过程中，曾借吕奇努斯（Lycinus）之口正面表达了自己的感想。他认为，一个人如果不能提高个人修养的话，那么学习多少人文科学都是没有意义的。他说这些人各个伶牙俐齿，实际上是自取其辱；让人思想偏激的是教育，而不是酒。贺透伊默克勒斯（Hetoemocles）在没喝酒的情况下也写出了那样的信。[①] 而且同赴喜宴，没受教育的人举止得体；知识分子却行为粗鲁。教育让知识分子们只执着于书本上的内容，却对实际生活毫不在乎。这些内容说明当时的文化阶层和教育体系中存在着严重问题，培养出的人有知识，没文化。

琉善的作品所揭露的，众多知识分子身上另一大缺点是言是人非。那些哲学家们尤其如此。他们表面上坚定地维护本派哲学理念，各个看起来都造诣颇深，对一切违背自己哲学教义的行为都深恶痛绝，但是能够做到言行一致的却是凤毛麟角。遇到秉持理念与之相悖的哲学家，他们会誓死与其辩论、斗争。但是，当这些人走下从众人瞩目的讲台，回到日常生活中时，却将自己的信念忘得一干二净。听其言，人们会觉得无可非议；观其行，就会发现其为人不可取。琉善曾在自己的作品多处批评此类哲学家虚伪。一些哲学家号称推崇哲学，追求公正。事实上，他们自己在为人处世上，连最起码的公平都做不到。

琉善对哲学家队伍中名实不符的现象的批判，说明了当时表面上看哲学家队伍壮大了，但事实上这其中有很多人并非是真正的哲学家或对哲学抱有热情，反映了当时的知识分子当中有很多伪哲学家。这些人的目的只是为谋得丰富的报酬。这种滥竽充数的伪哲学家，给真正的哲学带来了极其恶劣的影响。在琉善的《出逃者》中，看到哲学女神匆忙赶来，十分激动，满眼泪光，宙斯说："等一下，是哲学女

---

① 参见 Lucian, *The Carousal*, 21－27。

神。她非常痛苦地呼唤我的名字。你为什么泪流满面，我的女儿？你为什么离开凡间，来到这里？上一次人们因阿尼图斯的指控杀死苏格拉底，你于是离开了他们。这一次不会是同样的问题吧？"哲学女神的回答是："宙斯，有一群介于普通民众和哲学家之间的人。他们举止、眼神、步伐都与我们一样，穿着打扮也是如此。实际上，他们希望能够受到我统帅，于是将自己登记在我的名下，说是我的学生、弟子和拥护者。然而，他们恶劣的生活方式充满了愚昧、无耻和放纵，严重伤害了我。父亲，就是他们的犯下的过错逼得我逃走。"① 通过这样的描述，可以看出伪哲学家对真正的哲学造成了极大的伤害，其不良影响无异于杀死苏格拉底。

事实上，2 世纪"伪哲学家"这个群体，可以分为两类。一类是真正的"非哲学家"，一类则是"变了味的哲学家"。琉善来自帝国东部，受希腊哲学影响颇深，博通各派哲学。2 世纪流行于罗马帝国的哲学，与传统的希腊哲学已经有所不同。这种不同的一个重要的表现就是哲学家的行为。而行为是理念的反映。哲学家对哲学的实践一方面已经越来越流于表面——只是在口头上的说教，追求哲学却缺乏真正的思考，停留于在服装和形象上强调哲学家的身份，以及仅仅用激烈辩论的形式来强调哲学的思辨，但并没有真正领悟哲学理念，也没有实际践行哲学中的美德；另一方面，对于哲学的追求和实践已经偏离了最初"正统"的哲学理念，例如，在《佩雷格林之死》中，佩雷格林的做法受到琉善的讽刺，可以看出琉善认为这种行为绝不会为第欧根尼所支持，② 反映出此时罗马的犬儒学派已经不同于最初希腊的犬儒主义了，而是在新的土壤上发生了变化。重实用、轻思辨的罗马人，在学习希腊文化，接受希腊哲学的过程中，一步步地改变了传统的希腊哲学。

---

① Lucian, *The Runaways*, 3 – 4.

② Peter Sloterdijk, translation by Michael Eldred, *Critique of Cynical Reason* Vol. 40, London：University of Minnesota Press, 1987, p. 171.

琉善还攻击了空想说谎的哲学家。他这样做不只是给后人写下了各种奇异的鬼怪故事，也不仅仅反映出哲学家的迷信，而是传达了更深层次的信息，即很多人信口雌黄，哲学家的话不可信："他们是胆大包天的骗子。"① 正如周作人先生在《爱说谎的人》的前言中所说的："他所攻击的乃是当时的哲学家，实在就是所谓学者，他们乃是'爱智慧'的人，论理是切实懂得事理的人了，但是他们只凭了传统，各立门户，有所主张，可是也只用空想，弄些诡辩，实际是和庸众没有什么不同。"② 一些事情很显然是假的，但是却出自哲学家之口。同时，还有同类人积极地帮其圆谎。这说明很多哲学家狼狈为奸，生活在虚假和谎言当中。对于这一点，普鲁塔克的作品也有所反映。他曾讽刺伊壁鸠鲁派哲学家说："我的意见是，如果他们要做到言语与其痛苦的经历相符，并且不为追求掌声而因空洞的话语招来夸夸其谈的骂名，那么他们就不应该主张'肉体的平稳状态'是一切愉悦的源泉，也不该声称：在痛苦的疾病中挣扎的人会感到愉悦，并且能用傲慢的轻蔑来医治病痛。"③ 普鲁塔克对斯多葛派哲学家的讽刺更加直白尖锐。同琉善一样，他批评一些哲学家欺骗世人，夸大哲学的作用。普鲁塔克说："斯多葛派的哲人，尽管昨天还最为丑陋、堕落，今日却突然变得德行出众；从一个满脸爬满皱纹、面色发黄，如埃斯库罗斯口中'受腰痛折磨，可怜的被病痛困扰的老人'，变成了一个魅力四射、相貌俊美的男人。"④ 因为斯多葛派哲学的美德可以带来一切："'说吧，如果你有什么愿望；你一定心想事成。'它能带来财富；它能架构王权；它许给你幸运；它让人发达且无所缺少、完全自足，尽

---

① 罗念生、陈洪文、王焕生、冯文华译：《琉善哲学文选》，第 5 页。

② 周作人：《路吉阿诺斯对话集》（下），第 649 页。

③ Plutarch, *That Epicurus Actually Makes A Pleasant Life Impossible*, 1089. F – 1090. A, in Plutarch, *Moralia*, Vol. XIV, Loeb Classical Library, Cambridge, Massachusetts: Harvard University Press, 1967, p. 39.

④ Plutarch, *The Stoics Talk More Paradoxically Than the Poets*, 1057. F, in Plutarch, *Moralia*, Vol. XIII, Part II, Loeb Classical Library, Cambridge, Massachusetts: Harvard University Press, 1976, p. 613.

管他们自己一个德拉克玛都没有。"①

然而，现实却有力地证明了这些哲学家在骗人。这些扬言拥有哲学就能获得幸福的人，在研习哲学之后依然过着朝不保夕的生活，仍旧为了口腹之需而放弃尊严："得到了斯多葛派'丰饶之角'的人，尽管已经变得富有，却还要从别人那里乞讨面包；尽管已成为国王，却还为赚钱而解析逻辑推理；尽管唯独他拥有了一切，却还要交房租，买面包和奶酪，而且经常为此而借贷或向那些一无所有的人祈求施舍。"② 普鲁塔克的论述，印证了琉善的作品所反映的社会现象，揭露了哲学家的谎言。

琉善的作品对哲学家们的争强好辩也进行了讽刺，反映出当时的哲学家终日探讨空洞、抽象的问题。通过琉善的作品，我们可以看到各派哲学家都坚定，甚至是盲目地维护本门派的学说，所以他们时常辩论、争吵。然而，他们的讨论从未得出统一的结论，只为逞口舌之快而争辩不休，在辩论中表现暴躁、粗鲁。例如，在《双重起诉》中，潘对公正女神介绍哲学家时，讲述了他看到的哲学家争吵的景象："随着会议的进行，他们的声音高到了用假声的程度。由于谈话的时候异常激动和用力，他们的脸都变红了，脖子肿胀，血管爆出，就好像长笛手拼命吹一只闭合的笛子一样。实际上，他们打乱了争论，搞不清楚最初要探究的主题，在相互谩骂之后，用弯曲的手指擦着额头上的汗水走了。声音最大、最放肆、最后一个离开的人，则被认为是最厉害的。"③ 另外，《云上人》中也提到了哲学家的这种行为："他们搜集尖刻的言辞，钻研新颖的骂人的话语，斥责旁人；他们中间谁最吵闹、最莽撞、最勇于诽谤别人，谁就名列第一。"④ 在柏拉图的《会饮篇》中，苏格拉底与阿伽通之间有一段对话。对话结尾处阿伽通

① Plutarch, *The Stoics Talk More Paradoxically Than The Poets*, 1058. C, in Plutarch, *Moralia*, Vol. XIII, Part II, p. 617.

② Ibid. , p. 619.

③ Lucian, *The Double Indictment*, 11.

④ 罗念生、陈洪文、王焕生、冯文华译：《琉善哲学文选》，第21页。

说："苏格拉底，我没法反驳你，就算你说的是对的吧。"苏格拉底回答说："不，亲爱的阿伽通。你不能反驳的是真理——反驳苏格拉底其实容易得很。"① 苏格拉底是在告诉人们：哲学辩论的目的不是争吵，或是打败对手，而是获得知识；辩论的目标是揭示真理，而非为让辩论者一较高下。琉善笔下的哲学家们的表现，不仅反映了他们个人修养较差，还说明他们不懂得这个道理。他们辩论的目的是打败对方，而非探求真理。这种狭隘的心态掺杂了强烈的主观情感后，让争论中的他们丧失理性，意气用事，使其辩论从争论演变成谩骂。

琉善还批评了知识分子的不学无术。这说明在 2 世纪罗马，很多属于文化阶层的人知识匮乏，胸无点墨却装作才华横溢。例如《演说术老师》就反映了一些所谓的演说家没有真才实学，发表的演说内容狭隘，只关注演讲技巧，不考虑演说应承载的道理。科瓦略夫说："在帝国的条件下失去了任何政治内容的演说者的雄辩术蜕化成没有思想的、模仿的修辞学（'第二诡辩术'）。"② 更过分的是，到了安东尼统治时期，一些学习演说术的人甚至连传统的修辞学训练都放弃了，而是通过夸张的舞台效果来取悦听众，影响与会者，以博取名声。③

此外，在《演说术老师》中，所谓的"演说术老师"还对学习者有这样一段提点："对你来说维护声誉最重要的事情——嘲笑所有的演讲者。如果有人做了一场精彩的演讲，就让他显得像是在剽窃别人的东西。如果有人对他略加批评，你就提出他讲的内容全部存有争议。……当所有人都很安静时，你就用怪异的方式表达赞许。这样可以吸引其他人的注意，引其反感，使之厌恶你粗俗的语言，堵住自己的耳朵。不必频繁地挥手（因为那很常见），最多起立一两次。通常情况下，你要面带微笑，明显地表现出你对对方所讲内容并不满

---

① Plato, *Symposium*, 201C, in Plato, *Lysis*, *Symposium*, *Gorgias*, Loeb Classical Library, Cambridge, Massachusetts: Harvard University Press, 1925, p. 173.

② ［俄］科瓦略夫：《古代罗马史》，王以铸译，第 735 页。

③ Lucian, *Lucian*, Vol. IV, p. 133.

意。"① 这表明不学无术者不仅混迹于演说家的圈子，而且对有真才实学者极为妒忌，并加以打压。这种"李鬼打击李逵"的现象确实存在。斐洛斯特拉图斯（Flavius Philostratus）② 在回顾这个时期时，也对此提出了批评："不能即兴演说者对那些能够即兴演说的人嫉妒不已：'毫不奇怪的是，有些人他们自己不能想出任何伟大的思想，也不能欣赏那些有思想创见的人，就会去羞辱、痛斥他们同时代的最敏捷、最勇敢、最伟大的希腊（演说）风格'。"③ 可见当时的学术氛围已被无良文人搞得乌烟瘴气。

在《论撰史》中，琉善对一些错误的写史方法提出批判。琉善指出，拙劣的史家写作历史时模仿前人著作，任意发挥想象力，粉饰历史真相，堆砌优美的词汇，并且为凸显论述效果，不惜使用夸张的对比或编造史实。这些内容一方面说明了 2 世纪罗马历史学科的发展，缺乏系统的史学理论的指导，存在着诸多问题；另一方面也反映出修辞学对历史写作的渗透。例如，琉善在《论撰史》中对那些模仿修昔底德的人提出批评，就说明这种属于修辞学范畴的模仿被运用到了历史写作当中。因为模仿古代经典作家是修辞学的一大特点："智术师作者的目标是巧妙的模仿，写出来的作品能同时让人想起几个经典作家。"④ 又如，琉善指出，有的作家为了彰显罗马军队的战斗力，甚至会任意编造死伤人数，以形成鲜明的对比："在欧罗巴斯一役敌方死者七万零二百三十六人，罗马死者二人，伤者仅七人！"⑤ 这反映出著史者采用了修辞学中对比的方法。比较和对比是 2 世纪修辞学常用的手法，如《第二代智术师》中所说："现在的智术师则是因其大范围

---

① Lucian, *A Professor of Public Speaking*, 22, in Lucian, *Lucian*, Vol. IV, pp. 163 – 165.

② 《智者传》(*Lives of the Sophists*) 的作者，是公元 3 世纪早期的雅典诡辩家。斐洛斯特拉图斯约 170 年出生于希腊利姆诺斯岛（Lemnos），在雅典先后师从于普洛克勒斯（Proclus）、希波德劳穆斯（Hippodromus）和安提巴特（Antipater），后又在以弗所（Ephesus）跟随年迈的达米亚努斯（Damianus）学习。

③ ［英］安德森：《第二代智术师——罗马帝国的文化现象》，罗卫平译，第 58 页。

④ 同上书，第 107 页。

⑤ 缪朗山：《缪灵珠美学译文集》第一卷，第 196 页。

使用对立比较的方法而令人注目。"① 而琉善所批评的这些历史作品，就是在运用修辞学中夸张的对比，忽略了历史"求真"的重要性。2世纪历史学领域存在的这些问题说明了：修辞学的泛滥，使得修辞学的思考方式和技巧都被随意地运用到历史写作中，影响历史学应有的客观性。这方面典型的例子是弗隆托（Fronto）②的《纪事原理》（*Principia Historiae*）。弗隆托在描写维鲁斯在帕提亚战争中的功绩时，就是"用设计好的艺术修辞歪曲真相"③。

不管是演说家的荒唐，还是历史家的无知，都反映了琉善时代知识分子的学术水平。他们空有学者之名，但在落实到具体的学科工作当中时却漏洞百出，因而受到琉善的批判。

总之，同2世纪罗马人的生活一样，他们的文化也是浮华的。这时期的文学作品重在娱乐权贵，辞藻华丽却言之无物；哲学领域的竞争更像是宗教派别的争斗，各学派的追随者盲目信仰各自的教义信条，崇拜各自的前辈学者，单纯地继承和接受前人的理念，缺乏进一步的发挥和开拓。在这个原本应拥有最多活跃头脑的领域中，人们的思维被严重地束缚了。此时期的诗人和雄辩家也都呆板地模仿前人成果，热衷于歌功颂德，追求的不是"文以载道"，而是形式主义，缺乏独特见解，只善于堆砌辞藻和引经据典。文学语言同样追求古典形式，脱离日常生活。吉本曾这样形容此时的罗马文化："诗人的名字几乎已完全被遗忘；雄辩家的地位被诡辩家所占据。由批评家、编纂家和评论家所掀起的乌云遮住了真正的学识的光辉，紧随着天才的没落而来的便自然是日趋低下的趣味。"④

---

① ［英］安德森：《第二代智术师——罗马帝国的文化现象》，罗卫平译，第80页。

② 弗隆托是与琉善同时代的人，是马尔库斯·奥理略和卢奇乌斯·维鲁斯两位元首的前任老师。

③ ［英］安德森：《第二代智术师——罗马帝国的文化现象》，罗卫平译，第161页。

④ ［英］爱德华·吉本：《罗马帝国衰亡史》（上），黄宜思、黄雨石译，第56—57页。

结　语

　　琉善用笔如刀。他崇尚高洁的情操，歌颂对美德的追求，抨击腐化的生活，讽刺有失气节的文人，在嬉笑怒骂中针砭时弊。琉善的文章不是严格意义上的历史作品，但其作为文学材料的历史价值不可忽视。钱锺书先生在《管锥编》中说："夫稗史小说、野语街谈，即未可凭以考信人事，亦每足据以觇人情而征人心，又光未申之义也。"①同样，我们可以透过琉善的作品观察 2 世纪的罗马世界。

　　罗马帝国经过漫长艰苦的奋斗，到 2 世纪时获得了伟大的成就。社会生活呈现出一派繁荣的景象。与琉善同时代的演说家埃留斯·阿里斯提德斯，在《罗马颂词》中曾将此时的帝国描绘得如人间仙境一般。②整个帝国绽放出前所未有的魅力。然而，透过琉善的作品，我们可以看到此时罗马的社会风气并不清明。在 2 世纪的罗马社会中，奢侈享乐流行，传统宗教走衰，学风不正严重。

　　琉善生活在安敦尼王朝时期。随着安敦尼王朝的结束，"罗马和平时代已经进入了尾声"③。此后的罗马再不见往日的繁华，进入了其发展史上的衰亡期。④孟德斯鸠指出罗马衰亡的原因在于君主政体的施行，对外掠夺的政策和民风的败坏。然而，2 世纪的罗马帝国还保

---

① 钱锺书：《管锥编》（第一册），中华书局 1979 年版，第 271 页。

② Aelius Aristides, *The Roman Oration*, translated by James H. Oliver, Philadelphia：American Philosophical Society, 1953.

③ 杨共乐：《罗马史纲要》，第 224 页。

④ 同上书，第 241 页。

持着元首政治。从哈德良到维鲁斯，各位元首均奉行奥古斯都遗嘱所规定的边疆政策，停止了对外扩张。帝国总体环境是和平稳定的。因此，前两种衰败的原因在此时尚未出现。但是，此时的帝国居民富了物质，却穷了精神。

2世纪罗马人逐渐失去了传统道德规范的约束。"爱国"是罗马传统的美德中很重要的内容。这一点随着传统美德的丧失而逐渐淡化，致使人们对国家的感情日益淡薄。罗马之崛起依靠的是战场上一次又一次的胜利。而这些胜利仰仗的是驰骋在沙场上的罗马战士。鼓舞这些士兵抛洒热血的，是他们对罗马的热爱。当"爱国"的热情为"爱财"所取代，帝国失去了奋勇逆取的精神，开始走上了下坡路。

孟德斯鸠说："宗教永远是人们可以用来维系人心的最好保证，但除去这一点之外，在罗马人当中还有这样一个特点，这便是在他们对祖国的爱上面，他们还掺入了一些宗教的情感。"① 因此，2世纪罗马传统宗教的走衰，一方面使得维护罗马民族内部团结的张力失去了，另一方面也导致了罗马人对祖国的热爱淡化了。② 人们不再信任旧神，而是信仰上帝。罗马人不再具有往日的民族认同感。元首的政府也逐渐失去人们的重视。与此同时，基督教会作为一个系统的组织却为罗马人带来了实际帮助。人们亲教会就是自然的选择。此时，帝国在他们眼中的角色，只是一个"收税者"。当人们得不到国家的"爱"，自然也就不会"爱国"了。③ 所以，传统宗教的衰落，切断了公民与帝国之间的纽带，预示着帝国的衰亡。

---

① ［法］孟德斯鸠：《罗马盛衰原因论》，婉玲译，商务印书馆2007年版，第53页。

② "共和国和王国的君主应该维系他们所保有的宗教信仰的基础。如果这么做了，他们将会轻而易举就能维系共和国的宗教情操，随之而来的是敦厚的民情与团结的精神。"（［意］马基雅维里：《论李维罗马史》，吕健忠译，商务印书馆2013年版，第52页）"服从'神'、敬畏神……在相当大的程度上保证了罗马公民和国家、法律、命令的高度统一，保证了罗马公民行为上的高度一致。"（杨共乐：《早期罗马宗教传统的特点》，《河北学刊》2008年第2期）"是宗教维持了罗马国家的凝聚力。"（Polybius, *The Histories*, Vol. III, Book VI. 56. 7 – 8, Loeb Classical Library, Cambridge, Massachusetts：Harvard University Press, 1923, p.395）

③ 此处受到北京师范大学历史学院杨共乐教授的启发。

　　知识分子是"社会的良心"，是社会精神发展的主力军。① 知识分子的堕落就意味着整个社会精神的滑坡。正如刘家和先生所说："在清朝，当最优秀的知识分子都不知道世界是什么样的，中国怎能不落后挨打？"同样，在罗马，当主要的知识分子群体都流于无知和虚伪，整个帝国又怎能不丧失斗志呢？进取精神的消失，同样预言了帝国的衰亡。

　　琉善作品所反映的不良风气虽然还包括其他一些内容，如世人气节丧失、贪财贱义等②，并且我们在文中亦能窥见些许优良风尚，但其作品主要涉及的是市民生活奢华、宗教走衰和文化堕落三个方面。这与孟德斯鸠在《罗马盛衰原因论》中讨论罗马人的腐化时所谈到的内容相符。琉善为我们呈现了隐藏在"罗马和平"之光背后的暗淡的社会图景，揭示了罗马盛世下的衰颓之势，说明了罗马帝国精神层面的衰败早在 2 世纪就已经出现。他的作品有助于我们修正、完善对 2 世纪罗马帝国社会状况已有的认识，为我们重新思考罗马帝国的衰亡这一重大学术问题提供了新的契机。

---

　　① "如果详细考察一下'知识分子'这一概念的由来，不难发现'知识分子'的含义在今天的西方主要是指'社会的良心'。认为他们是整个社会基本价值（如公平、正义、自由、理性）的维护者。知识分子一方面根据这些价值标准去批判社会上不合理的现象，另一方面，他又努力使这些价值在社会前进中得以实现，因此，知识分子的使命不仅是重大的，而且也是长远的。"（汪振军：《公共领域、舆论监督与公共知识分子》，《广西社会科学》2004 年第 7 期）"构成社会良心的知识分子是社会整体利益的守护者，尤其代表着弱势的、不为重视的群体的利益。"（黄玉：《知识分子与国家：对立、依附与融合》，《开放时代》2006 年第 6 期）

　　② 在琉善的作品《云上人》中，墨尼波斯听到的世人对宙斯的祈祷，就是对当时罗马人道德滑坡、贪财贱义的反映。参见罗念生、陈洪文、王焕生、冯文华译《琉善哲学文选》，第 17 页。

附　录

附录一　琉善作品总结

古希腊文标题	拉丁文标题	英文标题	中文标题
勒布版琉善作品第一卷			
Φάλαρις A	Phalaris I	Phalaris 1	《法拉里斯（一）》
Φάλαρις B	Phalaris II	Phalaris 2	《法拉里斯（二）》
Ἱππίας ἢ Βαλανεῖον	Hippias	Hippias (or The Bath)	《希庇亚斯》或《浴室》
Διόνυσος	Bacchus	Dionysus	《狄俄尼索斯》
Ἡρακλῆς	Hercules	Heracles (or Hercules)	《赫拉克勒斯》
Περὶ τοῦ Ἠλέκτρου ἢ Κύκνων	Electrum	Amber (or The Swans)	《琥珀》或《天鹅》
Μυίας Ἐγκώμιον	Muscae Encomium	The Fly	《苍蝇赞》
Νιγρίνου Φιλοσοφία	Nigrinus	Nigrinus	《尼格里努斯》
Δημώνακτος Βίος	Demonax	Demonax	《泽莫纳克斯》
Περὶ τοῦ Οἴκου	De Domo	The Hall	《会堂》
Πατρίδος Ἐγκώμιον	Patriae Encomium	My Native Land	《故乡颂》
Μακρόβιοι	Macrobii	Octogenerians	《耄耋老人》
Ἀληθῶν Διηγημάτων A	Verae historiae I	A True Story 1	《真实的故事（一）》

续表

古希腊文标题	拉丁文标题	英文标题	中文标题
Ἀληθῶν Διηγημάτων Β	Verae historiae II	A True Story 2	《真实的故事（二）》
Περὶ τοῦ μὴ ῥᾳδίως πιστεύειν Διαβολῇ	Calumniae non temere credendum	Slander	《诽谤》
*Δίκη Συμφώνων	Lis Consonantium（or Iudicium Vocalium）	The Consonants at Law	《辅音字母的诉讼》
Συμπόσιον ἢ Λαπίθαι	Symposium	The Carousal（or The Lapiths）	《宴饮》或《拉庇泰人》
勒布版琉善作品第二卷			
Κατάπλους ἢ Τύραννος	Cataplus	The Downward Journey（or The Tyrant）	《摆渡》或《僭主》
Ζεὺς ἐλεγχόμενος	Jupiter confutatus	Zeus Catechized（or Zeus Cross – Examined）	《宙斯被盘问》
Ζεὺς Τραγῳδός	Jupiter Tragoedus	Zeus Rants	《宙斯唱悲剧》
Ὄνειρος ἢ Ἀλεκτρυών	Gallus	The Dream（or The Cock）	《梦》或《公鸡》
Προμηθεύς	Prometheus	Prometheus	《普罗米修斯》
Ἰκαρομένιππος ἢ Ὑπερνέφελος	Icaromenippus	Icaromenippus（or The Sky – man）	《伊卡洛墨尼波斯》或《云上人》
Τίμων	Timon	Timon（or The Misanthrope）	《提蒙》或《愤世嫉俗者》
Χάρων ἢ Ἐπισκοποῦντες	Charon sive Contemplantes	Charon（or The Inspectors）	《卡戎》或《观察者》
Βίων Πρᾶσις	Vitarum auctio	Philosophies for Sale	《出售的哲学》
勒布版琉善作品第三卷			
Ἀναβιοῦντες ἢ Ἁλιεύς	Revivescentes sive Piscator	The Dead Come to Life（or The Fisherman）	《还阳者》或《渔夫》
Δὶς κατηγορούμενος	Bis accusatus sive Tribunalia	The Double Indictment（or Trials by Jury）	《双重起诉》或《陪审团的审判》
Περὶ Θυσιῶν	De Sacrificiis	On Sacrifices	《论祭祀》
Πρὸς τὸν ἀπαίδευτον καὶ πολλὰ βιβλία ὠνούμενον	Adversus Indoctum	The Ignorant Book – Collector	《无知的藏书家》

古希腊文标题	拉丁文标题	英文标题	中文标题
Περὶ τοῦ Ἐνυπνίου ἤτοι Βίος Λουκιανοῦ	Somnium sive Vita Luciani	The Dream（or Lucian's Career）	《梦》或《琉善的职业》
*Περὶ τοῦ Παρασίτου ὅτι Τέχνη ἡ Παρασιτική	De Parasito	The Parasite：Parasitic an Art	《食客——寄生的艺术》
Φιλοψευδής ἢἈπιστῶν	Philopseudes sive Incredulus	The Lover of Lies，（or The Doubter）	《爱说谎的人》或《怀疑者》
Θεῶν Κρίσις	Dearum Iudicium	The Judgement of the Goddesses	《女神的审判》
Περὶ τῶν ἐν Μισθῷ συνόντων	De Mercede conductis	On Salaried Posts in Great Houses	《论在富豪家中的雇佣职位》
勒布版琉善作品第四卷			
Ἀνάχαρσις ἢ Περὶ Γυμνασίων	Anacharsis	Anacharsis（or Athletics）	《阿纳卡西斯》或《体育运动》
Μένιππος ἢNεκυομαντεία	Necyomantia	Menippus（or The Descent Into Hades）	《美尼普斯》或《下入地府》
Περὶ Πένθους	De Luctu	On Funerals	《论葬礼》
Ῥητόρων Διδάσκαλος	Rhetorum Praeceptor	A Professor of Public Speaking	《演说术老师》
Ἀλέξανδρος ἢ Ψευδόμαντις	Alexander	Alexander the False Prophet	《亚历山大——假预言者》
Εἰκόνες	Imagines	Essays in Portraiture	《论肖像画》
Ὑπὲρ τῶν Εἰκόνων	Pro Imaginibus	Essays in Port raiture Defended	《关于肖像画的辩护》
*Περὶ τῆς Συρίης Θεοῦ	De Syria Dea	The Goddesse of Surrye	《叙利亚女神》
勒布版琉善作品第五卷			
Περὶ τῆς Περεγρίνου ελευτῆς	De Morte Peregrini	The Passing of Peregrinus	《佩雷格林之死》
Δραπέται	Fugitivi	The Runaways	《出逃者》
Τόξαρις ἢ Φιλία	Toxaris sive Amicitia	Toxaris（or Friendship）	《透克萨里斯》或《友谊》
ΠερὶὈρχήσεως	De Saltatione	The Dance	《论舞蹈》
Λεξιφάνης	Lexiphanes	Lexiphanes	《卖弄文笔的人》
Εὐνοῦχος	Eunuchus	The Eunuch	《阉人》
*Περὶ τῆς Ἀστρολογίας	De Astrologia	Astrology	《占星术》
Ψευδολογιστής	Pseudologista	The Mistaken Critic	《错误的批评家》

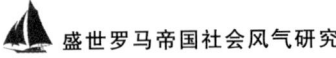

续表

古希腊文标题	拉丁文标题	英文标题	中文标题
Θεῶν Ἐκκλησία	Deorum Concilium	The Parliament of the Gods	《众神的会议》
Τυραννοκτόνος	Tyrannicida	The Tyrannicide	《诛杀暴君者》
Ἀποκηρυττόμενος	Abdicatus	Disowned	《断绝关系》
勒布版琉善作品第六卷			
Πῶς δεῖ Ἱστορίαν συγγράφειν	Quomodo Historia conscribenda sit	How to Write History	《论撰史》
Περὶ τῶν Διψάδων	Dipsades	The Dipsads	《迪普萨德》
Τὰ πρὸς Κρόνον	Saturnalia	Saturnalia	《农神节》
Ἡρόδοτος ἢ Ἀετίων	Herodotus	Herodotus (or Aetion)	《希罗多德》
Ζεῦξις ἢ Ἀντίοχος	Zeuxis	Zeuxis (or Antiochus)	《宙克西斯》或《安条克王朝》
Ὑπὲρ τοῦ ἐν τῇ Προσαγορεύσει Πταίσματος	Pro Lapsu inter salutandum	A Slip of the Tongue in Greeting	《问候中的口误》
Ἀπολογία	Apologia	Apology for the "Salaried Posts in Great Houses"	《就〈论在富豪家中的雇佣职位〉致歉》
Ἁρμονίδης	Harmonides	Harmonides	《哈蒙尼德斯》
Διάλογος πρὸς Ἡσίοδον	Hesiodus	A Conversation with Hesiod	《与赫希俄德的谈话》
Σκύθης ἢ Πρόξενος	Scytha	The Scythian (or the Consul①)	《斯基泰人》
Ἑρμότιμος ἢ Περὶ Αἱρέσεων	Hermotimus	Hermotimus (or Concerning the Sects)	《海尔摩提莫斯》或《论宗派》
Πρὸς τὸν εἰπόντα Προμηθεὺς εἶ ἐν λόγοις	Prometheus in Verbis	To One Who Said "You're a Prometheus in Words" (A Literary Prometheus)	《致言"你是文坛的普罗米修斯"者》
Πλοῖον ἢ Εὐχαί	Navigium	The Ship or The Wishes	《船》或《愿望》

————————

① "Consul"原意是"领事",即一个政府派驻他国某一地区或城市的外交官员,任务是保护本国与它的侨民的权益和处理侨民事务。此处只去其中部分意思,即对外来者予以引荐和保护的人。

续表

古希腊文标题	拉丁文标题	英文标题	中文标题
勒布版琉善作品第七卷			
Νεκρικοὶ Διάλογοι	Dialogi Mortuorum	Dialogues of the Dead	《死人对话》
Ἐνάλιοι Διάλογοι	Dialogi Marini	Dialogues of the Sea – Gods	《海神对话》
Θεῶν Διάλογοι	Dialogi Deorum	Dialogues of the Gods	《诸神对话》
Ἑταιρικοὶ Διάλογοι	Dialogi Meretricii	Dialogues of the Courtesans	《妓女对话》
勒布版琉善作品第八卷			
ΨεγδοσοφιϛτηϛηΣολόικιϛτηϛ	Falsa Sophista	The Sham Sophist (or The Solecist)	《假智者》或 《违反语法者》
Λούκιος ἢ Ὄνος	Asinus	Lucius or The Ass	《卢修斯》或《驴子》
Ἔρωτες	Amores	Amores (or Affairs of the Heart)	《爱》或《心动情事》
Δημοσθένους Ἐγκώμιον	Demosthenis Encomium	In Praise of Demosthenes	《对德摩斯梯尼的赞美》
Ἀλκυὼν ἢ Περὶ Μεταμορφώσεων	Halcyon	Halcyon (or On Transformations)	《翠鸟》
Ποδάγρα	Podagra	Podagra (Gout)	《痛风》
Ὠκύπους	Ocypus	Ocypus (Swift – of – Foot)	《快足》
Κυνικός	Cynicus	Cynicus (The Cynic)	《犬儒主义者》
Φιλόπατρις ἢ Διδασκόμενος	Philopatris	Philopatris (The Patriot)	《爱国者》
Χαρίδημος ἢ Περὶ Κάλλους	Charidemus	Charidemus	《卡里狄穆斯》
Νέρων	Nero	Nero	《尼禄》

附录二　琉善作品按所属时间段排序[①]

早期作品	《斯基泰人》《希罗多德》《哈蒙尼德斯》《故乡》《错误的批评家》《佩雷格林之死》《梦》《舞蹈》《论肖像画》《关于肖像画的辩护》《断绝关系》《法拉里斯》（I，II）《诛杀暴君者》
中期作品	《海尔摩提莫斯》《双重起诉》《出售哲学》《渔夫》《出逃者》《摆渡》《论撰史》《叙利亚女神》《众神的会议》《无知的藏书家》《阉人》《泽莫纳克斯》
晚期作品	《赫拉克勒斯》《狄俄尼索斯》《问候中的口误》《亚历山大——假预言者》《关于在富豪家中的雇佣职位》《就〈关于在富豪家中的雇佣职位〉致歉》《演说术老师》《痛风》
其他可能属于较晚时期的作品	《阿纳卡西斯》《卡戎——观察者》《女神的审判》《诸神对话》《妓女对话》《海神对话》《死人对话》《公鸡》《与赫希俄德的谈话》《伊卡洛墨尼珀斯》《宙斯被盘问》《宙斯演悲剧》《美尼普斯》《怀疑者》《钓鱼人》《普罗米修斯》《农神节》《宴会》《提蒙》《伊卡洛墨尼珀斯》《宙克西斯》和《致言"你是文坛的普罗米修斯"者》

附录三　琉善作品逻辑错误考析[②]

倪滕达

（北京师范大学　历史学院　北京　100875）

　　摘要：2世纪罗马著名学者琉善是一位修辞学家、讽刺作家。琉善年轻时曾研习过修辞学和哲学。因此他在阐发观点的过程中，论证多很严密。然而琉善的文章依然偶有逻辑问题出现，其中有些错误是

---

　　① 笔者是根据琉善的作品内容及其生平，联系当时的历史背景，对其作品进行的排序。笔者在排序过程中还参考了C. P. 琼斯的《琉善笔下的文化与社会》、阿尔佛雷德·克鲁瓦塞和莫里斯·克鲁瓦塞的《希腊文化历史摘要》，以及《勒布古典丛书》中内容。由于可依靠的凭据较少，故而笔者只能将可以推测诞生时间的作品加以排序。

　　② 本文对希腊语的翻译有幸得到了中国社会科学院世界历史研究所廖学盛先生的指导。

由作者思考不够严谨导致的；有些是东西方以及古今表达习惯不同的
结果；有些则是作者有意为之。

　　关键词：古罗马　琉善　逻辑错误

Analysis of the Logical Errors in Lucian's Works
Ni Tengda

Abstract：Ancient Roman scholar Lucian was a famous rhetor and sati-
rist. Lucian had studied rhetoric and philosophy when he was young. Thus in
the procedures of elucidating his ideas, his demonstrations were very pre-
cise. However, there were still some logical errors existed. Some of them
should impute the author's own reckless; some were because of the differ-
ences in the ways of expressions between oriental and occidental world; some
were arranged deliberately by Lucian.

　　Key words：ancient Rome　Lucian　Logical Errors

　　琉善是古罗马帝国黄金时间段的著名演说家、修辞学家和哲学家，
出生在科马基尼的萨莫萨塔，自称叙利亚人，生卒年不详，很可能生
于公元 125 年，故于 180 年前后。琉善是一位多产的作家，其文章种
类丰富，包括演说词、抽象主题的散文、描述性文章、歌颂的文章、
批评的文章和讽刺文学。由于研习过修辞学和哲学，他在阐发自己观
点的过程中，论证多很严密。但笔者在研读《勒布古典丛书》中琉善
的希腊文作品时，发现其文章依然偶有逻辑问题出现，故将此类内容
加以收集、分析如下，以求教于学界同人。

一

　　琉善的个别作品在表述上存在着逻辑错误，其中有些错误是由于
作者思考不够严谨导致的。此类情况出现的频率高于其他类型。例如，

在琉善的《法拉里斯》中，法拉里斯借使节之口向德尔菲人介绍自己时说：

> 我并非阿克拉加斯的无名之辈，而是出身高贵，在成长过程中像其他任何人一样得到百般呵护，受到良好教育。①

这句话的前半句说的是自己出身高贵，不是无名之辈，但后半句却又说自己与"其他任何人"一样。既然他不是无名之辈，就不应跟其他任何人一样，其前后矛盾自不待言。

又如，在琉善的《尼格里努斯》中，尼格里努斯在批评富人的傲慢无礼时说：

> 无论如何，在他们不人道的行为中有一点令我赞赏：他们不许我们亲他们的嘴唇。②

文中尼格里努斯既然将对方的行为定义为"不人道的行为"，就代表他反对这个概念下的一切内容，但后来又说在这些行为中有一点是令他赞赏的。一个人怎么可能既反对又赞赏一个事物呢？"不许我们亲他们的嘴唇"如果是令"我"赞赏的行为，那么就不应该是"不人道的行为"，即不应是被否定的。从逻辑学的角度分析，一句话不能既肯定又否定。所以这句话的表述有问题。他应该说：无论如何，在他们的行为中有一点令我赞赏——他们不许我们亲他们的嘴唇！

再如，在琉善的《宴会》中，前文讲的是赫托伊莫克列斯的仆人

---

① Ἐγὼ γὰρ οὐ τῶν ἀφανῶν ἐν Ἀκράγαντι ὤν, ἀλλ' εἰ καί τις ἄλλος εὖ γεγονὼς καὶ τραφεὶς ἐλευθερίως καὶ παιδείᾳ προσεσχηκώς. (*Lucian I*, Loeb Classical Library, Cambridge, Massachusetts: Harvard University Press, 1913, p. 4.)

② ἐπαινῶ δέ γε ταύτης αὐτοὺς τῆς ἀπανθρωπίας, ὅτι μὴ καὶ τοῖς στόμασιν ἡμᾶς προσίενται. (*Lucian I*, Loeb Classical Library, Cambridge, Massachusetts: Harvard University Press, 1913, p. 120.)

在义正词严地宣读其主人的一封信，谴责举办宴会者没有邀请他。后面说这封信让"我"汗颜。当看到在场的人都嘲笑这篇演讲，特别是其中有很多人都认识赫托伊莫克列斯，"我"恨不得有个地缝钻进去。其原文内容如下：

> 当仆人读到这，啊，我亲爱的朋友，我羞愧得流下了汗水。看到客人们全都嘲笑这篇演讲，特别是其中有很多人是认识贺透伊默克勒斯的（此人满头白发，表面看起来可敬），用那句俗语说就是：我希望大地将我吞噬。我惊讶于赫托伊莫克列斯蒙蔽了他们，用他的胡须和表面上的严肃欺骗了他们。[①]

这段内容有三个层次的逻辑问题。第一，如果赫托伊莫克列斯为了一顿饭而愤怒，无理取闹，令"我"为之感到惭愧的话，那么在场很多人都嘲笑这封信，应该是正常的，"我"又何必想找个地缝钻进去呢？

第二，如果我是因为主人漏请了赫托伊莫克列斯而感到惭愧，而当在场的人，特别是很多认识赫托伊莫克列斯的人，都嘲笑这封信，更令"我"感到羞愧了，那么为什么中间还要插入一个"此人满头白发，表面看起来可敬"呢？"此人满头白发，表面看起来可敬"表达了"我"对此人的否定态度。同时，后面一句"我惊讶于赫托伊莫克列斯蒙蔽了他们，用他的胡须和表面上的严肃欺骗了他们"。也说明了我的否定态度。既然是否定的，那么人们嘲笑他，如何令"我"汗颜呢？

---

① τούτων, ὦ ἑταῖρε, ἀναγινωσκομένων μεταξὺ ἱδρώς τέ μοι περιεχῖτο ὑπ᾽ αἰδοῦς, καὶ τοῦτο δὴ τὸ τοῦ λόγου, χανεῖν μοι τὴν γῆν ηὐχόμην ὁρῶν τοὺς παρόντας γελῶντας ἐφ᾽ ἑκάστῳ καὶ μάλιστα ὅσοι ᾔδεσαν τὸν Ἑτοιμοκλέα, πολιὸν ἄνθρωπον καὶ σεμνὸν εἶναι δοκοῦντα. ἐθαύμαζον οὖν οἷος ὢν διαλάθοι αὐτοὺς ἐξαπατωμένους τῷ πώγωνι καὶ τῇ τοῦ προσώπου ἐντάσει. (*Lucian I*, Loeb Classical Library, Cambridge, Massachusetts: Harvard University Press, 1913, p. 440.)

第三，"我惊讶于赫托伊莫克列斯蒙蔽了他们，用他的胡须和表面上的严肃欺骗了他们。"意思是在场的人被赫托伊莫克列斯蒙骗了，那就说明人们是他的支持者，这便与前面的"人们嘲笑这封信"又出现了矛盾。因为如果人们支持他，就不会嘲笑他；如果人们嘲笑他，就说明他们没有被此人蒙蔽。

此外，在琉善的《断绝关系》中，一名医生面对父亲的起诉为自己辩护，讲述医生可以不受父亲惩罚的理由。他说：

> 医生可以免受其父亲的惩罚，因为他们具有国家公开授予的荣誉、优先权、豁免权和特权。①

在这句话中，优先权、豁免权和特权，三者在希腊文中是并列的关系。但很显然"特权"在含义上包含了"优先权和豁免权"。"优先权和豁免权"应该是"特权"的一部分。

上述这些例子，多是简单、直接的错误。错误所在语句在文中只是一带而过，无关宏旨。这说明逻辑问题的出现并非为了服务于某论点，而是因为作者思虑不周。

二

在琉善的作品中，有一些内容的表述初看是犯了逻辑错误，但若联系上下文仔细推敲，便会发现这类逻辑问题是由东西方以及古今表达习惯不同导致的。例如，在琉善的《法拉里斯》中，法拉里斯在借使节之口向德尔菲人发表演讲，为自己的苛政进行辩解时说：

> 我再一次请教你们，德尔菲人，哪个更好呢：被不公正地杀

---

① πατρικῆς δὲ ἀνάγκης ἄμοιρος ἡ τέχνη, ὅπου γε τοῖς ἰατροῖς καὶ δημοσίᾳ αἱ πόλεις τιμὰς καὶ προεδρίας καὶ ἀτελείας καὶ προνομίας διδόασιν. (*Lucian V*, Loeb Classical Library, Cambridge, Massachusetts: Harvard University Press, 1936, pp. 510－512.)

死，还是不公正地赦免同谋者？毫无疑问，不会有人傻到认为宽恕敌人并丧失生命比活下去更好。①

　　这段话前后选项的逻辑不通。前一句给出用来比较的选项 A "被不公正地杀死"，B "不公正地赦免同谋者"。同样都是 "不公正地"，第一句用来做比较的核心词实际上就是 "丧命" 和 "赦免"；而第二句进行比较的却是 A "丧命"、B "赦免" 与 C "活下去"，即出现了 A、B 与 C 进行比较的情况。

　　又如，琉善在马其顿向一对父子请求赞助，为了献媚而写下《斯基泰人》。他在赞美那个儿子的口才时说：

　　　　每当他发表公开演说，整座城市都痴迷地聆听他的演讲——这是克里尼亚斯之子和雅典人的故事的再现，唯一不同的是：雅典人很快就后悔他们对亚西比得的热爱，而在这里，那不仅仅是对这年轻人的爱，而且还是由衷地尊敬。简言之，我们城市的幸福和快乐都集中在这一个人身上。②

　　在这句话中，"唯一不同的是：雅典人很快就后悔他们对亚西比得的热爱"，后面的转折按照正确的逻辑应该是 "而在这里他们一直拥护他"。但文中的转折却是 "还有尊敬"。那么这句话所表达的意思

---

① τοῦτο βουλοίμην ἄν· αὖθις γὰρ ὑμᾶς, ὦ Δελφοί, συμβούλους καλῶ, πότερον ἄμεινον εἶναι ἀδίκως ἀποθανεῖν ἢ ἀδίκως σώζειν τὸν ἐπιβεβουλευκότα; οὐδεὶς οὕτως, οἶμαι, ἀνόητός ἐστιν ὃς οὐκ ἂν προτιμήσειε ζῆν μᾶλλον ἢ σ ζον τοὺς ἐχθροὺς ἀπολωλέναι. (*Lucian I*, Loeb Classical Library, Cambridge, Massachusetts: Harvard University Press, 1913, p. 14.)

② ἥ γέ τοι πόλις ἅπασα κεχηνότες αὐτοῦ ἀκούουσιν, ὁπόταν δημηγορήσων παρέλθῃ, ὁποῖόν φασι τοὺς τότε Ἀθηναίους πρὸς τὸν τοῦ Κλεινίου πεπονθέναι, παρ' ὅσον τοῖς μὲν οὐκ εἰς μακρὰν μετεμέλησε τοῦ ἔρωτος, ὃν ἠράσθησαν τοῦ Ἀλκιβιάδου, τοῦτον δὲ ἡ πόλις οὐ φιλεῖ μόνον, ἀλλὰ καὶ αἰδεῖσθαι ἤδη ἀξιοῖ, καὶ ὅλως ἐν τοῦτο ἡμῖν δημόσιον ἀγαθόν ἐστιν καὶ μέγα ὄφελος ἅπασιν, ἀνήρ οὗτος. (*Lucian VI*, Loeb Classical Library, Cambridge, Massachusetts: Harvard University Press, 1959, p. 254.)

就是二者"唯一不同的":除了爱还有尊敬。如果是这样的话,那不就意味着,"很快就后悔他们对……的热爱"是相同之处了吗?这就背离了此处奉承的口吻。

上述这两个例子出现的逻辑错误,反映了古希腊人的表达方式的习惯与汉语有所不同。前一个例子,连用了两个比较,前后所说的内容不同。第一个比较构成一个反问:"被不公正地杀死更好,还是不公正地赦免同谋者更好?"但实际上二者是一回事。因为第二个比较里说,"不会有人傻到认为宽恕敌人并丧失生命比活下去更好",说明了如果他宽恕(没有惩罚)同谋者,就意味着自己会被不公正地杀死。第二个比较里指出"活下去"并"惩罚同谋者"才是明智的选择。这正符合了第一个比较中的反问所表达的意思,即没有人会傻到姑息养奸而伤害自己。这里在逻辑上的特殊之处是第一个比较,如果按照汉语思维,此人会问:"难道一个人会选择被不公正地杀死,而让敌人逍遥法外吗?"

第二个例子,其实是想表达一个递进的意思,即城邦对这个年轻人的感情不仅仅有爱还有尊敬,并且以此来对比其所叙述的另外一个情况,即雅典人很快就后悔他们对亚西比得的热爱,以说明"这个年轻人"更受人欢迎。但作者又用"唯一不同的是"限定了对比的范围。可以推断琉善用"唯一不同的是",目的其实是进一步强化语气,以表达他的钦佩之情。这两个例子所出现的问题,并非单纯的逻辑错误,而更多的是东西方以及古今表达习惯不同的结果。

三

琉善精于演说,研习过修辞学和哲学。他用文章阐发思想时,无疑会运用到修辞学中的技巧。巧妙而隐蔽地制造逻辑漏洞就是其中一个很好的方法。所以在琉善作品中,有些逻辑错误是作者有意为之的。例如,在《食客》中,琉善利用赞美食客来讽刺修辞学家和哲学家时说:

没有人指控一个食客犯有通奸、暴力、盗窃或其他什么罪行。因为能做出那种事情的人不会是食客，他错误地对待自己。因此如果他犯下了通奸的罪行，他就会获得相应的骂名。就好像一个好人行为不当的话，那他的称谓就不是好人。我认为，如果食客犯下任何罪行，那么他就失去了自己的身份，他就是那个做坏事的人。但是，我们都知道，不仅我们这个时代的修辞学家和哲学家们犯下了极多类似的错误，我们还从书中看到了很多他们过去犯下的错误。存在着很多为苏格拉底、埃斯奇纳斯、希波里德斯和德摩斯梯尼，以及大多数的演说家和智者辩护的演说，然而没有任何演说是为食客辩护的，而且没人可以举出一个案件是控告食客的。①

这段内容中有一个诡辩存在，即"就好像一个好人行为不当的话，那他的名声就应该是坏的，而不是好的。所以我认为，如果食客犯下了任何罪行，那么他就失去了自己的身份。人们将由此视他为犯下该种罪行的人"。

第一，琉善说"如果食客犯下了任何罪行，那么他就失去了自己的身份"。此处犯了一个逻辑错误。因为前文已讲"寄生"是一个行业，而定义一个人是否是"食客"的标准应该是他是否从事这个行业，而非他是否做这个行业以外的事情。因此，一个食客犯下了罪行，并不

---

① Παρασίτου μέντοι οὐδεὶς ἔχοι κατηγορῆσαι μοιχείαν ἢ βίαν ἢ ἁρπαγὴν ἢ ἄλλο τι ἀδίκημα ἁπλῶς· ἐπεὶ ὅ γε τοιοῦτος οὐκ ἂν εἴη παράσιτος, ἀλλ᾽ ἑαυτὸν ἐκεῖνος ἀδικεῖ. ὥστ᾽ εἰ μοιχεύσας τύχοι, ἅμα τ ῷ ἀδικήματι καὶ τοὔνομα μεταλαμβάνει τοῦ ἀδικήματος. ὥσπερ γὰρ ὁ ἀγαθὸς φαῦλα ποιῶν διὰ το ῦτο οὐκ ἀγαθός, ἀλλὰ φαῦλος εἶναι ἀναλαμβάνει, οὕτως, οἶμαι, καὶ ὁ παράσιτος, ἐάν τι ἀδικῇ, αὐτ ὸ μὲν τοῦτο ὅπερ ἐστὶν ἀποβάλλει, ἀναλαμβάνει δὲ ὃ ἀδικεῖ. ἀδικήματα δὲ τοιαῦτα ῥητόρων καὶ φ ιλοσόφων ἄφθονα οὐ μόνον ἴσμεν αὐτοὶ γεγονότα καθ᾽ ἡμᾶς, ἀλλὰ κὰν τοῖς βιβλίοις ἀπολελειμμέ να ὑπομνήματα ἔχομεν ὧν ἠδίκησαν. ἀπολογία μὲν γὰρ Σωκράτους ἐστὶ καὶ Αἰσχίνου καὶ Ὑπερίδ ου καὶ Δημοσθένους καὶ τῶν πλείστων σχεδόν τι ῥητόρων καὶ σοφῶν, παρασίτου δὲ οὐκ ἔστιν ἀπολ ογία οὐδ᾽ ἔχει τις εἰπεῖν δίκην πρὸς παράσιτόν τινι γεγραμμένην. (*Lucian III*, Loeb Classical Library, Cambridge, Massachusetts: Harvard University Press, 1921, pp. 308－310.)

能否定其作为食客的身份，也就是说不能否认他从事寄生这个行业。

第二，这段文字通篇都在把寄生与哲学、修辞学相比较，把它们当作职业，那么就说明它们的"性质"是相同的。食客作为寄生行业的从业者，如果在上述的前提下，即"做了坏事，就是犯下那种罪行的人，而失去了自己的身份"，那么对于从事哲学和修辞学的人而言，也应该同理，即"因为犯了错误就不应该被称为哲学家和修辞学家，而应被称为犯那个错误的人了"。但后文却说"但是，我们都知道不仅我们这个时代的修辞学家和哲学家们犯下了极多的类似的错误，书中也记载了很多他们过去所犯下的错误"。

这段文字还存在偷换概念的情况。"就好像一个好人行为不当的话，那他的名声就应该是坏的，而不是好的。所以我认为，如果食客犯下了任何罪行，那么他就失去了自己的身份。人们将由此视他为犯下该种罪行的人。"这段比喻就是在偷换概念，在比较过程中，用"名声"代替了"职业"。二者是两个性质截然不同的概念，不能用相同的标准来衡量。

上述逻辑错误与前面出现的不同。作者故意用双重标准来衡量哲学家、修辞学家与食客，以此来贬低和嘲笑前两者，并且在论证过程中通过偷换概念来为中心论点服务。这些显然是琉善有意为之的。

综上所述，琉善的作品在论述过程中，由于思考不严谨、表达习惯不同或作者有意为之，出现了一些逻辑错误。这些句子尽管有逻辑问题，但依然服务于中心思想，而琉善观点的表达也没有受到影响。总之，纵然有逻辑问题存在，但是琉善作品的魅力依然无所减损。他笔下绮丽的幻想、犀利的讽刺、严密的论证、谨慎的措辞，仍值得后世学者认真研习。

主要参考资料及相关著作

一 外文部分

（一）古典著作

1. Aelius Aristides, *The Roman Oration*, Transactions of the American Philosophical Society, New Series – Volume 43, Part 4, 1953.

2. Apollodorus, *The Library* (Ⅱ), Loeb Classical Library, Cambridge, Massachusetts: Harvard University Press, 1921.

3. Athenaeus, *The Deipnosophists* (Ⅰ), Loeb Classical Library, Cambridge, Massachusetts: Harvard University Press, 1927.

4. Dio Chrysostom, *Discourses* (Ⅰ), Loeb Classical Library, Cambridge, Massachusetts: Harvard University Press, 1932.

5. Dio Chrysostom, *Discourses* (Ⅱ), Loeb Classical Library, Cambridge, Massachusetts: Harvard University Press, 1939.

6. Livy, *From the Founding of the City* (Ⅰ), Loeb Classical Library, Cambridge, Massachusetts: Harvard University Press, 1919.

7. *Lucian* Ⅰ, Loeb Classical Library, Cambridge, Massachusetts: Harvard University Press, 1913.

8. *Lucian* Ⅱ, Loeb Classical Library, Cambridge, Massachusetts: Harvard University Press, 1915.

9. *Lucian* Ⅲ, Loeb Classical Library, Cambridge, Massachusetts: Harvard University Press, 1921.

10. *Lucian* Ⅳ, Loeb Classical Library, Cambridge, Massachusetts: Harvard University Press, 1925.

11. *Lucian* Ⅴ, Loeb Classical Library, Cambridge, Massachusetts: Harvard University Press, 1936.

12. *Lucian* Ⅵ, Loeb classical Library, Cambridge, Massachusetts: Harvard University Press, 1959.

13. *Lucian* Ⅶ, Loeb Classical Library, Cambridge, Massachusetts: Harvard University Press, 1961.

14. *Lucian* Ⅷ, Loeb Classical Library, Cambridge, Massachusetts: Harvard University Press, 1967.

15. Ovid, *Metamorphoses* (Ⅰ – Ⅷ), Loeb Classical Library, Cambridge, Massachusetts: Harvard University Press, 1916.

16. Philostratus and Eunapius, *The Lives of the Sophists*, Loeb Classical Library, Cambridge, Massachusetts: Harvard University Press, 1921.

17. Plato, *Lysis*, *Symposium*, *Gorgias*, Loeb Classical Library, Cambridge, Massachusetts: Harvard University Press, 1925.

18. Plutarch, *Moralia* (Ⅶ), Loeb Classical Library, Cambridge, Massachusetts: Harvard University Press, 1959.

19. Plutarch, *Moralia* (ⅩⅢ), Part I, Loeb Classical Library, Cambridge, Massachusetts: Harvard University Press, 1976.

20. Plutarch, *Moralia* (ⅩⅢ), Part II, Loeb Classical Library, Cambridge, Massachusetts: Harvard University Press, 1976.

21. Plutarch, *Moralia* (ⅩⅣ), Loeb Classical Library, Cambridge, Massachusetts: Harvard University Press, 1967.

22. *The Scriptores Historiae Augustae*, Ⅰ, Loeb Classical Library, Cambridge, Massachusetts: Harvard University Press, 1967.

23. *The Works of Lucian*, Volume Ⅰ, translated by Thomas Francklin, D. D. , London：Printed for T. Cadell, 1780.

24. *The Works of Lucian*, Volume Ⅱ, translated by Thomas Francklin, D. D. , London：Printed for T. Cadell, 1780.

25. *The Works of Lucian of Samosata*, Volume Ⅰ, translated by Fowler, H. W. and Fowler, F. G. , Oxford Ufiiversity Press, 1905.

26. *The Works of Lucian of Samosata*, Volume Ⅱ, translated by Fowler, H. W. and Fowler, F. G. , Oxford Ufiiversity Press, 1905.

27. *The Works of Lucian of Samosata*, Volume Ⅲ, translated by Fowler, H. W. and Fowler, F. G. , Oxford University Press, 1905.

28. *The Works of Lucian of Samosata*, Volume Ⅳ, translated by Fowler, H. W. and Fowler, F. G. , Oxford University Press, 1905.

（二）外文近现代著作

1. An derson, G. , *The Second Sophistic*：*a Cultural Phenomenon in the Roman Empire*, London：Routledge, 1993.

2. Baldwin, B. , *Studies in Lucian*, Toronto：A. M. Hakkert Ltd. , 1973.

3. Bowersock, G. W. , *Greek Sophists in the Rman Empire*, New York：Oxford University Press, 1969.

4. Bowman, A. , Garnsey, P. & Rathbone, D. , *Cambridge Ancient History*, Volume 11：*The High Empire*, A. D. 70 – 192, Cambridge：Cambridge University Press, 2000.

5. Croiset, A. & Croiset, M. , *An Abridged History of Greek Literature*, Translated by George F. Heffelbower, A. M. , London：Macmillan Company, 1904.

6. Goldhill, S. , *Being Greek under Rome*：*Cultural Identity, the Second Sophistic, and the Development of Empire*, Cambridge：Cambridge University Press, 2001.

7. Bremmer, J. & Erskine, A. , *Lucian's Gods*: *Lucian's Understanding of the Divine*, "The Gods of Ancient Greece: Identities and Transformations", Edinburgh Scholarship Online, 2010, Sep. −12, Page 1 of 15.

8. Jones, C. P. , *Culture and Society in Lucian*, Cambridge: Harvard University Press, 1986.

9. Sloterdijk, P. , translated by Mioheal Eldred, *Critiqoue of Cynical Reason*, Vol. 40, London: University of Minnesota Press, 1987.

10. Schmidt, T. & Fleury, P. , *Perceptions of the Second Sophistic and Its Times*, Toronto: University of Toronto Press, 2011.

11. Whitmarsh, T. , *Greek Literature and the Roman Empire*: *The Politics of Imitation*, Oxford Oxford University Press, 2004.

12. W. B. Frankland, M. A. , *The Story of Euclid*, London: George Newnes, 1902.

（三）外文论文

1. An derson, G. , "Some Alleged Relationships in Lucian's *Opuscula*", *The American Journal of Philology*, Vol. 97, No. 3 (Autumn, 1976) .

2. Anderson, G. , "Motifs and Techniques in Lucian's *de Parasito*", *Phoenix*, Vol. 33, No. 1 (Spring, 1979) .

3. Baldwin, B. , "Lucian as Social Satirist", *The Classical Quarterly*, New Series, Vol. 11, No. 2 (Nov. , 1961) .

4. Baldwin, B. , "The Epigrams of Lucian", *Phoenix*, Vol. 29, No. 4 (Winter, 1975) .

5. Branham, R. B. , "*Culture and Society in Lucian* by C. P. Jones", *The Classical Journal*, Vol. 83, No. 4 (Apr. − May, 1988) .

6. Bridge, J. , "On the Authorship of the Cynicus of Lucian", *Transactions of the American Philological Association* (1869 − 1896) , Vol. 19 (1888) .

7. Edwards, M. J. , "Satire and Verisimilitude: Christianity in Lucian's

Peregrinus", *Historia*: *Zeitschrift für Alte Geschichte*, Bd. 38, H. 1（1st Qtr. , 1989）.

8. Flinterman, Jaap – Jan, "The Date of Lucian's Visit to Abonuteichos", *Zeitschrift für Papyrologie und Epigraphik*, Bd. 119（1997）.

9. Houston, G. W. , "Lucian's Navigium and the Dimensions of the Isis", *The American Journal of Philology*, Vol. 108, No. 3（Autumn, 1987）.

10. Macleod, M. D. , "*Studies in Lucian* by Barry Baldwin", *The Classical Review*, New Series, Vol. 25, No. 2（Nov. , 1975）.

11. Nasrallah, L. , "Mapping the World: Justin, Tatian, Lucian, and the Second Sophistic", *The Harvard Theological Review*, Vol. 98, No. 3（Jul. , 2005）.

12. Putnam, E. J. , "Lucian the Sophist", *Classical Philology*, Vol. 4, No. 2（Apr. , 1909）.

13. Reardon, B. P. , "*Culture and Society in Lucian* by C. P. Jones", *Classical Philology*, Vol. 84, No. 3（July. , 1989）.

14. Romm, J. , "*Culture and Society in Lucian* by C. P. Jones", *The Classical World*, Vol. 81, No. 4（Mar. – Apr. , 1988）.

15. Richter, D. , "Lives and Afterlives of Lucian of Samosata", *Arion*, Third Series, Vol. 13, No. 1（Spring – Summer, 2005）.

16. Sachs, J. , "Observations on Lucian", *Transactions of the American Philological Association*（1869 – 1896）, Vol. 11（1880）.

17. Sheldon, W. D. , "Lucian and his translators", *The Sewanee Review*, Vol. 27, No. 1（Jan. , 1919）.

18. Smith, E. J. , "On Lucian's Nigrinus", *The American Journal of Philology*, Vol. 18, No. 3（1897）.

二　中文部分

（一）中文专著及译著

1.［德］马克思、恩格斯：《马克思恩格斯全集》第三卷，人民出版社 1960 年版。

2. ［德］马克思、恩格斯：《马克思恩格斯全集》第二十二卷，人民出版社 1965 年版。

3. ［英］爱德华·吉本：《罗马帝国衰亡史》，黄宜思、黄雨石译，商务印书馆 1997 年版。

4. ［英］安德森：《第二代智术师——罗马帝国的文化现象》，罗卫平译，华夏出版社 2011 年版。

5. ［美］艾德里安·罗姆编著：《古典神话人物词典》，刘佳、夏天注释，外语教学与研究出版社 2007 年版。

6. ［英］伯特兰·罗素：《西方哲学简史》，文利编译，陕西师范大学出版社 2010 年版。

7. ［英］R. H. 巴洛：《罗马人》，黄韬译，上海人民出版社 2000 年版。

8. ［法］菲斯泰尔·德·古朗士：《古代城市——希腊罗马宗教、法律及制度研究》，吴晓群译，上海人民出版社 2012 年版。

9. ［古希腊］荷马：《奥德赛》，王焕生译，人民文学出版社 1997 年版。

10. ［古希腊］荷马：《伊利亚特》，罗念生、王焕生译，人民文学出版社 1994 年版。

11. ［俄］科瓦略夫：《古代罗马史》，王以铸译，上海书店出版社 2007 年版。

12. ［奥］雷立柏编：《古希腊罗马及教父时期名著名言辞典》，宗教文化出版社 2007 年版。

13. ［古罗马］琉善：《琉善哲学文选》，罗念生、陈洪文、王焕生、冯文华译，商务印书馆 1980 年版。

14. 罗念生：《罗念生文集》第六卷，人民出版社 2004 年版。

15. 鲁刚、郑述谱编译：《希腊罗马神话词典》，中国社会科学出版社 1984 年版。

16. 鲁刚主编，王守义、刘介人、高文风、徐昌汉副主编：《世界神话辞典》，辽宁人民出版社 1989 年版。

17. ［美］M. 罗斯托夫采夫：《罗马帝国社会经济史》，马雍、厉以宁译，商务印书馆 2005 年版。

18. ［英］罗伊·斯特朗：《欧洲宴会史》，陈法春、李晓霞译，百花文艺出版社 2006 年版。

19. ［法］孟德斯鸠：《罗马盛衰原因论》，婉玲译，商务印书馆 2007 年版。

20. 缪朗山：《西方文艺理论史纲》，中国人民大学出版社 1985 年版。

21. 缪朗山：《缪灵珠美学译文集》第一卷，章安祺编订，中国人民大学出版社 1998 年版。

22. ［古罗马］马尔库斯·奥勒利乌斯：《沉思录》，王焕生译，上海三联书店 2010 年版。

23. ［古希腊］普鲁塔克：《希腊罗马名人传》，陆永庭、吴彭鹏等译，商务印书馆 1999 年版。

24. 钱锺书：《管锥编》第一册，中华书局 1979 年版。

25. ［古希腊］色诺芬：《居鲁士的教育》，沈默译，华夏出版社 2007 年版。

26. ［古罗马］苏维托尼乌斯：《罗马十二帝王传》，张竹明译，商务印书馆 1997 年版。

27. 王焕生：《古罗马文学史》，人民文学出版社 2006 年版。

28. 吴琼：《西方美学史》，上海人民出版社 2000 年版。

29. 杨伯峻：《论语译注》，中华书局 1980 年版。

30. 杨共乐：《罗马史纲要》，商务印书馆 2007 年版。

31. 叶秀山、王树人总主编：《西方哲学史》（学术版）第二卷，凤凰出版社 2005 年版。

32. 张绵厘编著：《实用逻辑教程》，中国人民大学出版社 1993 年版。

33. 张宝贵：《西方审美经验观念史》，上海交通大学出版社 2011 年版。

34. 周作人：《路吉阿诺斯对话集》（上、下），中国对外翻译出版公司 2003 年版。

35. 周作人：《周作人文类编》，钟叔河编，湖南文艺出版社 1998 年版。

36. 周文玖：《中国史学史学科的产生和发展》，北京师范大学出版社 2002 年版。

（二）中文论文

1. 樊浩：《"中国四德" 与 "希腊四德" ——中西方道德价值体系的比较》，《学术研究》1993 年第 4 期。

2. 郭丹：《卢奇安〈论撰史〉与中国古代史学批评之比较》，《齐鲁学刊》2000 年第 4 期。

3. 何佩莹：《爱智的姊妹前辈在哪里？——初探西方古典时代女性思想家》，《台湾科技大学人文社会学报》2008 年第 4 卷。

4. 罗念生：《古希腊讽刺家琉善》，《外国文学研究》1984 年第 3 期。

5. 覃筱曼：《柏拉图的 "四德说" 和孟子的 "四德说" 之比较》，《广西师范大学学报》（哲学社会科学版）1989 年第 1 期。

6. 徐善伟：《刘勰与琉善史学批评思想之比较》，《齐鲁学刊》1996 年第 4 期。

7. 晏绍祥：《演说家与希腊城邦政治》，《历史研究》2006 年第 6 期。

8. 杨巨平：《论希腊化文化的几个发展阶段》，《山西师大学报》（社会科学版）1994 年第 21 卷第 2 期。

9. 杨巨平：《希腊化文明的形成、影响与古代诸文明的交叉渗透》，《陕西师范大学学报》（哲学社会科学版）1998 年第 27 卷第 3 期。

10. 杨巨平、王志超：《试论演说家与雅典民主政治的互动》，《世界历史》2007 年第 4 期。

11. 杨共乐：《论早期罗马帝国农业的变革》，《北京师范大学学报》（社会科学版）2004 年第 4 期。

12. 裔昭印：《萨福与古希腊女同性恋》，《史林》2009 年 3 月。

13. 张建民、冯国桢：《柏拉图 "四德" 说初探》，《青海师范大学学报》（社会科学版）1986 年第 4 期。

（三）学位论文

1. 李艳辉：《"罗马和平"时期宴会研究》，博士学位论文，北京师范大学，2010 年。

三　工具书

1. *The Oxford Classical Dictionary*（III），Third Edition，Edited by Hornblower，S.，and Spawforth，A.，Oxford：Oxford University Press，1996.

2. *The Cambridge Dictionary of Philosophy*，Second Edition，Edited by Audi，R.，Cambridge：Cambridge University Press，1995.

3. 《朗文当代英语大辞典（英英·英汉双解）》，商务印书馆 2004 年版。

4. ［奥］雷立柏编著：《拉丁语汉语简明词典》，世界图书出版公司 2011 年版。

5. 罗念生、水建馥编：《古希腊语汉语词典》，商务印书馆 2010 年版。